Wolfgang Uhlmann

Französisch ...richtig gespielt

Ein Leben lang Französisch

Joachim Beyer Verlag

ISBN 978-3-95920-059-2

4. überarbeitete und ergänzte Auflage 2018

Ein Imprint des Schachverlag Ullrich, Zur Wallfahrtskirche 5, 97483 Eltmann

Titelbild: FasAwer, www.fotolia.de

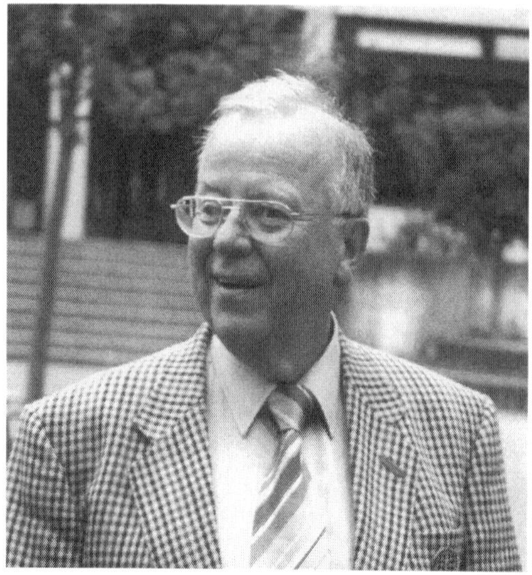

Liebe Schachfreunde!

Nachdem ich 1991 das Buch „Ein Leben lang Französisch – richtig gespielt" veröffentlicht habe, möchte ich mein Lebenswerk in eröffnungstheoretischer Hinsicht ergänzen. Da die erste Ausgabe des Buches mittlerweile vergriffen ist, möchte ich dem Wunsch vieler Schachfreunde und meines Verlegers nachkommen und weitere Details über diese kampfbetonte Eröffnung erläutern. Ich habe das neu überarbeitete Buch partienmäig erweitert und die neusten theoretischen Erkenntnisse einfließen lassen. Mein Hauptanliegen besteht aber weiterhin darin, dass Sie bei der Vielfältigkeit der Abspiele praxisbezogene Hinweise zur Stellungsbeurteilung erhalten. Daraus resultiert dann das richtige Rezept bei der Planfindung.

Ich kann wohl zu Recht behaupten, dass ich in meiner langen Schachkarriere mit zu den besten Kennern dieser Eröffnung gehöre. Demzufolge ist es nicht verwunderlich, dass ich in meiner Turnierpraxis auf den Königsbauernzug 1.e2-e4 fast immer mit 1...e7-e6 antwortete. In diesem Zusammenhang möchte ich erwähnen, dass meine Liebe zu dieser Eröffnung von meinem großen Vorbild Botwinnik ausging. Ich hatte das Glück, gegen die absolute Weltspitze anzutreten und mit dieser Eröffnung viele Erfolge zu erringen. Prominente Gegner waren darunter zu finden – wie z.B. die Weltmeister Botwinnik, Smyslow, Tal, Fischer und Karpow.

Ich möchte Ihnen, liebe Leser, mit der Überarbeitung des Buches und der Erweiterung auf 75 Partien einen tiefen Einblick in mein schachspezifisches

Lebenswerk vermitteln. Ich wünsche mir, dass Sie viel Freude an den zum Teil komplizierten Abspielen haben und bei der Planfindung immer die Bauernstruktur beachten. Die Beherrschung des Übergangs von der Eröffnung zum Mittelspiel ist ein wichtiger Bestandteil, um Erfolg zu haben. Bei der Auswahl meiner kommentierten Partien habe ich besonderes Augenmerk darauf gelegt, dass sowohl die älteren als auch die neueren Erkenntnisse in theoretischer Hinsicht stets richtig bewertet werden. Da es meine besten Französisch-Partien sind, ist es natürlich unvermeidlich, dass auch ältere Partien kommentiert werden, um meinen Werdegang aufzuzeigen.

Ich möchte Ihnen den bedingungslosen Kampf zeigen, der aus der Eröffnung heraus zu Sieg, Niederlage oder Unentschieden führt. Wir erleben schöpferische Eröffnungsarbeit, Mut zum Risiko, fantastische Kombinationen, aber auch wertvolle Positionspartien, in denen die richtige Strategie zum Erfolg führt. Auch gekonnte Endspiele bereichern die Skala der Kommentierung. Ich habe es immer für richtig erachtet, aus eigenen Fehlern zu lernen, die Konsequenzen daraus zu ziehen und mein Spiel zu verbessern. Wenn Französisch richtig gespielt wird, bringt es viel Freude, ist hochinteressant und lässt ein Spiel auf Leben und Tod entstehen. Auch bei Verflachungen (z.B. bei der Abtauschvariante) bestehen immer noch Möglichkeiten, den Sieg zu erringen.

Bei der Auswahl meiner besten Französisch-Partien habe ich mir einen besonderen Luxus geleistet. Ich habe bei der Sichtung 40 Jahre zurückgeblickt um festzustellen, wie oft ich die Französische Verteidigung zur Anwendung gebracht habe. Selbst für mich offenbarte sich ein interessantes Resultat. Ungefähr 700 Mal spielte ich diese Eröffnung und erreichte damit zirka 420 Punkte, was eine Ausbeute von 60 % ausmacht. In Anbetracht der Tatsache, dass das Resultat vorrangig gegen gute Gegnerschaft und mit den schwarzen Steinen erreicht wurde, ist es absolut fantastisch. Es erklärt auch meine Leidenschaft für diese Eröffnung sowie die Tatsache, dass ich auch die beste Vorbereitung meiner Gegner niemals fürchten musste.

Liebe Schachfreunde, ich wünsche Ihnen beim Studium und beim Nachspielen der Partien aus diesem Buch viel Freude und erlebnisreiche Stunden. Die kampfbetonte Französische Verteidigung, die zum Sieg animiert, sollte auch Sie zu ihrem Fan werden lassen.

Großmeister Wolfgang Uhlmann

Ergänzung zum Vorwort

Ich bin sehr glücklich, dass Sie, liebe Leser, das Buch so außerordentlich schätzen. Und deswegen bin ich dem Wunsch gern entgegengekommen, eine neue Überarbeitung vorzunehmen.

Ich habe bei einigen Partien Verbesserungen der Theorie vorgenommen, aber auch bezüglich der Strategie sowie der Taktik mit wunderbaren Kombinationen. Da ich in meinem Alter von 82 Jahren keine aktuellen Partien von mir beisteuern kann, habe ich fünf neuere Partien von Spezialisten der Französischen Verteidigung in mein Buch aufgenommen. Auch diese sind sowohl eröffnungstheoretisch als auch im Mittelspiel und Endspiel sehr sehenswert.

Liebe Schachfreunde, ich hoffe, dass Sie an der verbesserten Auflage ebenfalls viel Freude haben werden.

Großmeister Wolfgang Uhlmann

im März 2017

Siegbert Tarrasch wurde1863 in Breslau geboren, lebte viele Jahre in Nürnberg und später in München, wo er 1934 verstarb. Der Großmeister brachte die Lehre von Steinitz in ein wissenschaftliches System und wurde respektvoll „Praeceptor Germaniae genannt. Seine Hauptwerke – „Das Schachspiel“, „300 Schachpartien“ und „Die moderne Schachpartie“ – waren richtungweisend für ganze Generationen.

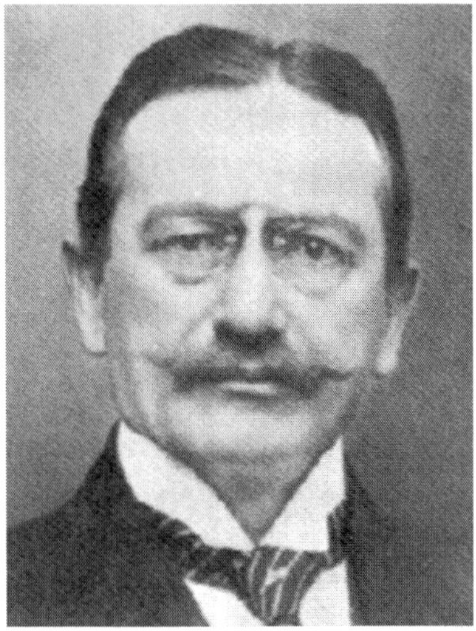

Siegbert Tarrasch

Das Tarrasch-System

1.e4 e6 2.d4 d5 3.Sd2

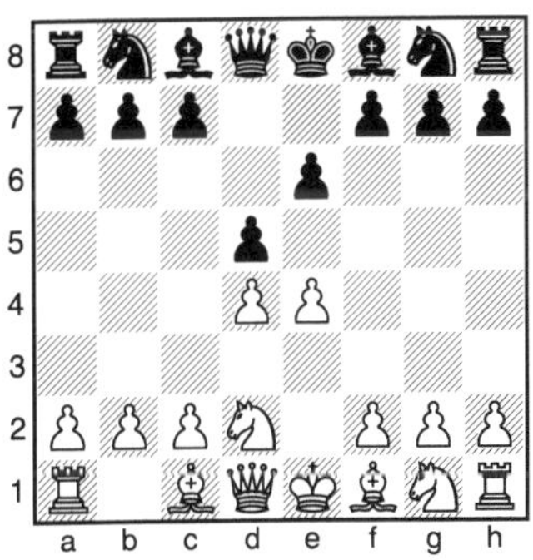

Dieser Aufbau erhält durch den Zug 3.Sd2 seine besondere Note. Sein Wegbereiter war Dr. Siegbert Tarrasch, der das System Ende der Achtziger Jahre des 19. Jahrhunderts in die Turnierpraxis einführte. Als Klassiker der soliden Bauernführung wählte er es gerne, weil es als eine der sichersten Aufstellungen gegen die Französische Verteidigung gilt.

Das System mit dem Springerzug nach d2 wird dadurch charakterisiert, dass kein unmittelbarer Druck aufs Zentrum ausgeübt, sondern stattdessen ein strategischer Aufbau auf lange Sicht angestrebt wird. Dadurch können in der Regel scharfe Abspiele vermieden werden, wie sie zum Beispiel im Nimzowitsch-System nach 3.Sc3 Lb4 wegen der Fesselung des weißen Springers entstehen können.

Auf 3.Sd2 stehen Schwarz drei grundverschiedene Antworten zur Verfügung. Zum einen der Zug

3...Sf6, der den Vorstoß 4.e5 herausfordert und Weiß Raumvorteil gewährt. Es wird wenig Material getauscht, und Weiß kann sein Zentrum durch c2-c3 und eventuell f2-f4 stabil halten. Schwarz versucht daraufhin, durch die Bauernvorstöße c7-c5 und f7-f6 Gegenspiel zu erlangen. Es ergeben sich kampfbetonte Partien, in denen häufig ein Sieger ermittelt wird.

Die zweite Antwort auf 3.Sd2 besteht in dem klassischen Gegenangriff 3...c7-c5.Damit wird der Streit ums Zentrum sofort eingeleitet, wobei Schwarz die relativ passive Aufstellung des weißen Springers nutzt. Dieses Herangehen führt zur Auflösung der Zentrumsspannung, wobei Schwarz allerdings in Kauf nehmen muss, dass nach dem zweifachen Tausch auf c5 und d5 ein isolierter Bauer auf d5 entsteht. Im Endspiel wird dieser häufig zum Angriffsobjekt, obwohl er durch aktives Figurenspiel kompensiert werden kann.

Als dritte Möglichkeit kann (wie natürlich auch nach 3.Sc3) 3...dxe4 gespielt werden. Dieses Abspiel hat zur Zeit Hochkonjunktur, wenngleich auch nur im Ausgleichssinne. Koryphäen wie Anand, Barejew, Ponomarjow, Schirow und Radjabow haben die Theorie dieser Variante wesentlich bereichert.

Partie Nr. 1
Bialas – Uhlmann
Leipzig 1951

Meinen ersten großen Schacherfolg errang ich als 16-Jähriger bei der Deutschen Jugendmeisterschaft 1951 in Leipzig. Mit 1,5 Punkten Vorsprung wurde ich klarer Sieger und holte mir die notwendige Stimulation für weitere Turniergewinne. Bereits 1951 war die Französische Verteidigung meine Lieblingswaffe gegen den Eröffnungszug 1.e4.Die folgende Partie erregte seinerzeit Aufsehen, und auch wenn sie nicht ganz fehlerfrei ist, betrachte ich sie noch heute in taktischer Hinsicht als kleine Perle in meiner Sammlung.

1.e4 e6 2.d4 d5 3.Sd2 Sf6 4.e5 Sfd7 5.Ld3 c5 6.c3 Sc6 7.Se2 Db6 8.Sf3 cxd4 9.cxd4 f6 10.exf6 Lb4+?!

Aus heutiger Sicht hat dieser Zug keine Daseinsberechtigung mehr. Erste Erkenntnisse mussten aber zunächst in der Praxis gewonnen werden. Besser ist sofort 10...Sxf6.

11.Ld2 Sxf6 12.0-0 0-0 13.a3

Den Vorrang verdient 13.Lxb4. Schwarz hätte danach lange Zeit Sorgen mit der Aktivierung seines weißfeldrigen Läufers, was ja ein generelles Problem dieser Eröffnung ist.

13...Ld6 14.b4

Eine Ungenauigkeit meines Gegners. Richtig ist 14.Sc3, da sich 14...Dxb2 wegen 15.Sa4 verbietet.

14...e5!

Schwarz öffnet Linien für seine Figuren und erhält chancenreiches Figurenspiel, noch bevor Weiß seine Streitkräfte richtig geordnet hat.

15.dxe5 Sxe5 16.Sxe5 Lxe5

Eine brisante Stellung. Jetzt scheitert 17.Tc1 an 17...Sg4 mit Doppelangriff auf f2 und h2. Auch 17.Le3 würde die Probleme nicht lösen. Nach 17...Dc7 18.Tc1 Lxh2+ 19.Kg1 De5 20.g3 Lg4! stünde Weiß der Drohung Lf3 wehrlos gegenüber. Somit ist der folgende Textzug erzwungen.

17.Lc3 Lxh2+

In jugendlichem Übermut entschloss ich mich zu einem Überfall nach bekanntem Muster. Allerdings hat die Kombination einen Haken, wie ich erst Jahrzehnte später feststellen musste.

18.Kxh2 Sg4+ 19.Kg3

Erzwungen, da nach 19.Kg1 Dh6 nur das Rückopfer 20.Le5 das Matt verhindert hätte. Der königliche Schritt ins Freie ist die einzige Chance, die gegnerische Opferkombination vielleicht zu widerlegen.

19...Txf2

Das war die eigentliche Pointe des Läuferopfers. Mit dem Gewinn des Bauern f2 wird der König seines Schutzes beraubt. Es droht nun vernichtend 20...De3+ oder 20...Dd6+. Das Schlagen 20.Txf2 verliert wegen 20...Dxf2+ 21.Kh3 Se3 nebst Matt in wenigen Zügen.

20.Ld2

Der beste Verteidigungszug. Auf 20.Dc1 würde folgen 20...Dc7+ 21.Sf4 Txf1 22.Lxf1 (22.Dxf1 Dxc3 mit Vorteil) 22...g5 23.Ld2 Dd6 24.Dc5 gxf4+ 25.Lxf4 Dxc5 26.bxc5 Lf5 mit kleinem Vorteil.

20...Se3?

Bei Ausführung meines Zuges hatte ich nur den Damengewinn im Auge und die Konsequenzen nicht genauestens berechnet. Richtig war 20...h5!.

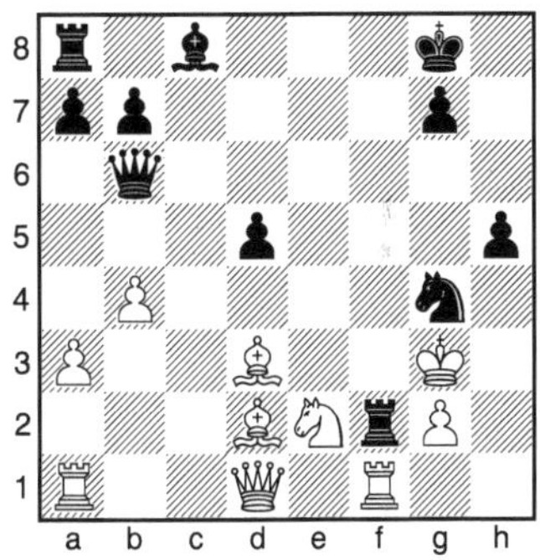

Erst 60 Jahre später schlug Schachfreund Ullrich diesen Zug vor, wonach Schwarz in folgenden Abspielen Gewinnchancen hat.

1) Auf 21.Lf4 ist 21...Se3! angebracht. Nun folgt auf 22.Lxe3? Dxe3+ 23.Kh2 Dh3+ nebst Matt, und nach 22...h4+ 23.Kxh4 Sxd1 verliert Weiß eine Figur.

2) 21.Sf4 h4+ 22.Kxh4 Dh6+ 23.Sh5 Txd2 mit Gewinn.

3) 21.De1 Df6 22.Txf2 (22.Th1 g5 23.Txh5 De5+ 24.Kh3 Dh2#) 22...h4+ 23.Kh3 Sxf2+ nebst Sxd3.

4) Nach langen Analysestunden habe ich aber doch noch eine Variante gefunden, die Weiß in dem Sinne

Rettung verspricht, dass Schwarz zwar weiter angreift, ohne jedoch einen sofortigen Gewinn zur Verfügung zu haben: 21.Dc1! Dd6+ 22.Lf4 h4+ 23.Kxh4 g5+!! 24.Kg3 (24.Lxg5? Dh2#; 24.Kxg5 Dh6#) 24...gxf4+ 25.Sxf4 Txf1 26.Dxf1 (26.Lxf1 Lf5 mit kleinem Vorteil) 26...Ld7 mit besseren Chancen für Schwarz.

21.Txf2 Dd6+ 22.Kf3??

Erst dieser Zug besiegelt die Niederlage. Richtig war 22.Sf4! Sxd1 23.Txd1 g5 24.Th1 und Schwarz müsste ums Remis kämpfen.

22...Lg4+ 23.Kxe3 De5+

Weiß gab auf. Die erbauliche Schlussstellung verdient ein Diagramm.

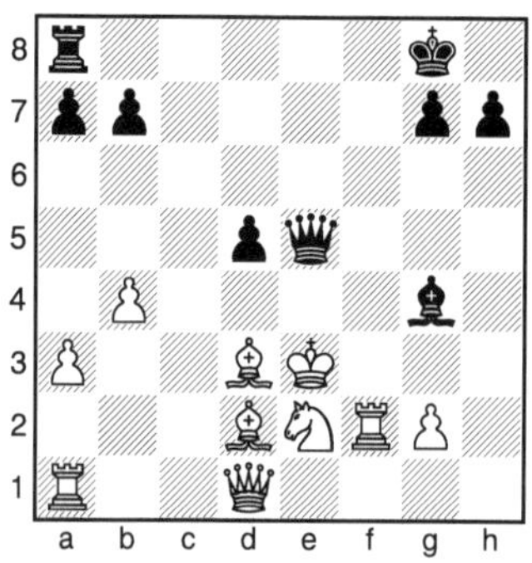

Der weiße König stirbt, umgeben von einer stattlichen Schar seiner Getreuen, die ihm allesamt nicht helfen können.

Partie Nr. 2
Govedarica – Uhlmann
Vrbas 1977

1.e4 e6 2.d4 d5 3.Sd2 Sf6 4.e5 Sfd7 5.Ld3 c5 6.c3 Sc6 7.Se2 Db6 8.Sf3 cxd4 9.cxd4 f6 10.exf6 Sxf6 11.0-0 Ld6 12.a3

Die Hauptfortsetzungen sind 12.Sc3, 12.Sf4, 12.Lf4 und 12.Sg3.

12...0-0 13.b4?

In diesem Stadium ist der Bauernvorstoß ein Fehler, denn richtig ist 13.Sc3. Genau 26 Jahre nach meinem Sieg über Bialas wurde diese Partie in einem Großmeisterturnier in Jugoslawien gespielt, wo ich in souveräner Manier den 1. Platz belegen konnte. Ich befand mich auf der Höhe meiner Schachkarriere, und sowohl positionelles als auch taktisches Können war in Perfektion vorhanden. Ich erinnerte mich dunkel an meinen Erstlingsversuch als Jugendlicher. Der kleine aber wesentliche Unterschied in der Position besteht darin, dass damals der weiße Läufer bereits auf d2 stand. Ein Umstand, der für Schwarz günstig ist.

13...e5!

Die Befreiungsaktion im Zentrum leitet zugleich einen Angriff am Königsflügel ein.

14.dxe5 Sxe5 15.Sxe5

Danach gerät Weiß bereits in ernste Schwierigkeiten. Mit 15.Sed4 war die Stellung noch im Gleichgewicht zu halten.

15...Lxe5 16.Ta2

16.Le3 verliert sehr rasch wegen 16...Dc7 17.Tc1 Lxh2+ 18.Kh1 De5 und die Drohung 19...Dh5 ist nur unter Materialverlust abzuwehren.

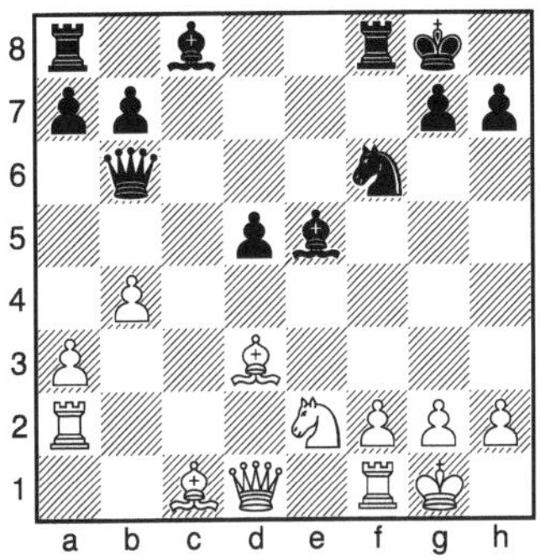

16...Sg4!

Falsch wäre an dieser Stelle das Läuferopfer 16...Lxh2+ 17.Kxh2 Sg4+ 18.Kg3! Sxf2 19.Db3, denn Schwarz kann seinen Angriff nicht wesentlich verstärken.

17.Sg3 Ld4 18.Sh1

Traurige Notwendigkeit. Ganz schlecht wäre 18.De1 Ld7, wonach Weiß der Drohung 19...Tae8 hilflos gegenüber steht.

18...Ld7

Nichts bringt 18...Dd6 ein, da der Anziehende wiederum 19.Sg3 spielen kann.

19.h3 Se5 20.Le2 Lc3!

Im rechten Moment erfolgt das Umschalten vom Angriffsspiel auf die Verwertung des Freibauern d5.

21.Db3

Auch mit 21.Ld2 (nicht 21.Dxd5+ wegen 21...Le6) sind die weißen Sorgen nicht zu bewältigen. Zum Beispiel hätte Schwarz nach 21...Lxd2 22.Txd2 Le6 23.Sg3 Tad8 starke Initiative.

21...Tac8! 22.Tac2

Natürlich nicht 22.Dxd5+ Le6 mit Qualitätsgewinn.

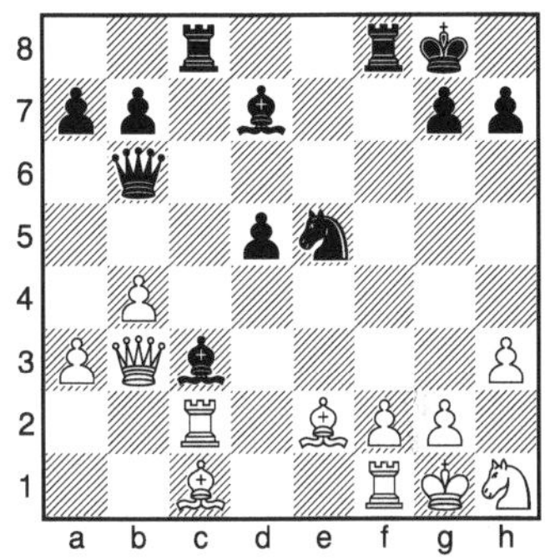

Der Turmzug war verlockend, ist aber ein Fehler. Am besten geschah noch 22.Le3 De6 23.Lxa7 (23.Lc5 d4! mit klarem Vorteil) 23...d4 24.Ld1 Tfe8, obwohl der schwarze Angriff trotzdem durchschlagen dürfte.

22...Le6!!

Dieses feine Manöver, das 23.Txc3 wegen des dann möglichen Zwischenzuges 23...d4 verhindert, vergrößert den Vorteil von Schwarz.

23.Ld2 d4 24.Da4 Lxd2 25.Txd2 d3!

Das ist die klarste Abwicklung.

26.Lg4

Noch am besten, denn nach 26.Lxd3 Sxd3 27.Txd3 Lc4 hat Schwarz ein gewonnenes Endspiel. Und auf 26.Ld1 hätte 26...Tc3 mit der Drohung 27...Sc4 die Partie entschieden.

26...Lxg4 27.hxg4 Tc3!

Verhindert das Schach auf b3 und stützt den Bauern d3.

28.Sg3

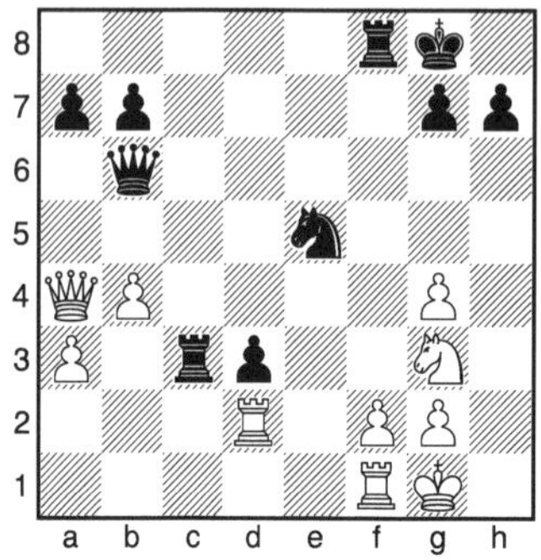

28...Sg4!?

Schwarz hätte an dieser Stelle genauer spielen können. Noch viel stärker war nämlich 28...Sc4! 29.Ta2 (auf 29.Td1 geschieht 29...Sb2) 29...d2

1) Nach 30.Se2 Td3! 31.Dd1 Se3! 32.fxe3 Dxe3+ 33.Kh2 Txf1 34.Dxf1 d1D oder 31.Dc2 d1D! 32.Txd1 Dxf2+ 33.Kh2 Se3 gewinnt Schwarz in beiden Fällen.

2) Und zieht Weiß 30.Se4, so antwortet Schwarz 30...Tc1 31.Db3 Txf1+ 32.Kxf1 d1D+ 33.Dxd1 Se3+ und erobert die weiße Dame.

29.Dd7 Sf6?!

Das ist nicht das präziseste. Sofort gewann 29...Dh6! 30.Dxg4 Dxd2 31.Se4 De2!! 32.De6+ Kh8 33.De7 Dxf1+!! 34.Kxf1 Tc1#.

30.Df5 Td8 31.Te1 Txa3 32.Te1–e6 Dxb4 33.Td1

Weiß hat keine Zeit mehr für 33.Txf6 wegen 33...Ta1+ 34.Kh2 (34.Sf1 Txf1! 35.Kxf1 Db1+ 36.Td1 Dxd1#) 34...Dh4+ und Schwarz triumphiert.

33...Dg4! 34.Txf6 Dxd1+ 35.Kh2 Ta6! 36.Txa6 bxa6 37.Dg5 Td7! 38.Sh5

Auf 38.Sf5 gewinnt 38...De2 39.Sh6+ Kf8 40.Df5+ Ke8.

38...Da1! 39.Df5 Dd4 40.De6+ Kf8 41.f4 d2

Weiß gab auf.

Partie Nr. 3

Hamann – Uhlmann

Halle 1963

1.e4 e6 2.d4 d5 3.Sd2 Sf6 4.e5 Sfd7 5.f4 c5 6.c3 Sc6 7.Sdf3 Db6 8.Se2

Ein schablonenhafter Zug, der Schwarz bereits gutes Spiel einräumt. Richtig war 8.g3!, wie schon seit 1960 aus einigen theoretisch bedeutsamen Partien bekannt war. Nach 8.cxd4 9.cxd4 Lb4+ 10.Kf2 f6 hat Weiß den Zug 11.Kg2 zur Verfügung und kann den Fesselungen in der Diagonale g1-a7 und der f-Linie ausweichen.

8...f6 9.g3

Dieses Manöver kommt jetzt einen Zug zu spät, was Schwarz sogleich nachweist.

9...cxd4 10.cxd4 Lb4+! 11.Ld2

Fehlerhaft wäre an dieser Stelle 11.Kf2 wegen 11...fxe5 12.fxe5 Sxe5 mit Bauerngewinn.

11...fxe5 12.fxe5 0-0 13.Lg2 Sdxe5!

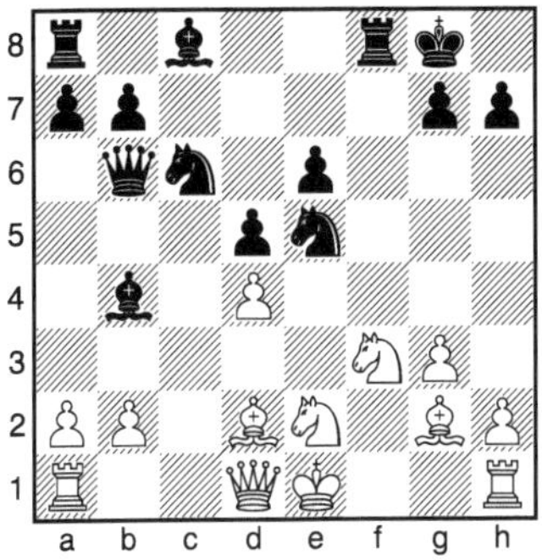

Ein hübsches Figurenopfer, das durch die offene f-Linie und den noch im Zentrum erreichbaren weißen König ermöglicht wird.

14.dxe5 Sxe5 15.Sd4

Da 15.Sxe5 an 15...Df2# scheitert, ist der Textzug die einzige Alternative.

Schlecht wäre auch 15.Lxb4 Dxb4+ 16.Kf2

(Auf 16.Dd2 folgt 16...Sxf3+ und auf 16.Sc3 geschieht 16...Dxb2 mit Gewinn.)

16...De4! mit der vernichtenden Doppeldrohung 17...Sxf3 bzw. 17...Sg4+.

15...Sd3+ 16.Ke2 Sxb2 17.Db3 Da6+ 18.Kf2 Ld2 19.Dxb2 Dd3

Nun knüpft Schwarz mit Dame und Läuferpaar ein Mattnetz, wogegen es bereits keine Verteidigung mehr gibt. So verliert z.B. 20.Tae1 wegen 20...Lc3! 21.Td1 Dxf3+.

20.Tad1 De3+ 21.Kf1 b6!!

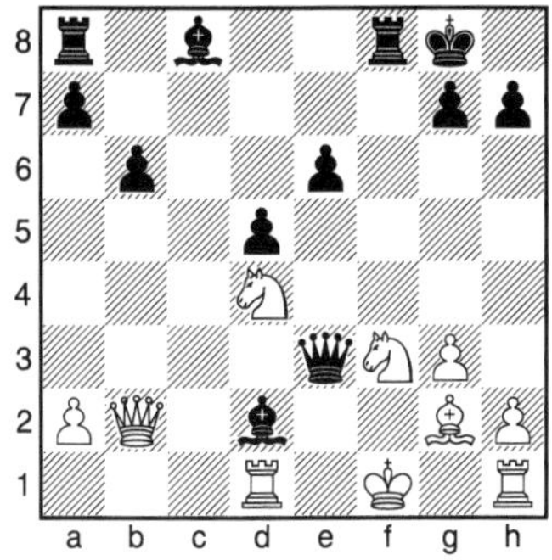

Dieser stille Zug mit der Drohung 22...La6+ entscheidet den Kampf sehr rasch. Falls 22.Txd2, so 22... La6+ 23.Se2 Txf3+ 24.Lxf3 Dxf3+ 25.Kg1 Tf8, und Weiß wird matt – oder aber 23.Te2 Lxe2+ 24.Dxe2 Dxd4 bzw. 24.Sxe2 Txf3+ 25.Lxf3 Dxf3+ 26.Kg1 Tf8 27.Sf4 g5 und Schwarz gewinnt.

22.Dxd2 La6+ 23.Se2 Txf3+ 24.Lxf3 Dxf3+ 25.Kg1 Lxe2 26.Tde1 Ld3

Weiß gab auf. Diese Partie aus dem Zonenturnier von Halle wurde als beste des Wettbewerbs mit einem Preis ausgezeichnet.

Partie Nr. 4

Kostro – Uhlmann

Zakopane 1974

1.e4 e6 2.d4 d5 3.Sd2 Sf6 4.e5 Sfd7 5.f4 c5 6.c3 Sc6 7.Sdf3 Le7

Zum 7. Zug von Schwarz gibt es nur wenige Partiebeispiele. Er galt bislang als minderwertig, aber in dieser Partie wird eine neue und beachtliche Idee vorgestellt.

8.Ld3 Da5 9.Kf2?!

Besser dürfte 9.Kf1 sein, was Botwinnik (bei der Schacholympiade 1962 in Warna) gegen mich spielte.

(Unklar ist hingegen das Bauernopfer 9.Ld2 Db6 10.Se2 Dxb2.)

Nach 9...cxd4 10.cxd4 b5 hatte Weiß Vorteil. Richtig war jedoch 9...b5, und falls 10.dxc5, so folgt 10...b4 mit gleichen Chancen.

9...Db6! 10.Se2 f6!

Jetzt wird der Unterschied zu den Hauptvarianten deutlich, wo meist der Bauernzug g3 erfolgt und der weiße König nach g2 ausweichen kann. Es droht Bauerngewinn mittels 11...cxd4 12.cxd4 fxe5 13.fxe5 Sdxe5.

11.Db3

Besser dürfte 11.Kg3 sein. Nach 11...cxd4 12.cxd4 0-0 braucht Weiß allerdings lange, um einen Angriff am Königsflügel zu starten

11...Dxb3 12.axb3 cxd4 13.cxd4 0-0 14.Ld2 g5!

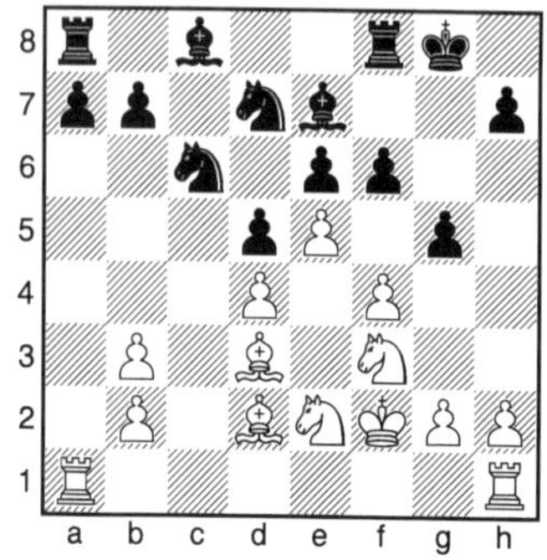

Ein interessantes Bauernopfer, mit dem das gegnerische Zentrum gesprengt wird. Die schwarzen Figuren erhalten nun volle Aktivität. In Betracht kam auch das Figurenopfer 14...fxe5 15.fxe5 Sdxe5!? 16.dxe5 Sxe5 mit dynamischem Gegenspiel.

15.exf6

15.g3 scheitert an 15...g4 16.exf6 Lxf6 mit Bauerngewinn für Schwarz.

15...Lxf6 16.fxg5 Lg7!

Das ist die Pointe des Zuges 14...g5!. Der Bauernrückgewinn 16...Lxd4+ 17.Sxd4 Sxd4 18.Lb4 Tf7 19.g6 hxg6 20.Lxg6 Tf6 21.Lc3 ergäbe dagegen leichten Vorteil für Weiß.

17.Lc3

Noch schlechter ist 17.Le3 wegen 17...e5! 18.dxe5 Sxde5 mit der vernichtenden Doppeldohung Sxd3+ und Sg4+ nebst Sxe3.

17...e5! 18.dxe5 Sdxe5 19.Thd1

Der Textzug ist die beste Verteidigung, da er dem König die Flucht nach g1 oder g3 ermöglicht.

19...Lg4

19...d4 wäre verfrüht, weil Schwarz nach 20.Sxd4 Sxd4 21.Lxd4 Sxf3 22.Lxg7 wegen des angegriffenen Turms f8 kein Abzugsschach hat.

20.Sg1?!

Ein ungenauer Zug, der Schwarz die Initiative im Zentrum überlässt. Die beste Erwiderung war 20.Lxe5 Sxe5 21.Sd4 Sf3 22.Sxf3 Lxb2 und Schwarz hat nur geringen Vorteil.

20...d4!

Damit wird weiterer Raumgewinn erzielt.

21.Le1 Sxd3+

Der Tausch auf d3 war nicht notwendig. Besser war 21...Tad8, um die Spannung im Zentrum aufrecht zu erhalten.

22.Txd3 Se5 23.Td2

Natürlich nicht 23.Txd4 Sf3 24.Txg4 Sxh2+ mit Gewinn für Schwarz.

23...Tf5!

Danach wird der geopferte Bauer bei besserem Spiel zurückgewonnen.

24.h3 Lxf3

Statt des fehlerhaften Bauernzugs 24.h3 war 24.h4! richtig, um den Bauern g5 zu stützen. Nach 24...Lh5 25.Kg3 Sc6 26.Lf2 Tad8 27.Kg3 Tb5 28.g4 Lf7 hätte Schwarz die besseren Chancen.

25.Sxf3 a6

Genauer war sofort 25...Sexf3 26.gxf3 Tfxg5 mit klarem Vorteil wegen der überlegenen Bauernstruktur und dem starken Läufer in der Diagonale a1-h8.

26.Ke2?

Immer noch war 26.h4 die bessere Alternative. Nach 26...Taf8 27.b4 Sxf3 28.gxf3 Txf3 29.Kg2 Tb3! hätte Schwarz die besseren Chancen.

26...Sxf3 27.gxf3 Tae8+ 28.Kd1

Auf 28.Kf2 folgt 28...Te3 und die Zeit der Bauernernte auf der dritten Reihe beginnt.

28...Tfxf3 29.h4 d3!

Die Atemnot wird immer größer, und Weiß ist bereits im Zugzwang.

30.Tdh2

Auf 30.Tf2 gewinnt am einfachsten 30...Txf2 31.Lxf2 Te2 nebst 32...Txb2.

30...Tf1 31.Kd2 Lxb2 32.Ta2

Oder 32.Tb1 La3! nebst Txe1 und Lb4+ mit Figurengewinn.

32...Le5! 33.Tg2 Lf4+

Weiß gab auf.

Partie Nr. 5
Prandstetter – Uhlmann
Decin 1977

1.e4 e6 2.d4 d5 3.Sd2 c5 4.exd5 exd5 5.Lb5+

Die klassische Methode in der Tarrasch-Variante, um mit Tempogewinn einen positionellen Figurentausch vorzunehmen. Danach soll der isolierte Bauer auf d5 zum Angriffsobjekt werden.

5...Ld7

Hier kommt auch 5...Sc6 in Betracht. Weiß kann in diesem Falle anstelle des gebräuchlichen Zuges 6.Sf3 den von Bronstein stammenden Springerzug 6.Se2 anwenden, mit dem der legendäre sowjetische Meister großen Erfolg hatte.

6.De2+ Le7

Kortschnoi hat in dieser Stellung häufig 6...De7 gespielt. Nach 7.Dxe7+ Lxe7 8.Lxd7+ Sxd7 9.dxc5 erhält Weiß immer einen kleinen Endspielvorteil. Durch den von Schwarz gewählten Läuferzug ergeben sich zumeist Situationen, in denen es auf dem Brett sehr kämpferisch zugeht.

7.dxc5 Sf6 8.Sf3

Eine andere Methode, dem schwarzen Aufbau zu begegnen, besteht in 8.Sb3, um den Bauern c5 erst einmal zu verteidigen. Danach folgt die Aufstellung mit Le3 und langer Rochade.

8...0-0 9.Sb3 Te8 10.0-0

Das ist bereits eine kleine Ungenauigkeit. Laut Theorie geht das Spiel hier mit 10.Le3 weiter – gefolgt von 10...Lxc5 11.Lxd7

(aber nicht 11.Sxc5? Da5+ 12.Dd2 Dxb5, wonach Schwarz sehr gut steht)

11...Sxbd7 12.Sxc5 Sxc5 13.Db5 Tc8 14.0-0 a6 15.Db4 Te4 16.Dd2 Se6 mit gleichen Chancen; Zeschkowski – Uhlmann, Manila 1976.

10...Lxc5 11.Dd3 Lb6 12.Lg5?!

Statt dieser Ungenauigkeit musste Weiß 12.Lxd7 Sbxd7 spielen, wonach die Position zum Ausgleich tendiert hätte. Nach dem Textzug kann Schwarz stark 12...Sc6 spielen, wonach die schwarzen Figuren aktiver stehen.

12...Sc6! 13.a4

Ungünstig für Weiß wäre der Abtausch 13.Lxf6 Dxf6 14.Dxd5 Le6, da Schwarz den Bauern nach 15...Dxb2 bei besserem Spiel zurückgewinnt.

13...h6 14.Lh4 a6 15.Lxc6 Lxc6 16.Sfd4 Te4!

So kann Schwarz mit Tempogewinn die Fesselung in der Diagonale h4-d8 abschütteln und gleichzeitig die Verdopplung der Türme in der offenen e-Linie vorbereiten.

17.Lg3 Dd7 18.a5

Dieser Vorstoß war notwendig, um 18...Lxa4 zu verhindern.

18...La7 19.c3 Tae8 20.Tfc1 h5!

Zur rechten Zeit wird ein Angriff am Königsflügel inszeniert. Die Schwierigkeiten von Weiß bestehen darin, dass seine Türme keine guten Felder haben und somit kein aktives Gegenspiel entwickelt werden kann.

21.f3 Lb5! 22.Db1!

Fehlerhaft wäre 22.Dd2 wegen 22...Te2 nebst Txb2.

22...T4e3 23.Lf2 Ld3

Unauffällig wurde der bis dato passive Läufer von c6 aus in eine dominierende Position manövriert.

24.Da2 Tee7 25.Da3 Lc4 26.Tcd1 Sh7

Dieser Zug war der schwierigste der ganzen Partie. Da der Springer auf f6 keine Zukunft hatte, war die Planänderung mit dem Springermanöver Sf6-h7-f8-g6 nebst Sf4 eine gute

Entscheidung, denn vom Idealfeld f4 aus werden neue Akzente gesetzt.

27.Sc5 Dc8 28.b4 Sf8

Weiß hat sich schlau aus der Raumnot befreit. Das Springerpärchen auf c5 und d4 wehrt alle Angriffe ab.

29.Dc1 Sg6

Das Schlagen auf c5 verbietet sich wegen 30.dxc5 Dxc5 31.Sf5 mit Qualitätsgewinn.

30.Dd2 h4! 31.Dg5 Te5 32.Dg4

Weiß versucht die Gefahren am Königsflügel mittels Damentausch zu bannen. Als Gegengewicht wird er nach dem Tausch auf c5 Gegenspiel in der halboffenen b-Linie erhalten.

32...Lxc5 33.bxc5 Dxc5 34.Sf5 Dc8 35.Sd6

Nach 35.Sxh4 Dxg4 36.fxg4 Sf4! gerät Weiß in Nachteil, denn Schwarz droht 37...Se2+ nebst Sxc3 oder 37...Le2 nebst Lxg4.

35...Dxg4 36.fxg4 Te7 37.Lc5 Le2! 38.Tb1 Lxg4 39.Sxb7 T7e6 40.Ld4 Te2 41.Sc5

Zur damaligen Zeit gab es noch Hängepartien, die am nächsten Tag fortgesetzt wurden. Ich musste meinen Abgabezug machen und nach 50 Minuten Bodenkzeit traf ich meine Entscheidung.

41...Te7

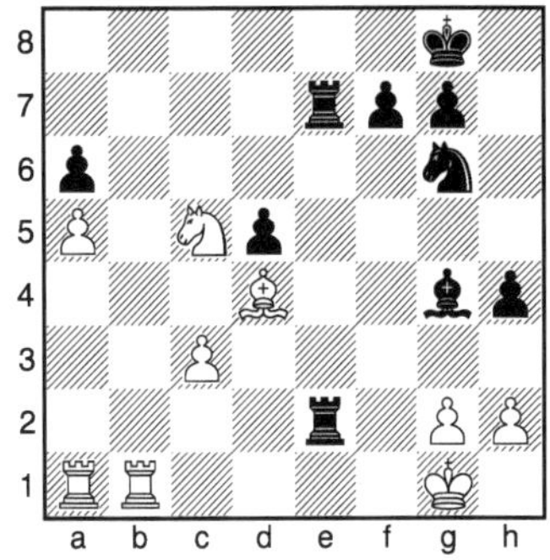

Der Höhepunkt der Partie ist erreicht und die Frage lautet, welcher Angriff stärker ist. Vorrangig war als Abgabezug 41...Sf4 zu prüfen. Nach 42.Sxe6 Txg2+ 43.Kh1 Lf3 44.Sxf4 Tg4+ 25.Sg2 Txg2 26.h3 wäre nur Dauerschach möglich.

42.Sxa6

Weiß unterschätzt die Gefahren am Königsflügel. Er sollte besser 42.Tf1 spielen, um 42...Sf4 zu verhindern. Nach 42...h3 43.gxh3 Lxh3 44.Tf3 Lc8 hätte Schwarz die besseren Chancen.

42...Sf4 43.Lf2 h3! 44.Ta4!

Auf 44.g3 entscheidet 44...Txf2! 45.Kxf2 Te2+ 46.Kf1

(46.Kg1 Tg2+ 47.Kh1 Sd3 48.Tf1 Le2 49.Sc7 Lxf1 50.Txf2 Sf2+ -+)

46...Sh5! 47.Tb4 Lf3, denn gegen 48...Txh2 oder 48...Sxg3 nebst h2 gibt es keine Verteidigung.

44...g5! 45.g3 Txf2

Auch hier ist das Qualitätsopfer sehr stark.

46.Kf2 Te2+ 47.Kf1 Txh2!

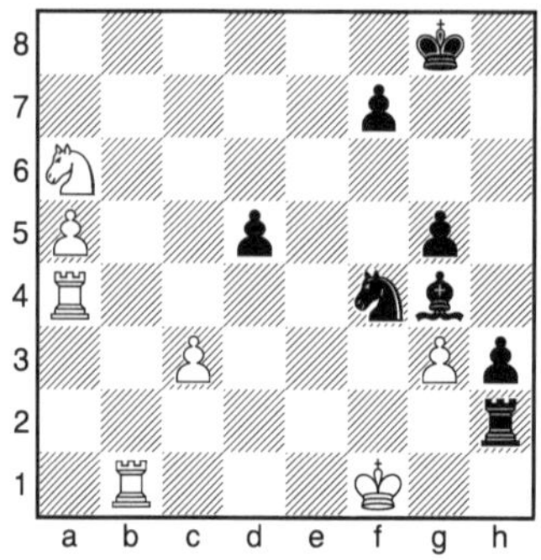

Durch dieses erneute Opfer kann der Angriff am Leben erhalten werden. Jetzt ist der freie h-Bauer der größte schwarze Trumpf.

48.Tb8+ Kg7 49.gxf4 Le2+?

Präziser war 49...Td2 50.Sc7 h2 51.Se8+ Kg6 52.Tb6+ Le6 mit Gewinn.

50.Ke1 Lxa6 51.fxg5 Lc4

Ein wichtiger Sperrzug, um den Schwenk des weißen Turms nach h4 zu verhindern.

52.Tb6?

Die letzte Chance bestand in 52.Txc4 dxc4 53.Kf1! Tc2 54.Kg1 Txc3 55.a6 Ta3 56.Tc8 Txa6 57.Txc4 Txa6 58.Kb2 Ta5 59.Tg4 Kg6 60.Kxh3 Txg5 61.Ta4 und Weiß sollte Remis erreichen können.

52...Te2+ 53.Kf1

Auf 53.Kd1 gewinnt 53...Tg2 54.Txc4 (es drohte 54...Lb3+) 54...dxc4 55.Th6 h2 nebst Tg1+ und h1D.

53...Ta2+?

Die Zeitnot macht sich bemerkbar. Genauer war 53...h2 54.Th6 Ta2+ 55.Txc4 dxc4 56.a6.

(Weiß befindet sich im Zugzwang; auf 56.Th4 entscheidet 56...Kg6)

Nach 56...Txa6! 57.Txh2 Ta1+ 58.Kg2 Ta2+ 59.Kg3 Txh2 60.Kxh2 Kg6 kann Schwarz die Partie leicht zu seinen Gunsten beenden.

54.Txc4 dxc4 55.Th6?

Weiß revanchiert sich für die schwarze Ungenauigkeit im 53. Zug mit einem eigenen Fehler. Richtig war 55.Kg1! Txa5 56.Tc6 Txg5+ 57.Kh2 Tg4 58.Kxh3 f5 59.Kh2 Kf7 60.Kh3 Ke7 61.Kh2 Kd7 62.Tf6 f4 und Schwarz hätte bis zum Sieg noch ein gewaltiges Stück Arbeit vor sich.

55...h2! 56.a6 Ta6

Weiß gab auf, weil das Bauernendspiel nach 57.Txh2 Ta1+ 58.Kg2 Ta2+ 59.Kg3 Txh2 für ihn verloren ist.

Partie Nr. 6
Stoica – Uhlmann
Bukarest 1979

1.e4 e6 2.d4 d5 3.Sd2 c5 4.exd5 exd5 5.Lb5+ Ld7 6.De2+ Le7 7.dxc5 Sf6 8.Sb3 0-0 9.Le3 Te8 10.Sf3 Lxc5 11.Sxc5?!

Besser sollte hier 11.Lxd7 Sxbd7 12.Sxc5 Sxc5 13.Db5 Tc8 geschehen.

11...Da5+ 12.Dd2 Dxb5 13.0-0-0 Lg4!

Das ist stärker als 13...b6 14.Sxd7 Sxbd7 15.Kb1 Se4 16.Dd3 Dxd3

17.Txd3, wonach Weiß (in der WM-Partie Karpow – Kortschnoi, Baguio City 1978) das etwas bessere Spiel erhielt.

14.Ld4

Gespielt wurde an dieser Stelle auch schon 14.h3 Lh5

(oder 14...Lxf3 15.gxf3 Sc6 16.Lh6?! Se5! bzw. 16.Thg1 Se5! mit jeweils guter Stellung für Schwarz)

15.g4 Lg6 16.Sh4 Sa6 17.Sxg6 hxg6 18.Sxa6 Dxa6 19.Kb1 mit Minimalvorteil für Weiß; Zeschkowski – Waganjan, Lwow 1978.

14...Se4! 15.Df4!

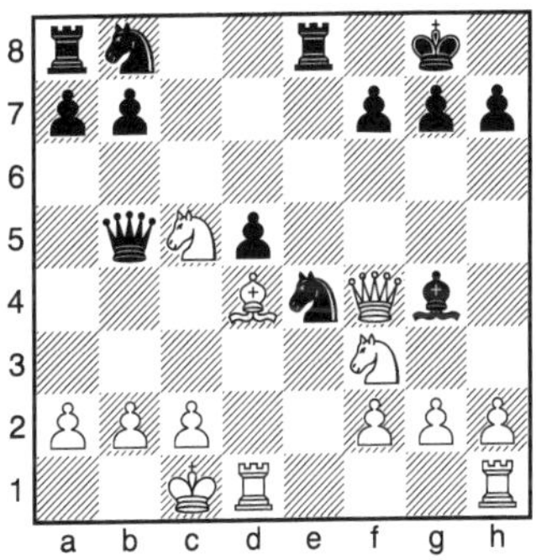

15...Lh5!

Die Annahme des Figurenopfers wäre tödlich; z.B. 15...Lxf3 16.gxf3 Sxc5 17.Thg1! Se6

(17...g6 18.Df6 Kf8 19.Lxc5+ Dxc5 20.Dh8+ Ke7 21.Tge1+ und Weiß gewinnt)

18.Txg7+!! Sxg7 19.Tg1 Te1+

(Auch 19...Kf8 20.Dd6+ Te7 21.Lxg7+ Ke8 22.Lf6 bringt Weiß den Sieg.)

20.Txe1 Sd7 21.Lxg7 Kxg7 22.Dg5+ Kh8 23.Tg1 und das Matt auf g7 ist nicht zu decken.

16.The1 Sc6! 17.Sxe4 dxe4 18.Txe4 Txe4 19.Dxe4 Lg6! 20.De3 Sb4! 21.De5!

Den taktischen Teil haben beide Parteien glänzend gelöst. Beim Übergang vom Mittel- zum Endspiel hat Schwarz ein kleines Plus, da der Angriff gegen die Bauern a2 und c2 im Endeffekt auch eine Schwächung der weißen Bauern am Damenflügel hervorruft.

21...Dxe5 22.Sxe5 Lxc2 23.Td2 Tc8!

Die Fortsetzung 23...Lf5 24.a3 Tc8+ 25.Kd1 bringt Schwarz nichts ein.

24.Lc5!

Ein stiller Zug, der das fehlende Luftloch von Schwarz ausnützt. Schwächer wäre 24.b3 gewesen wegen der Antwort 24...Lxb3+ 25.Kb2 Le6 26.a3 (26.Lxa7 Sxa2) 26...Sd5 27.Lxa7 b6! 28.Tc2 Ta8 29.Sc6 Kf8 oder auch 29...f6 mit schwarzem Vorteil.

24...Le4 25.Kd1! Sa6! 26.Lxa7 Lxg2

Damit sichert sich Schwarz einen kleinen Vorteil, weil die gegnerischen Bauern am Königsflügel anfällig sind.

27.Td6

Auf 27.Td7 folgt 27...f6 28.Sd3 Lc6 und Schwarz steht überlegen.

27...Kf8! 28.Sd3 Sc7!

Der Springer strebt auf bessere Felder im Zentrum und bringt den weißen Turm in Schwierigkeiten.

29.Le3

Auf 29.Lc5 wäre 29...Ke8 stark gewesen.

29...Sd5! 30.Lc5

Verlieren würde 30.Td7 Ke8! 31.Se5 (31.Txb7 Sxe3+ 32.fxe3 Lxb7) 31...Sxe3+ 32.fxe3 Tc5.

30...Ke8 31.La3 Lf3+ 32.Kd2 Tc4

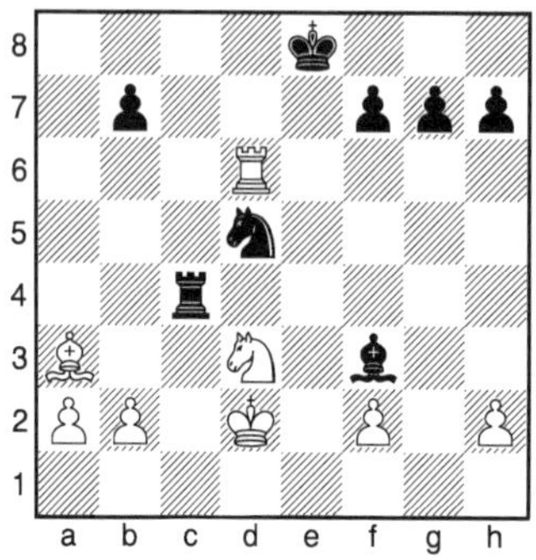

33.b3?!

Danach geht die Partie verloren. Richtig war 33.Se5! Td4+ 34.Kc2 (oder 34.Kc1!) 34...Lg2 35.Lc5 Sb4+ und Schwarz hat nur geringen Vorteil.

33...Te4! 34.Sc1

34.Txd5 verbietet sich wegen 34...e2+ 35.Kd1 Txa2+ mit Turmgewinn.

34...Td4+ 35.Kc2 Le4+ 36.Kb2 Td2+ 37.Ka1 Txf2

Weiß gab auf.

Partie Nr. 7
Prandstetter – Uhlmann
Trencianske Teplice 1979

1.e4 e6 2.d4 d5 3.Sd2 c5 4.exd5 exd5 5.Lb5+ Ld7 6.De2+ Le7 7.dxc5 Sf6 8.Sb3 0-0 9.Le3 Te8 10.Sf3 a6

Neben der Fortsetzung 10...Lxc5 hat auch dieser Zug seine Berechtigung.

11.Lxd7

Die Theorie empfiehlt hier 11.Ld3, aber nach 11...La4! hätte Schwarz ebenfalls gute Möglichkeiten.

11...Sbxd7 12.0-0 Sxc5 13.Sbd4

Besser war 13.Sfd4, um das folgende Manöver zu verhindern.

13...Sg4! 14.Lf4 Lf6 15.Dd1

Auf 15.Dd2 wäre 15...Db6 unangenehm, und nach 16.h3 Se4 17.Dd3 Sgxf2! 18.Txf2 Sxf2 19.Kxf2 Dxb2 wäre der schwarze Vorteil offensichtlich.

15...Db6 16.h3 Te4!

Ein starker Zug, der wichtigen Raumgewinn sichert. Bedeutungsvoll für Schwarz ist in dieser Stellung die Tatsache, dass das Manöver Le3 unterbunden wird. Der weiße Läufer muss sich also ein anderes Feld suchen.

17.Lg5

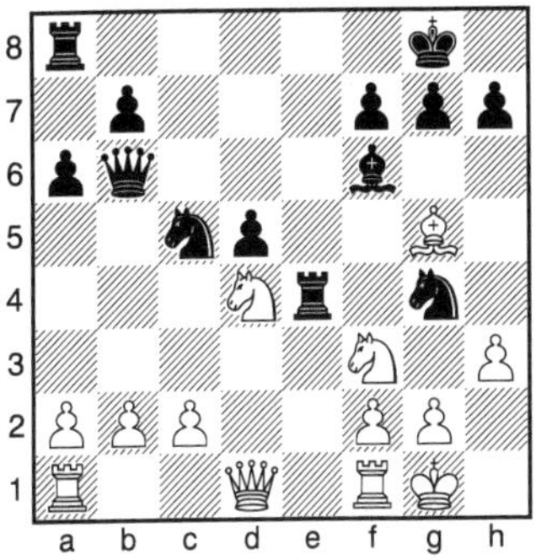

Schlecht wäre 17.Lg3 Lxd4 18.Sxd4 Dxb2 oder 17.hxg4 Txf4 18.g5 Lxd4 19.Sxd4 Dxb2 ebenfalls mit Bauerngewinn.

17...Lxd4 18.Sxd4 h6!

Schwarz nutzt jedes Tempo aus, um den gegnerischen Läufer zu bedrängen. Gefährlich wäre der Bauernraub 18...Dxb2 gewesen, weil Weiß nach 19.Sf5 Sf6 20.Df3 mit der Drohung Sh6+ gefährlichen Angriff erhalten hätte.

19.hxg4

Das ist notwendig, da 19.Lh4 an 19...Se5 scheitern würde.

19...hxg5 20.Sf3

Gutes Spiel bekommt Schwarz nach 20.f3 Te5 21.b3 Se6 22.c3 Tc8.

20...Txg4 21.Dxd5 Tad8! 22.Df5 Tf4!!

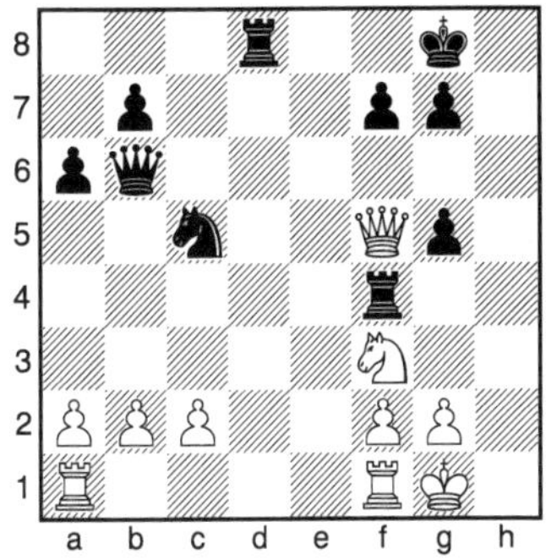

Ein tückischer Zug, der Weiß zu 23.Dxg5 animieren soll. Nach 23...Txf3!! 24.gxf3 Td6! gäbe es dann keine Verteidigung mehr; z.B. 25.Df5

(Chancenlos wäre auch 25.Df4 Tg6+ 26.Kh2 Se6 27.Db8+ Sf8 28.Tae1 Df6 29.Te4 Dxf3.)

25...Tg6+ 26.Kh2

(Nach 26.Kh1 Dd8 27.Df4 Dd7 28.Tg1 Dh3+ 29.Dh2 Dxf3+ 30.Tg2 Se4! gewinnt Schwarz, da 31.Kg1 an 31...Dxf2+ scheitert und 31.Tf1 mit 31...Sg3+!! beantwortet wird.)

26...Dd6+ 27.f4

(27.Kh3 Th6+ 28.Kg4 Dh2 29.Dc8+ Kh7 30.Tg1 Dg2+ 31.Kf4 Se6+ bringt Schwarz ebenfalls den Sieg.)

27...De7! 28.Kh3

(28.Tg1 Dh4+ 29.Dh3 Df4 30.Tg3 Th6 mit Damengewinn)

28...De2! 29.Tg1 Df3+ und auch hier fällt durch 30...Th6+ die Entscheidung zugunsten von Schwarz.

23.De5 f6 24.Dc3

Etwas besser war 24.De3.

24...g4 25.Sh2?

Danach werden die Sorgen von Weiß noch größer. Allerdings hätte Schwarz auch nach 25.Sd2 Sa4 26.Dg3 g5 oder 26.Db3 Dxb3 27.axb3 Txd2 klaren Vorteil.

25...Se4 26.Db3+

Kaum besser wäre 26.Dc4+ Kh7 27.Tae1 Sxf2 28.Dxf4 Sh3+ und Schwarz gewinnt die Dame.

26...Dxb3 27.axb3 Td2! 28.Tc1

Oder 28.f3 g3! 29.fxe4 gxh2+ 30.Kxh2 Txe4 mit gewonnenem Turmendspiel bzw. 29.Sg4 f5! 30.fxe4 (30.Se3 Sf2 mit der Idee 31...Th4) 30...Txf1+ 31.Txf1 fxg4 ebenfalls mit siegreichem Endspiel.

28...Txf2 29.Txf2 Sxf2! 30.Sf1 Td1!

Nach diesem kräftigen Schlussakkord ist das entstandene Springerendspiel leicht gewonnen.

31.Txd1 Sxd1 32.Sd2 b5! 33.Se4

Nach 33.c4 Sxb2 34.c5 Kf7 befindet sich der schwarze König im Quadrat.

33...Sxb2 34.b4

Auf 34.Kf2 folgt 34...f5 35.Sd6 Sd1+ 36.Ke2 Sc3+ 37.Kd3 f4!! 38.Kxc3 f3 39.gxf3 g3! und der schwarze Freibauer wird eine neue Dame. Der Rest ist nun Sache der Technik.

34...Sc4 35.Kf2 f5 36.Sc5 a5 37.bxa5 Sxa5 38.Ke3 Kf7 39.Kf4 g6 40.Sa6 Sc6 41.Sc7 b4 42.Sd5 Ke6 43.Sc7+ Kd6

Weiß gab auf.

Partie Nr. 8

Radulow – Uhlmann

Albena 1983

1.e4 e6 2.d4 d5 3.Sd2 c5 4.exd5 exd5 5.Lb5+ Ld7 6.De2+ Le7 7.dxc5 Sf6 8.Sb3 0-0 9.Lg5

Dieser Zug wurde erstmals in einer Partie zwischen den sowjetischen Großmeistern Kupreitschik und Waganjan angewendet. Die vorher gebräuchliche Fortsetzung war 9.Le3.

9...Te8!

Gegen Sznapik versuchte ich in Warschau einmal 9...a6 und musste nach 10.Lxd7 Sxbd7 11.0-0-0 Sxc5 12.Sxc5 Lxc5 13.Sh3 mächtig um Ausgleich kämpfen.

10.0-0-0 a5!

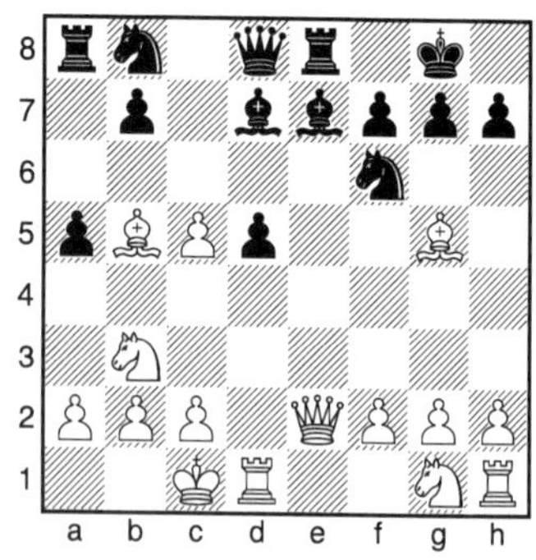

Diese Neuerung fand ich im Analysierstübchen. Der Zug lässt das ganze weiße Abspiel fragwürdig erscheinen. Ausgleich ergibt die Fortsetzung 10...a6 11.Lxd7 Sxbd7 12.Sh3 Lxc5 13.Dxf3 Db6 14.The1 Txe1 15.Txe1 h6; Ivanovic – Jussupow, Plovdiv 1983.

11.Sh3

Nach 11.a4 kann Schwarz seinen Druck auf die geschwächte Stellung des feindlichen Königs mittels 11...Sa6 verstärken; z.B. 12.Sf3

(12.Lxd7 Dxd7 13.Db5 Dxb5 14.axb5 a4! 15.bxa6 axb3 bringt Schwarz Vorteil)

12...Sxc5 13.Sxc5 Lxc5 Schwarz hat gutes Spiel, denn die Drohung, den Bauern nach a4 vorzustoßen, garantiert ihm in allen Varianten Überlegenheit.

11...a4 12.Sbd4 Lxc5 13.Df1

Das ist notwendig, weil 13.Dd3 an 13...Lxd4 14.Lxd7 Lxb2+ scheitern würde.

13...Db6! 14.Lxf6 Dxf6 15.Lxd7 Sbxd7 16.Dd3

Weiß hat keine Zeit für 16.c3, da nach 16...a3 seine Bauernformation aufgerissen wird.

16...a3 17.b3 Se5!

Alle schwarzen Figuren kommen mit Tempogewinn ins Spiel. Außerdem ist die Diagonale a1-h8 aus weißer Sicht entscheidend geschwächt.

18.Dc3

Sofort verlieren würde 18.Db5 Lxd4 19.Txd4 Sc6 oder auch 19...Sf3 mit tödlichem Schachgebot auf b2 oder a1.

18...Tac8 19.The1 La7!

Auch 19.... Db6! mit der Idee 20...Lb4 wäre an dieser Stelle sehr stark gewesen.

20.De3

Auf 20.Dd2 gewinnt 20...Sc6 21.Txe8+ Txe8 22.c3 Sxd4 23.cxd4 Tc8+ 24.Kb1 Dg6+ nebst 25...Dxg2.

20...Te7!

Dieser stille Zug stellt die Weichen auf Sieg, denn es droht vernichtend 21...Sc6.

21.Sf4

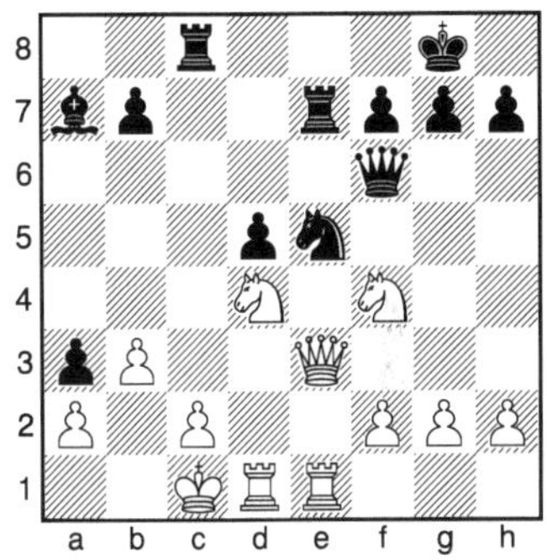

Das ist noch am hartnäckigsten, weil 21...Sc6 nun mit 22.Sxd5 pariert werden kann.

21...Lxd4

Nach der Beseitigung des Springers d4 wird der Druck auf das Feld c2 übermächtig.

22.Dxd4

Nicht aber 22.Txd4, weil Schwarz nach 22...Sd3+ leicht gewinnt.

22...Df5! 23.c3

Die einzige Verteidigung. So scheitert 23.Te2 an 23...Sf3! 24.gxf3 Txe2 bzw. 23.Sd3 an 23...Sxd3+ 24.Dxd3 Dxd3 25.Txd3 Txe1+ und schließlich 23.Td2 an 23...Sc6.

23...Sc6 24.Dd2 Txe1 25.Txe1 Sb4!! 26.g3

Hoffnungslos sind auch andere weiße Rettungsversuche. So folgt auf z.B. 26.Kd1 einfach 26...Sxa2 oder 26...Db1+ 27.Ke2 Te8+ 28.Kf1 Dxe1+ 29.Dxe1 Txe1+ 30.Kxe1 Sxa2 31.Kd2 Sb4! 32.Kc1 g5! mit gewonnenem Springer- oder Bauernendspiel.

Und der Zug 26.g4? wird mit 26...Dxf4 27.Dxf4 Sd3+ pariert.

26...g5! 27.Te3

Jetzt ist Materialverlust für Weiß nicht mehr zu vermeiden. Auf 27.Kd1 entscheidet 27...Db1+ 28.Ke2 Te8+ 29.Kf1 Txe1+ 30.Dxe1+ Dxe1+ 31.Kxe1 Sxa2 32.Sxd5 Sc1, denn der schwarze a-Bauer läuft unaufhaltsam.

27...gxf4 28.gxf4 Kf8 29.c4 Sc6 30.Tg3 dxc4 31.bxc4

Oder 31.Dd6+ Se7 32.Dh6+ Ke8 mit schwarzem Triumph.

31...Td8 32.De3 Sb4

Weiß gab auf.

Partie Nr. 9
Stein – Uhlmann
Moskau 1971

1.e4 e6 2.d4 d5 3.Sd2 c5 4.Sf3 Sc6 5.Lb5 dxe4

Diese Fortsetzung wurde besonders durch die wiederholte Anwendung in meinen Partien in der Turnierpraxis populär. Aus den drei kommentierten Partien ist zu ersehen, dass ich dafür auch Lehrgeld zahlen musste. Durch konsequente Analysetätigkeit ist es mir jedoch gelungen, dieses System letztendlich salonfähig zu machen. Neben dem Textzug wird auch 5...cxd4 und 5...a6 gespielt.

6.Sxe4 Ld7 7.Le3

Eine andere Zugfolge wählte Tal gegen mich im gleichen Turnier (Moskau 1971); dort geschah 7.Lg5 Da5+ 8.Sc3 cxd4 9.Sxd4 Lb4?

(Ein schwerer Fehler, der zum Verlust führt. Richtig war 9...Le7!? 10.Le3 Dc7 mit Ausgleich.)

10.0-0 Lxc3 11.bxc3 Dxc3? 12.Sf5!! exf5 13.Te1+ Le6 14.Dd6 a6 15.Ld2! Dxc2 16.Lb4! axb5 17.Df8+ Kd7 18.Ted1+ Kc7 19.Dxa8 Schwarz gab auf.

Eine typische Tal-Partie, der ja permanent durch seine Opferkombinationen begeisterte. Das Fazit dieser Partie war, dass mittels 9...Le7 Ausgleich erzielt werden kann.

7...Da5+ 8.Sc3 cxd4 9.Sxd4

Nicht aber 9.Lxd4 wegen 9...Td8!.

9...Lb4! 10.0-0 Lxc3 11.bxc3 Se7 12.Tab1 0-0 13.Ld3 Sxd4 14.cxd4

Lc6 15.c4 Tad8 16.Dg4 f5 17.De2

Riskant wäre die Erwiderung 17.Dg5 Tf6, denn es droht unangenehm 18...Tg6 oder 18...Dxa2.

17...f4!

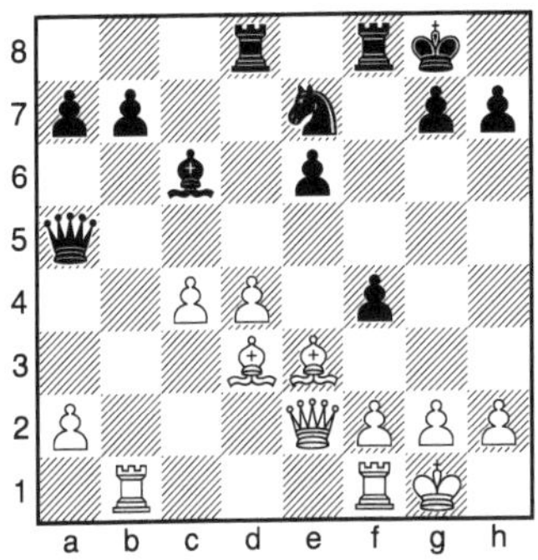

Ein Bauernopfer auf lange Sicht, bei dem Schwarz hauptsächlich auf den weißfeldrigen Läufer in der langen Diagonale setzt.

18.Ld2 Dg5 19.Dxe6+ Kh8

Weiß wurde animiert, das Bauernopfer auf e6 anzunehmen. Die schwarze Idee besteht darin, den weißen Angriff am Königsflügel zum Erliegen zu bringen. Die weiße Dame und die Läufer auf d3 und d2 nehmen passive Positionen ein. Mittels des Zuges f3 soll in ferner Zukunft der weiße König in Bedrängnis gebracht werden.

20.Dh3! h6

Ein notwendiger Zug, um das Matt zu parieren – und zugleich ein nützlicher, um zukünftig ein Luftloch für den König zu haben.

21.Lc3

Auch an dieser Stelle ist 21.d5 fehlerhaft, denn Schwarz würde durch das Springeropfer 21...Sxd5 22.cxd5 Txd5 23.Tb3 Tfd8 in Vorteil kommen, weil wegen der Mattdrohung auf g2 der Figurengewinn 24...Txd3 nicht zu verhindern wäre.

21...Ld7! 22.Df3 Lg4

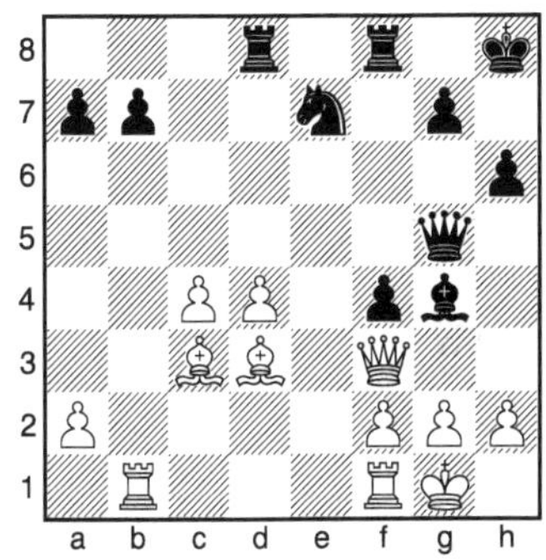

23.De4 Lf5

Intuitiv spielt Stein nicht 23.Dxb7 wegen der Antwort 23...Sd5!; z.B. 24.cxd5 Lf3 25.g3 hxg3 26.fxg3 (26.hxg3 Dh5-+) 26...De3+ 27.Tf2 Lxd5 28.Db2 Txf2 29.Dxf2 Dxd3 (droht tödlich 30...De4) mit dem möglichen Finale 30.h4 Dxh4 31.cxd5 f3! 32.d6 (32.Le4 Lc8 nebst 33...Dxe4-+) 32...fxg2 33.Dxg2 Lf3 34.Dh2 Tf4!! 35.Dxh4 Txh4 nebst 36...Th1#.

24.De2 Tde8?!

Ein völlig unnötiger Zug, der deshalb geschah, weil auch ich schon in Zeitbedrängnis war. Richtig war 24...Lxd3! 25.Dxd3 f3 26.g3 Sg6!.

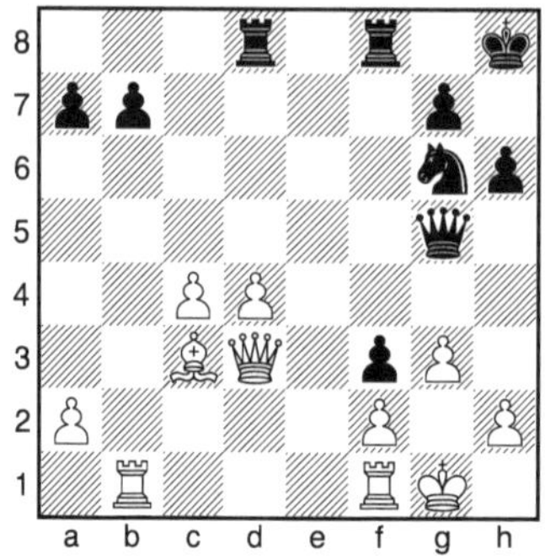

Weiß hätte darauf drei Antwortzüge zur Verfügung.

1) 27.Tb5 Dg4 28.Tfe1 Sf4 29.Df1 (29.De4 Se2+ 30.Txe2 Dh3-+) 29...Se2+ 30.Txe2 fxe2 31.Dg2 Df3-+

2) 27.Txb7 Dg4 28.Kh1 Dh3 29.Tg1 Se5! 30.Df1 Sg4!! 31.Dxh3 Sf2 matt

3) 27.Kh1 Dg4 28.Tfe1 Sf4!-+

25.Dd2?

Auch Weiß wählt nicht die beste Verteidigung, die in 25.Lxf5 Sxf5 26.Df3 Sh4 27.Dh3 f3 28.g3 Sg2 mit vollkommen unklarer Stellung bestand.

25...Sg6 26.Tb5 Sh4 27.f3 a6 28.Td5 Te3! 29.Lxf5 Txf5 30.Txf5 Dxf5 31.d5?

Nur der Läuferrückzug 31.La1 bot Weiß Remisaussichten.

31...Dg6! 32.d6

Was sonst? Die Doppeldrohung Sf3+ oder Txc3 nebst Matt auf g2 ist nicht zu parieren.

32...Td3!?

Noch einfacher war 32...Sxf3 33.Txf3 Txf3 34.d7 Db1+ 35.De1 Dxe1+ 36.Lxe1 Td3 mit Gewinn für Schwarz.

33.De2

Etwas besser wäre noch 33.Df2 Sxf3+ 34.Kh1 Txc3 35.gxf3 Dxd6, wonach Schwarz ebenfalls großen Vorteil behält.

33...Txc3 34.d7 Db6+??

Ein schrecklicher und bedauerlicher Zeitnotfehler, der zum Verlust einer Glanzpartie führte. Ganz einfach hätte 34...Td3 gewonnen, denn nach 35.De8+ Kh7 36.g4 fxg3 37.h3 g2 hätte mein Gegner aufgeben müssen. Alle Schachfreunde können sich vorstellen, dass ich danach eine schlaflose Nacht verbrachte.

35.c5!

Schwarz gab auf, denn der Bauer d7 wird zur Dame.

Partie Nr. 10
Kuijf – Uhlmann
Amsterdam 1990

1.e4 e6 2.d4 d5 3.Sd2 c5 4.Sf3 Sc6 5.Lb5

Neben der Hauptfortsetzung 5.exd5 wird immer wieder einmal dieser Läuferzug angewendet. Im konkreten Fall musste ich mich 19 Jahre zurückerinnern – und zwar an das Moskauer Turnier 1971, wo mir Stein und Tal 5.Lb5 serviert hatten. Nach dem Textzug entstehen vollkommen neue Stellungsbilder, die in der Regel schärfere Abspiele einleiten.

5...dxe4

Die Gestattung dieser Abtauschversion verdeutlicht, dass Weiß nicht darauf erpicht war, in Zukunft den isolierten Bauern auf d5 als Angriffsobjekt zu haben, sondern dass er aktives Figurenspiel anstrebt.

6.Sxe4 Ld7 7.e3 Da5+ 8.Sc3 cxd4 9.Sxd4 Lb4 10.0-0 Lxc3 11.bxc3 Sge7 12.Sxc6?!

Bis zu diesem Zeitpunkt war die Partie mit meiner Begegnung gegen Stein identisch, der dann 12.Tb1 spielte.

12...Lxc6 13.Lxc6+ Sxc6 14.c4

Dieser Zug ist im höheren Sinne schon das Eingeständnis eines verfehlten Eröffnungskonzepts. Die weißen Bauernschwächen auf der c-Linie bleiben bestehen, während Schwarz gutes Spiel hat. Notwendig war deshalb 14.Tb1, damit wenigstens der Turm für Unruhe in der b-Linie sorgen kann. Schwarz müsste dann 14...0-0 ziehen, hätte aber immer noch die etwas bessere Stellung. Gefährlich für ihn wäre nämlich 14...Dc7 15.Lc5! mit Verhinderung der Rochade.

14...0-0 15.Db1 Dc7! 16.c5

Damit hat Weiß zwar einen unmittelbaren Angriff auf seinen geschwächten Doppelbauern abgewehrt, doch verbleibt dieses Stellungsmanko bis zum Endspiel. Die nun folgende Besetzung der offenen d-Linie ist ein großes Plus für Schwarz. Außerdem kann die Bauernmajorität am Königsflügel später eine wesentliche Rolle spielen.

16...Tfd8 17.Db5 Td7! 18.Tad1 Tad8 19.Td6

Weiß versucht mit taktischen Mitteln, Gegenspiel zu erlangen und den Druck von der d-Linie abzuwenden. Dies scheitert aber an der präzisen schwarzen Spielführung.

19...a6

Nichts für Schwarz ergibt 19...Txd6 20.cxd6 Dxd6

(Auf 20...Txd6? geschieht 21.Lf4! mit Qualitätsgewinn, da 21...e5 an 22.Lxe5 Sxe5 23.De8# scheitert.)

21.Dxb7 mit Ausgleich.

20.Db2 Se7

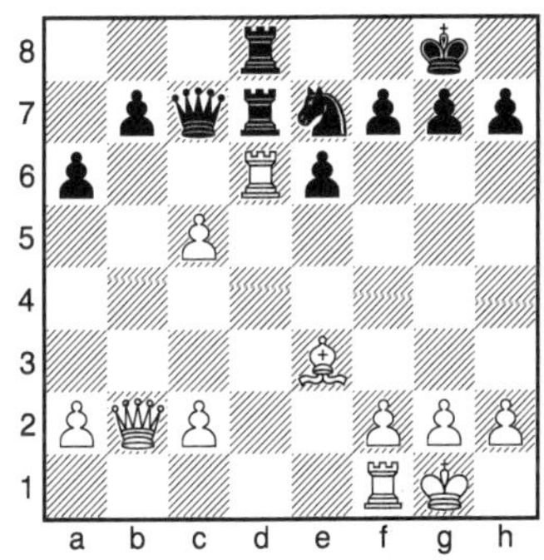

Nach dieser Umsetzung des Springers kommt Weiß ins Straucheln, denn die Drohung Sf5 ist nicht ohne Nachteil zu parieren.

Auf 21.Tfd1 Txd6 geht der Bauer d6 verloren, weil Weiß ja wegen der Mattdrohung auf d1 nicht zu Lf4 greifen kann.

Und auf 21.Ld4 gewinnt Schwarz nach 21...Sf5 22.Txd7 Txd7 23.c3 (23.Td1? verbietet sich wegen

23...e5!) 23...e5 24.Te1 Te7 ebenfalls einen Bauern.

21.Lg5

Materialverlust war nur durch 21.Txd7 Txd7 22.f3 zu vermeiden, was Weiß natürlich nach 22...Sf5 23.Lf2 h5 positionell auch in Nachteil gebracht hätte.

21...Txd6!

Dieser Schlagzug ist durchaus möglich, da die anschließende Fesselung durch den Läufer auf f4 sofort mittels 22...Db6 aufgehoben werden kann.

22.cxd6 Txd6 23.Lf4

Wenig Aussichten hätte Weiß, wenn er sich nach 23.Lxe7 ins Endspiel mit Dame und Turm retten wollte. Dann geben neben der schwarzen Bauernmajorität am Königsflügel auch die weißen Bauernschwächen a2 und c2 den Ausschlag.

23...Db6!

Damit sind alle Probleme von Schwarz gelöst und er kann an die Realisierung seines Materialvorteils gehen.

24.De5 Td7 25.Le3 Dc7 26.Db2

Der Damentausch wäre ein hoffnungsloses Unterfangen für Weiß, da anschließend der schwarze Springer das zentrale Feld d5 besetzen würde, von wo er nicht vertrieben werden kann.

26...Sf5 27.Lb6 Dc6 28.g3 h5! 29.h4

Wegen der Drohung 29...h4 nebst h3 musste Weiß auch diese Schwächung noch in Kauf nehmen.

29...Td2 30.Db4 Sxg3!

Weiß gab auf, da sowohl 31...Dh1# droht als auch 31.fxg3 Dg2# möglich ist. Außerdem hängt der Turm f1. Eine schlichte Partie, in der die Eröffnungssünde von Weiß – nämlich: ein verdächtige Bauernstruktur zuzulassen – präzise bestraft wurde.

Partie Nr. 11

Neukirch – Uhlmann

Potsdam 1974

1.e4 e6 2.d4 d5 3.Sd2 c5 4.exd5 exd5 5.Lb5+ Sc6 6.Sf3 Ld6

Das ist die Hauptvariante, die auch heute noch am häufigsten zur Anwendung kommt.

7.0-0 cxd4 8.Sb3 Sge7 9.Sbxd4 0-0 10.Lg5 Dc7 11.h3

Unübersichtliche Verwicklungen ergaben sich nach 11.Te1 in der Begegnung Sigurjonsson – Uhlmann (Zonenturnier Raach 1969): 11...Sxd4 12.Dxd4 Le6 (besser 12...h6 mit Ausgleich) 13.Ld3 h6?!

(Das ist äußerst riskant und sollte besser durch 13...Sf5 14.Lxf5 Lxf5 15.Dxd5 Lg4 16.h3 Lxf3 17.gxf3 h6 ersetzt werden, wonach die Chancen ausgeglichen sind.)

14.Lxh6!? gxh6 15.Df6 Lc8! 16.Dxh6 f5 17.Sg5 Sc6 18.Se6 Lxe6 19.Txe6 Le5 20.Dg5+ Lg7 21.Lxf5 Df7 22.Tg6 Tae8 23.f4 Sd4 24.Ld3 Se6 25.Dxd5 Sxf4 und Schwarz stand überlegen.

11...f6 12.Le3 Se5

Der zentrale Stützpunkt auf e5 wiegt die schwarze Bauernschwäche d5 und das anfällige Feld e6 auf.

13.b3 a6 14.Le2 Ld7 15.Dd2 b5!

Schwarz dehnt seinen Raumvorteil am Damenflügel aus und verhindert den Vorstoß 16.a4.

16.Tad1 Kh8 17.Se1 Sg6

Das ist das richtige Rezept in dieser Mittelspielphase. Der Springerzug entschärft das Vorhaben 18.f4 und bereitet gleichzeitig selbst f5-f4 vor. Die weiße Stellung krankt an ihrer schablonenhaften und wenig effektiven Figurenaufstellung.

18.Sd3 f5 19.Lg5

Das ist noch die beste Antwort. Schlecht wäre 19.f4, denn nach 19...Sg8! nebst Sf6 und Se4 würde der schwarze Vorteil augenscheinlich.

19...f4 20.Lxe7 Lxe7 21.Lg4

Etwas stärker wäre 21.Lf3 gewesen.

21...Lf6 22.Ld7

Auch nach 22.Sb4 Lxg4 23.hxg4 Lxd4 24.Dxd4 f3! 25.g3 Tad8 ist die schwarze Stellung wesentlich besser.

22...Lxd4 23.L-g4 Lc3!

Der übermächtige Läufer engt die weißen Schwerfiguren entscheidend in ihren Aktionen ein.

24.De2?

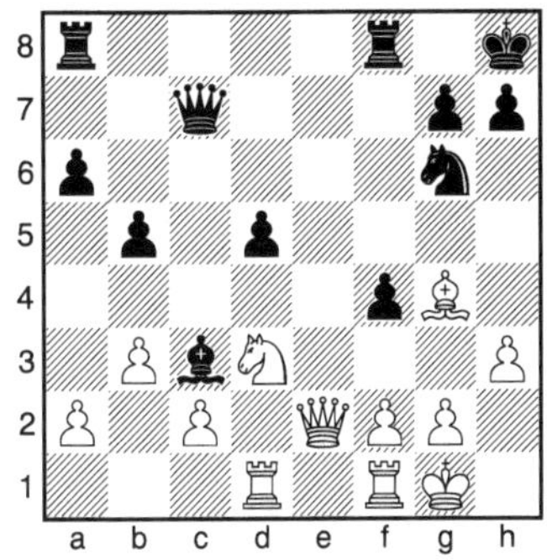

Weiß spielt ungenau, denn notwendig war 24.Dc1. Diesen Umstand nütze ich sogleich aus.

24...f3!

Der Bauer f3 ist tabu, weil nach 25.Lxf3 Tae8 eine Figur verlorengeht.

25.De3 Tae8 26.Dc5

Danach erhält Schwarz ein gewonnenes Endspiel. Die beste Verteidigung bestand in 26.Dg5.

26...Dxc5 27.Sxc5 fxg2 28.Kxg2 h5!

Die Pointe! 29.Lxh5 scheitert an 29...Sf4+ und 29.Lf3 an 29...Sh4+.

29.Ld7 Sf4+ 30.Kg1 Te7

Weiß gab auf, da er sich gewissermaßen im Zugzwang befindet. Der Läufer auf d7 ist ein Todeskandidat und Materialverlust ist nicht mehr abzuwenden. Auf 31.a4 folgt 31...Ld4! 32.Txd4 Se2+ nebst 33...Sxd4 mit Qualitätsgewinn. Oder 32.Se6 Txe6 33.Lxe6 Sxe6 mit Figurengewinn, da 34.Tfe1 an 34...Lxf2+ scheitert. Und im Hintergrund lauert auch noch die Drohung 31...Tf8-f7.

Partie Nr. 12

Womacka – Uhlmann

Dresden 2001

1.e4 e6 2.d4 d5 3.Sd2 c5 4.exd5 exd5

Natürlich hat auch der Zug 4...Dxd5 seine Daseinsberechtigung. Gerade in jüngster Zeit kommt dieser Zug sehr häufig vor. Es entstehen vollkommen andere Stellungsbilder. Schwarz vermeidet damit einen isolierten Bauern auf d5. Häufig ist zu verzeichnen, dass bei entgegengesetzten Rochaden Schärfe ins Spiel kommt. Ich habe damit in meiner Karriere keine guten Resultat erzielt und blieb deshalb bei der klassischen Methode 4...exd5.

5.Lb5+ Sc6 6.De2+

Eine interessante Variation gegenüber dem herkömmlichen Zug 6.Sgf3. Womacka hatte sich sicherlich aus psychologischen Gründen auf diese Fortsetzung vorbereitet. Mit seinem nächsten Zug 7.dxc5 gewinnt er den Bauern c5, der langfristig verteidigt werden kann. Schwarz muss sehr schöpferisch agieren, um das Gleichgewicht zu wahren.

6...Le7 7.dxc5 Sf6 8.Sb3 0-0 9.Le3 a6 10.La4!?

Ein interessanter Zug, der allerdings mehr oder weniger erzwungen ist. Günstig für Schwarz wäre 10.Lxc6 bxc6 nebst 11...a5 mit der Idee 12...a4, oder auch La6. Noch schlechter wäre 10.Ld3 wegen 10...d4, da Weiß ein weiteres Tempo mit dem Le3 verlieren müsste.

10...Lg4 11.Sf3

Auch 11.f3 kam durchaus in Betracht.

11...Sa5

Ein ungewöhnlicher Zug, der möglicherweise besser durch 11...Se5!? ersetzt werden sollte.

12.h3 Lxf3 13.Dxf3 Sc4 14.Ld4 Se4

Ein gefährliches Springerpärchen, das Weiß zu genauem Spiel zwingt.

15.0-0 Dc7

Natürlich nicht 15...Scd2 16.Sxd2 Sxd2 17.Dg4 mit großem Vorteil.

16.Dg4

Das ist sicherlich die präziseste Antwort. Schwarz wird zu 16...Lf6 gezwungen, und nach Tausch auf f6 kann die weiße Dame das Idealfeld d4 besetzen. Bei der Stellungsbeurteilung war mir schon jetzt klar, dass ich unbedingt Mittel und Wege finden musste, um den einzigen Nachteil von Weiß auszunutzen, nämlich die passive Läuferposition auf a4.

16...Lf6 17.Lxf6 Sxf6 18.Dd4 Tac8 19.Tad1 b5!

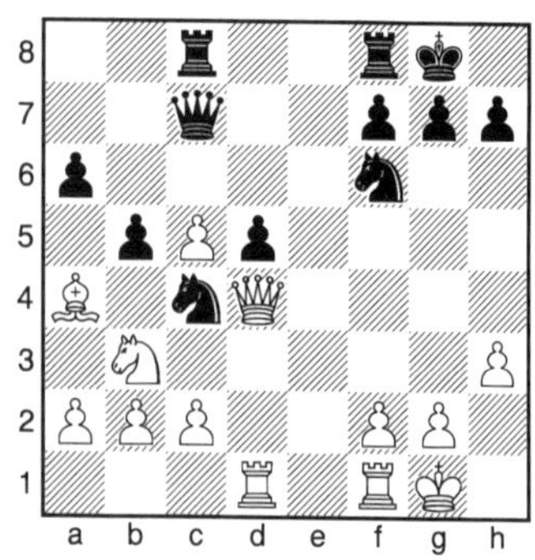

Dieser Gedankenblitz ist die rettende Lösung. Schwarz kann sich mit dem Textzug die schlechte Position des Läufers auf a4 in Verbindung mit der Bauernschwäche auf b2 zu Nutze machen. Die folgende Abwicklung ist zwangsläufig.

20.cxb6 Dxb6! 21.Sc1

Was sonst? Die Drohung 21...Db4 zwingt Weiß zur Rückgabe des Bauern, zumal 21.Dxb6 an 21...Sxb6 mit Läufergewinn scheitert.

21...Dxb2 22.Lb3 Tfe8

Remis – als Abschluss einer unterhaltsamen Kurzpartie, die jedoch viele Feinheiten enthielt.

Partie Nr. 13
Saren – Uhlmann
Aarhus 1971

1.e4 e6 2.d4 d5 3.Sd2 c5 4.exd5 exd5 5.Sf3 Sc6 6.Lb5 Ld6 7.0-0 cxd4 8.Sb3 Sge7 9.Sbxd4 0-0 10.h3 Sxd4!?

In diesem frühen Partiestadium ist der Tausch auf d4 recht ungewöhnlich. Der Sinn des Zuges besteht darin, dass 10.h3 zwar den Ausfall des Läufers nach g4 verhindert hat, dass jedoch nun die Diagonale h2-b8 zu Angriffen genutzt werden kann.

10.Sxd4

Falls Weiß 10.Dxd4 spielt, folgt darauf 10...Lf5 11.c3 Le4 mit guten Chancen für Schwarz.

10...Lc7! 11.Ld3 Dd6 12.f4?!

Danach erhält Schwarz Vorteil. Notwendig war 12.Sf3 Sc6 13.Te1 Ld7 nebst Tfe8 mit bequemem Spiel für Schwarz.

12...Lb6!

Nach dem Schwenk des Läufers auf die Diagonale g1-a7 und dem anschließenden Tausch auf d4 entsteht ein Endspiel, in dem Weiß einen schlechten Damenläufer und Schwarz einen guten Springer behält. Auch werden dann die Bauern auf d4 und f4 schwächlich. Der Hauptnachteil für Weiß besteht jedoch darin, dass das Feld e4 zur Domäne des schwarzen Springers wird.

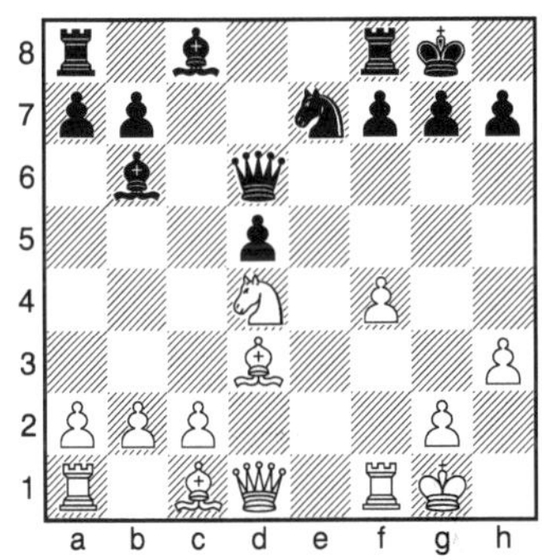

13.c3

Etwas besser war 13.Le3 Sc6 14.c3 Sxd4 15.cxd4 (15.Lxd4 Lxd4 16.cxd4 Db6 bringt Schwarz in Vorteil) 15...Tc8 mit besserem Spiel für Schwarz.

13...Lxd4+ 14.cxd4 Lf5! 15.Lxf5 Sxf5

So wurde das erwähnte Endspiel erreicht, in dem Schwarz eindeutig überlegen steht.

16.g4

Das ist bereits notwendig, um das Manöver 16...Df6 mit Doppelangriff auf den Bauer d4 zu unterbinden. Der Nachteil des Bauernvorstoßes besteht in der Schwächung des Königsflügels.

16...Sg3! 17.Tf3 Se4

Der Springer hat sein Traumfeld erreicht. Von strategischer Bedeutung ist, dass der weiße Turm den Punkt c3 nicht kontrollieren – und somit das Eindringen der schwarzen Kollegen auf der c-Linie nicht verhindern kann.

18.f5 Tac8 19.Lf4 Dd7 20.Tac1

Weiß möchte wenigstens einen Turm tauschen.

20.Txc1 21.Lxc1 Tc8 22.Lf4 h6

Ein Luftloch kann nicht schaden, um dann die entscheidenden Manöver mit den Schwerfiguren auf der c-Linie vornehmen zu können.

23.Db3 Tc4 24.Td3 Dc6 25.Dd1 Tc2 26.Tb3 Dc4! 27.Dd3

Das ist bittere Notwendigkeit, denn 27.Txb7 Sf2 28.Df1 Dxd4 verliert sofort. Und auch nach 27.Le3 Sd2! 28.Lxd2 (28.Tc3 Txc3 29.bxc3 Se4 mit Materialgewinn) 28...Dxd4+ nebst Txd2 dominiert Schwarz.

27...Dxd3 28.Txd3 Txb2 29.Tb3 Txa2

Auch 29...Txb3 nebst Kf8-e8-d7-c6 hätte Schwarz leicht den Sieg gebracht.

30.Txb7 a5 31.Tb8+ Kh7 32.Tf8 Sf2 33.Kg2 f6 34.Td8 Sd3+ 35.Kg3 Se1!

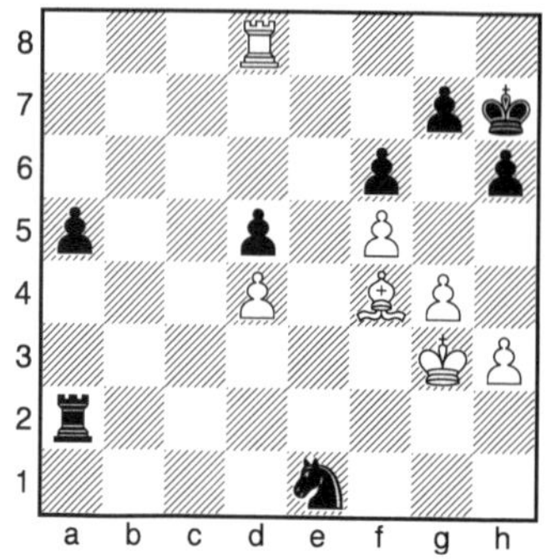

36.Ld6

Es ist verständlich, dass Weiß die Konsequenzen von 36.Txd5 fürchtete. Es wäre jedoch die einzige Möglichkeit gewesen, um nicht chancenlos zu verlieren. Nach 36...Tg2+ 37.Kh4 hätte Schwarz sehr präzise spielen müssen, um den Gewinn zu sichern.

1) Der geplante Zug 37...g5+?! sieht zwar optisch sehr schön aus,

a) weil 38.hxg6+ ja an 38...Kxg6 mit anschließendem Matt auf f3 scheitert.

b) Auch 38.Kh5 würde verlieren wegen 38...gxf4 39.Td7+ Kg8 40.Kg6 Kf8 41.Kxf6 Te2 42.Td8+ Te8 43.Txe8+ Kxe8 44.Kg7 Sf3 45.f6 Sxd4 46.f7+ Kd7 47.f8D Se6+ usw.

c) Des Rätsels Lösung wäre aber der Zug 38.Lxg5!! gewesen; z.B. 38...hxg5+ 39.Kh5 Sd3 40.Td7+ Kg8 41.Kg6 Kf8 42.Kxf6 Te2 43.Ta7 und Schwarz müsste noch um sein Leben bangen.

2) Nach der richtigen Zugfolge 37...Tg1! 38.Txa5 Sf3+ 39.Kh5 Th1 40.g5 hxg5 41.Le3 Sxd4!! 42.Kg4 (42.Lxd4 Txh3+ 43.Kg4 Th4+ nebst

Txd4 mit Gewinn) 42... Sc6 43.Tc5 Se5+ 44.Kg3 Tf1! geht der Bauer f5 verloren, weil 45.Lxg5 an 45...Tg1+ scheitert.

36...a4 37.Ta8 Sc2! 38.Ta7 a3 39.Lf8 Tb2!

Weiß gab auf. 40.Lxa3 scheitert an 40...Tb3+, und ansonsten kann der schwarze a-Bauer nur durch ein Turmopfer aufgehalten werden.

Partie Nr. 14

Kupreitschik – Uhlmann

Fürstenwalde 1969

1.e4 e6 2.d4 d5 3.Sd2 c5 4.Sgf3 Sc6 5.exd5 exd5 6.Lb5 Ld6 7.0-0 cxd4 8.Sb3 Sge7 9.Sbxd4 0-0 10.Lg5 f6!?

Das war seinerzeit eine Neuerung von mir, deren Idee darin besteht, einen Springer auf e5 zu postieren, um die Schwäche des Feldes e6 zu kompensieren.

11.Lh4

Besser ist 11.Le3, was Geller in der nachfolgenden Partie spielt.

11. ..Lg4 12.Dd2 Db6!

Ein gutes Feld für die Dame, die sowohl die Felder d4 und b5 unter Beschuss nimmt.

13.Lxc6

Auch nach 13.a4 Sxd4 14.Sxd4 Le5 verdient die schwarze Stellung den Vorzug.

13...bxc6 14.Lg3 c5!

Danach erhält Schwarz bereits die Initiative, weil nach dem folgenden Lxf3 die weiße Bauernstruktur am Königsflügel geschwächt wird.

15.Sb3 Lxf3 16.gxf3 c4 17.Lxd6 Dxd6 18.Sbd4 Sg6 19.Tfe1 Tfe8 20.Txe8+ Txe8 21.Te1 Te5!

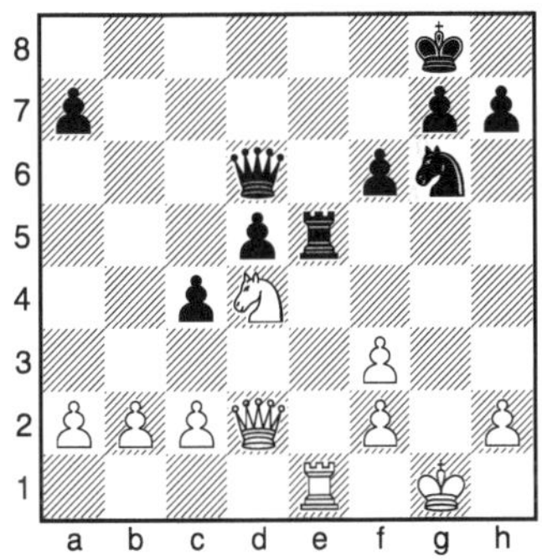

Ein feiner Zug, der den Raumvorteil vergrößert. Weiß hat keinen guten Zug zur Verfügung. Der Turmtausch auf e5 ist aber ebenfalls negativ zu bewerten, weil Schwarz ein intaktes Bauernzentrum erhält.

22.Txe5 fxe5 23.Sf5 De6 24.Dg5 h6 25.Dg4 Df6 26.Se3 Sf4

Der schwarze Vorteil hat sich vergrößert. Der dominierende Springer auf f4 kann in dem entstehenden Endspiel sehr schnell sowohl zum Damenflügel als auch zum Königsflügel dirigiert werden. Vor allem engt er aber die Bewegungsfreiheit des weißen Königs ein.

27.Kf1 Da6! 28.c3

Das ist erzwungen, um das Abzugsschach 28...c3+ zu verhindern. Jetzt setzt sich aber die Bauernwalze im Zentrum in Bewegung.

28...d4 29.Sf5 g5 30.Se7+

Weiß hat keinen vernünftigen Zug mehr und versucht, schnellstens die Damen zu tauschen, damit die Mattgefahren auf der ersten Reihe abgewendet werden können.

30...Kf7 31.Dd7 De6!

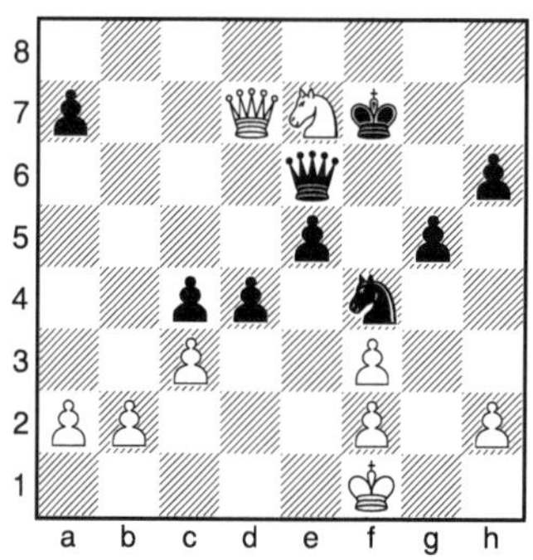

Die Zeit ist reif, um nach Damentausch im Springerendspiel Materialgewinn anzustreben. Jetzt wird deutlich, dass der schwarze König wesentlich beweglicher ist als der eingeklemmte weiße Kollege auf f1.Das nächste Ziel besteht darin, einen Freibauern am Damenflügel zu bilden.

32.Dxe6+ Kxe6 33.Sc6 Kd5! 34.Sxa7 Sd3 35.Ke2 Sxb2 36.Kd2 Sa4 37.cxd4 exd4 38.Sb5 Kc5 39.Sc7 c3+

Weiß gab auf.

Partie Nr. 15

Geller – Uhlmann

Amsterdam 1970

1.e4 e6 2.d4 d5 3.Sd2 c5 4.exd5 exd5 5.Sgf3 Sc6 6.Lb5 Ld6 7.0-0 cxd4 8.Sb3

Das sofortige 8.Sxd4 wäre verdächtig wegen 8...Lxh2+ 9.Kxh2 Dh4+ 10.Kg1 Dxd4; Geller – Ivkov, Wettkampf UdSSR – Jugoslawien, 1969.

8...Sge7 9.Sxd4 0-0 10.Lg5 f6!? 11.Le3!

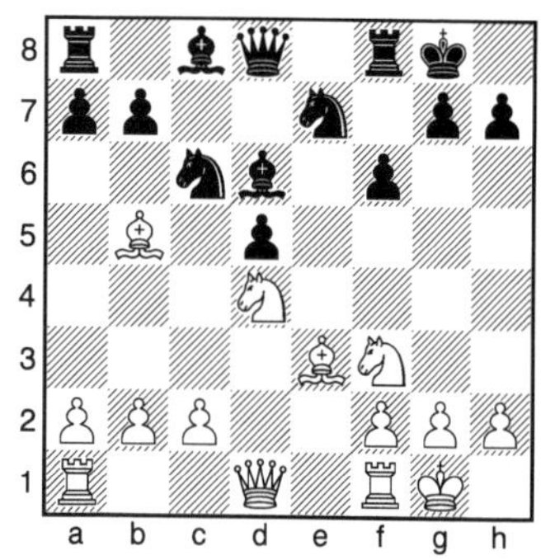

Die beste Erwiderung, weil der Läufer im Zentrum bleibt und effektiv die schwarzen Felder kontrolliert. Fehlerhaft wäre der taktische Einschlag 11.Sxc6? bxc6 12.Lxc6 Sxc6 13.Dxd5+ Tf7! 14.Dxc6 Lb7 und Weiß steht auf Verlust.

11...Se5!

Mit dem Springerzug ins Zentrum wird die Felderschwäche e6 kaschiert. Aktives Spiel ist garantiert, da in einigen Abspielen auch Sc4 oder Sg4 zu beachten ist. Der Textzug stellt eine Einladung zum Tausch auf e5 dar, wonach als Diskussionsthema die sogenannten „hängenden Bauern“ auf e5 und d5 entstehen. Einige Züge später nimmt Weiß die Gelegenheit wahr – in der Hoffnung, diese Bauernstruktur erfolgreich bekämpfen zu können.

12.Te1!

Weiß stellt seinen Turm in die offene e-Linie und bereitet den Rückzug des Läufers b5 nach f1 vor.

12...a6 13.Lf1 Kh8 14.h3 Ld7 15.c3 Tc8 16.a4 Te8

In Betracht kam auch 16...Sc4 oder 16...Dc7. Nachdem beide Parteien ihre Figuren gut aufgestellt haben, nimmt das Kampfgeschehen im Zentrum zu.

17.Sxe5 fxe5 18.Sf3 h6 19.a5

Geller verzichtet zu Recht auf 19.Dd2, wonach Schwarz mittels 19...Sf5 ein feines Bauernopfer anbieten kann. Nach 20.Dxd5 Lc6 21.Dd1 Df6 hätte er gutes Spiel. Die Drohungen lauten 22...e4 nebst 23...De5 bzw. 22...Tcd8 nebst 23...Lc5 mit Vorteil.

19...Tc6

Schwarz nimmt der Drohung Lb6 den Wind aus den Segeln. Gleichzeitig kann der Turm eventuell über die sechste Reihe zwecks Angriff zum Königsflügel gebracht werden.

20.Lb6 Db8 21.Tc1

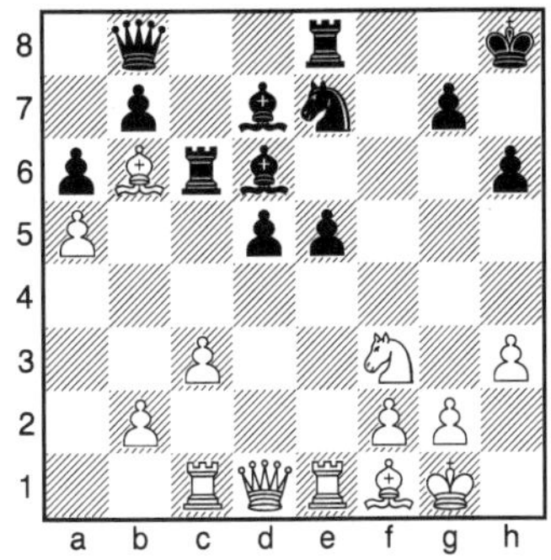

Nach der Partie gab Geller 21.c4 als Verstärkung an, wonach sich das Spiel folgendermaßen entwickeln könnte: 21...e4!

(Nicht 21...dxc4 wegen 22.Sxe5! Lxe5 23.Dxd7 mit Vorteil für Weiß.)

1) 22.Sd2 Lb4! 23.cxd5 Sxd5 24.Txe4 Txe4 25.Sxe4 Sxb6 26.axb6 Lf5 Schwarz hat die etwas besseren Chancen.

2) Auf 22.cxd5? geschieht 22...Txb6 mit Figurengewinn.

3) Falls Weiß aber 22.Sd4 zieht, bekäme Schwarz mittels 22...Lh2+ 23.Kh1 Tg6 24.Sc2 Le6 25.cxd5 Sxd5 26.Ld4 Sf4! starken Angriff.

21...Tef8 22.c4 e4! 23.Sd2 Txb6!

Ein sehr starkes Qualitätsopfer, nach dem mein schwarzfeldriger Läufer zum Helden des Tages wird.

24.axb6 Lc5 25.Te2

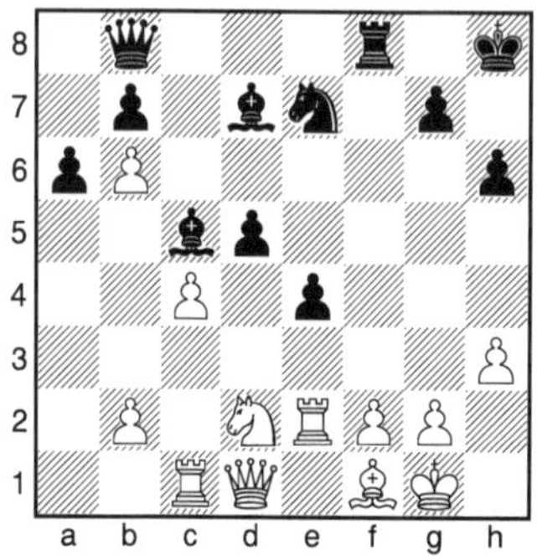

Weiß wählt die einzig noch spielbare Variante. Verlieren würde 25.Sxe4 dxe4 26.Dxd7 Txf2 mit den Abspielen:

1) 27.Kh1 Sf5 28.Dc7 Txf1+ 29.Txf1 Sg3+ 30.Kh2 Sxf1 31.Txf1 Lde6+ mit Damengewinn;

2) 27.Dc7 Txf1+ 28.Kxf1 Df8+ 29.Ke2 Df2+ 30.Kd1 Dd4+ 31.Kc2 Dd3#.

25...Txf2!!

Dieser tollen Kombination konnte ich einfach nicht widerstehen. Das doppelte Qualitätsopfer 23...Txb6 und 25...Txf2 war nach meinen Berechnungen äußerst chancenreich. Die taktischen Probleme waren für Geller schwieriger zu meistern als für mich. Nach längerer Bedenkzeit nahm er das Opfer wie erwartet mit 26.Txf2 an. Er kommt danach jedoch in große Schwierigkeiten.

Tatsächlich gab es aber eine fantastische Verteidigung – und zwar 26.cxd5! Txf1+ 27.Kxf1 Df4+ 28.Ke1 Dh4+ 29.Kf1 Lxb6 und nun:

1) 30.De1 Df4+ 31.Tf2 Lb5+ 32.Kg1 e3!! 33.Txf4 cxd2+ 34.Kh1 dxe1D+ 35.Txe1 Sxd5 mit klarem Vorteil;

2) 30.Sc4! Df4+ 31.Ke1 Lc5! 32.Dd2 Dh4+ 33.Kd1 (33.Kf1 Sf5) 33...La4+ 34.Tc2 Sf5 35.Da5 b5 36.Dc7 Sd4 37.Dxc5 Sxe2 38.Dc8+ Kh7 39.Df5+ Kg8 40.Dc8+ mit Dauerschach.

Eine unglaubliche Variante, die kein Mensch in der gegebenen Bedenkzeit berechnen kann, sondern nur ein Computer.

Aber statt 25...Txf2!? hat ein solcher sogar eine noch bessere Empfehlung gegeben. Und zwar 25...e3! 26.cxd5 (26.fxe3 Sf5 27.Tc3 Df4! 28.De1 Te8-+) 26...exf2+ 27.Kh1 Sf5 28.Se4 Le3 29.Txf2 Lxf2 30.Sxf2 Se3 31.De2 Df4 32.Df3 Dxf3 33.gxf3 Txf3 34.Kg1 Tg3+ 35.Kh2 Tg6 mit klarem Vorteil. Eine beeindruckende Analyse des Rechners.

26.Txf2 e3 27.cxd5

Am besten wäre 27.Kh1 exf2 28.Ld3 Dg3 29.Sf1 Dg5 mit besseren Chancen.

27...exf2+ 28.Kh1 Sf5! 29.Se4

Besser war 29.Tc3 Lb4 (29.Sg3+ Txg3 30.Dxg3 Se4 nebst 31...Sxc5) 30.Tf3 Sg3+ 31.Txg3 Dxg3 32.Df3 Dxf3 33.Sxf3 Lb5 mit klarem Vorteil.

29...Lxb6?!

Richtig war 29...Df4 30.Txc5 Dxe4 31.Df3 De1 mit Gewinn.

30.Df3 De5 31.Ld3

Es drohte 31...Dxe4 32.Dxe4 Sg3+. Beide Spieler waren in Zeitnot, so dass Fehler unvermeidlich waren. Statt des Textzuges ist 31.Sxf2! besser; z.B.:

1) 31. Dxb2 32.Sd3 Dd4 33.Le2 Kg8 34.Sf4 Sh4 35.Dg3 Sf5 36.Df3 mit Ausgleich;

2) 31.Sxf2 Lc7 32.Sg4 (32.Txc7 Dxa7 33.Ld3 =) 32...Sg3+ 33.Kg1 Ld6+ 34.Sf2=;

3) 31.Sxf2 Sg3+ 32.Kg1 Lf5 33.Ld3 Lxd3 34.Tc8+ Kh7 35.Dxd3+ g6 36.Da3 De1+ 37.Kh2 Lxf2 38.Th8+ Kxh8 39.Df8+ mit Dauerschach.

31...Dxd5 32.Sc5? Dxf3

Es musste unbedingt 32.Sxf2 geschehen. Nach 32...Dxf3 33.gxf3 Lxf2 34.Tc7 Le6 35.Txb7 hätte Schwarz nur geringen Vorteil.

33.gxf3 Lxc5 34.Txc5 Se3! 35.Tc1

Nicht 35.Te5 wegen 35...Lb5! und nach 35.Tc7 Lf5 gewinnt Schwarz ebenfalls.

35...Kg8!

Das ist am präzisesten, denn nach 35...Lxh3 36.Kh2 hätte Weiß noch Schwindelchancen.

36.Kh2 Lb5! 37.Tc8+ Kf7 38.Kg3 Lxd3 39.Tc7+ Kf6 40.Kxf2 Sd1+ 41.Kg3 Sxb2 42.Txb7 Sc4 43.h4 a5

Der a-Bauer ist nicht mehr aufzuhalten.

44.Td7 Lc2 45.Tc7 Lb3 46.Kf4 a4

Weiß gab auf.

Eine tolle Partie, zu der ich viele ungewöhnliche Gedanken beisteuerte, und zwar sowohl positionelle als auch taktische. Es war für beide Spieler angesichts der begrenzten Bedenkzeit fast unmöglich, die komplizierten Varianten zu berechnen. Schon die Eröffnung war ungewöhnlich und wurde von mir sehr schöpferisch behandelt. Das Problem der „hängenden Bauern" wurde mit Hilfe des Qualitätsopfers 23...Txb6 und des Turmopfers 25...Txf2 elegant gelöst. Der Lohn für den Mut und die Risikobereitschaft war ein feiner Sieg gegen den damaligen Weltklassespieler Geller.

Partie Nr. 16
Mestel – Uhlmann
Hastings 1973

1.e4 e6 2.d4 d5 3.Sd2 c5 4.Sgf3 Sc6 5.exd5 exd5 6.Lb5 Ld6 7.dxc5 Lxc5 8.0-0 Sge7 9.c4

Diese Behandlungsmethode der Stellung ist nicht ohne Tücken. Schablonenhaft wäre jetzt die Antwort 9...dxc4, worauf Weiß nach 10.Se4! Db6 11.Lxc4 nebst 12.Sxc5 mit dem Läuferpaar chancenreich das Spiel bestimmen würde.

9...0-0 10.Sb3 Ld6! 11.Lxc6

Nichts bringt Weiß 11.cxd5 ein, weil darauf 11...Sxd5 oder 11...Sb4 möglich ist.

11...bxc6 12.c5 Lb8

Es ist eine interessante Stellung entstanden, in der nur schwer beurteilt werden kann, welche Seite den Vorzug verdient: Weiß mit den beiden Springern im Zentrum – oder Schwarz mit seinem weitreichenden Läuferpaar, das zum gegnerischen Königsflügel zielt.

13.Lg5 Dc7!

Ein wichtiger Zug, der den Springer entfesselt und das Manöver 14.Lh4 (mit der Absicht 15.Lg3) verhindert, weil darauf 14...Sf5 folgen könnte.

14.Sbd4 Sg6 15.Da4 Ld7 16.Da6!

Damit wird 16...Db7 und die Rückkehr des Läufers nach c7 unterbunden. Außerdem ist die Verbindung der Türme auf der achten Reihe vorübergehend gestört.

16..f6 17.Ld2 Sge5!

Dieser befestigte Springer im Zentrum engt die Aktionen von Weiß ein.

18.g3!

Eine notwendige Sicherheitsmaßnahme, denn es drohte 18...Sxf3+ 19.Sxf3 Lg4 mit der Idee, später Lxf3 und Dxh2+ zu spielen.

18...Lc8

Nichts bringt Schwarz 18...Lg4 19.Sh4! ein.

19.Da4 Dd7!

Mit dieser feinen Umgruppierung bläst Schwarz zum Angriff am Königsflügel. Jetzt verbietet sich 20.Sxe5 fxe5 21.Dxc6 (21.Sxc6 Lb7 läuft auf Figurengewinn hinaus.) 21...exd4 22.Dxa8 Lb7, denn die weiße Dame wird gefangen.

20.b4 Dg4!

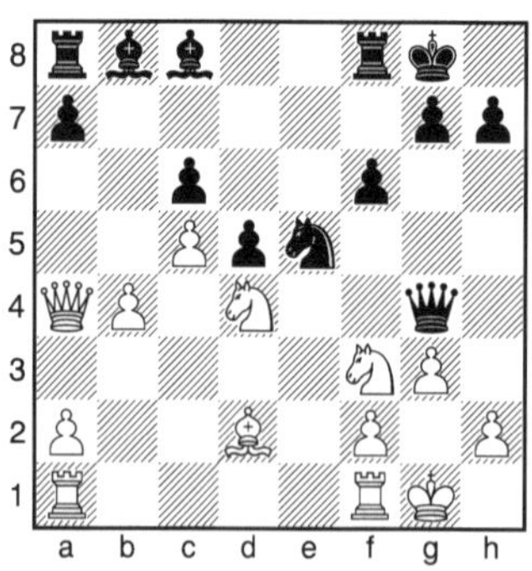

Ein starker Zug, nach dem Schwarz spürbare Initiative auf den weißen Feldern am Königsflügel entwickelt. Natürlich musste man die zwei komplizierten taktischen Möglichkeiten nach 21.Sxe5 fxe5 berechnen:

1) 22.Dxc6 Dxd4!

a) 23.Dxa8 Lh3 24.Lg5 De4 25.f3 Dd4+ 26.Kh1 Lxf1 27.Txf1 Dd3 28.Tf2 e4! mit großem Vorteil;

b) 23.Le3 De4 24.Tae1 Lh3 25.f3 Dd3 26.Dxa8 Lxf1 mit Gewinn;

c) 23.Tad1 Lh3 24.Lc1 Df3 25.Dxd5+ Dxd5 26.Txd5 Lxf1 ebenfalls mit Gewinn.

2) 22.Sxc6 Ld7 23.Se7+ Kf7 24.c6

(24.Db3 Kxe7 25.Dxd5 De6! 26.Dxa8 Lc6 mit Damenverlust)

24...Le6 25.Db5 a6!

a) Nun geht der Springer auf e7 verloren, da 26.Db7 an 26...Ta7 scheitert.

b) Ebenso verliert 26.Dc5 wegen 26...La7 27.Dd6 Df3 28.c7 (28.Dxe5 Kxe7 29.Lg5 Kf7) 28...Tfe8 29.Lg5

(29.c8D Txc8 30.Sxc8 Lh3; oder 29.Sc6 Lh3 30.Sxe5+ Txe5 nebst matt)

29...h6 30.Lh4 Lh3 31.Dxd5+ Dxd5 32.Sxd5 Lxf1 33.Txf1 g5 usw.

21.Db3 La6!

Auf 21...Ld7 wäre 22.b5 sehr unangenehm, da das Zentrum gesprengt wird.

22.Tfe1 Lc7 23.Kg2

Äußerst riskant wäre die Annahme des Bauernopfers. Nach 23.Sxe5 fxe5 24.Sxc6 Lc4 25.Dd1 De6 würde der schwarze Angriff durchschlagen; z.B. 26.Sxe5 (26.Sd4 Df6) 26...Lxe5 27.Lc3 d4 28.Lxd4 Lxd4 29.Txe6 Lxf2+ 30.Kg2 Lxe6 mit Gewinnstellung.

23...Tae8! 24.h3 Dh5 25.Lf4 Lb8!

Ein wertvoller Zug, der zum schwarzen Plan gehörte. Nachdem der Turm a8 die offene e-Linie besetzen konnte, ist der Läuferrückzug nach b8 äußerst effektiv, weil die Drohung 26...Sd3 aufgestellt wird.

26.Tad1 Kh8 27.a4 Lc8!

Damit erhält der schwarze Angriff neue Impulse.

28.Sg1!

Dieser Rückzug ist erforderlich, weil nach 28.g4 Dg6 oder 28...Df7 der Druck am Königsflügel entscheidend wäre.

28...a6 29.Lxe5

Nach längerem Zögern nimmt Weiß nun das Bauernopfer auf c6 an. Der dominierende Springer auf e5 wird durch einen starken Zentrumsbauern ersetzt und die schwarze Attacke verlagert sich in die halboffene f-Linie sowie die Diagonale h1-a8.

29...fxe5 30.Sxc6 Le6! 31.Sxb8 d4

Darin bestand die Idee des Bauernopfers, denn alle schwarzen Figuren entfalten jetzt ihre maximale Wirkung. Weiß ist zudem an die Verteidigung seines Mehrbauern b4 gebunden.

32.Db2 Ld5+ 33.Kh2 Texb8 34.Td2

Es drohte bereits 34...Txb4 35.Dxb4 Txf2#.

34...Lc6!

Dies verhindert den Vorstoß b5 und bereitet weitere Aktionen in der f-Linie vor.

35.Db3 Tf6

Der Druck in der halboffenen f-Linie wird mit der Drohung 36...Tbf8 verstärkt. Da Weiß bereits in Zeitnot war, fiel es schwer, eine gute Verteidigung zu finden.

36.f4?

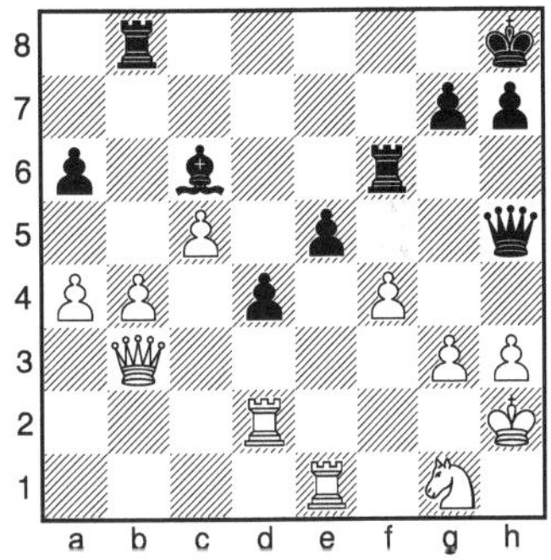

Der Textzug soll die Drohung 36...Tbf8 entschärfen. Der entscheidende Nachteil besteht aber darin, dass die Mattgefahren noch größer werden.

1) Relativ am besten war 36.f3, obwohl Weiß nach 36...h6 annähernd in Zugzwang gerät. Die Bauern a4, b4 und f3 sind weiter bedroht. Schwarz hat mehrere Optionen, den Angriff zu verstärken. Es droht 36...Lxf3, oder 36...Tbf8 bzw. bei Gelegenheit e4 – lauter Abspiele, die kaum noch ausreichend zu parieren sind.

2) Die Gefahren der Stellung verdeutlicht die Variante 36.Tee2 Tbf8

37.b5 Dxe2!! 38.Sxe2 (38.Txe2 Txf2+ 39.Txf2 Txf2#) 38...Txf2+ 39.Kg1 Tg2+ 40.Kh1 Tf1+ 41.Sg1 Tfxg1#.

36.exf4 37.g4

Auf 37.Txd4 gewinnt einfach 37...f3 nebst f2.

37.Dh4! 38.Te2 h6!

Überhastet und verderblich wäre hier 38...f3? wegen 39.Sxf3 Lxf3

(Auf 39...Txf3 folgt 40.Dxf3!! Lxf3 41.Te8+ nebst matt.)

40.Te8+ Tf+8 41.Txf8+ Txf8 42.Dxf3!, denn das Blatt hätte sich zugunsten von Weiß gewendet.

39.Tf1?

Dieser in großer Zeitnot ausgeführte Zug ermöglicht Schwarz den sofortigen Gewinn, aber gegen die Drohung f3 und f2 gab es ohnehin keine Verteidigung mehr.

39...Dg3+!

Weiß gab auf, denn er verliert einen Turm.

Partie Nr. 17
Cholmow – Uhlmann
Halle 1978

1.e4 e6 2.d4 d5 3.Sd2 c5 4.Sgf3 Sc6 5.exd5 exd5 6.Lb5 Ld6 7.dxc5 Lxc5 8.Sb3 Ld6 9.0-0 Sge7 10.Lg5

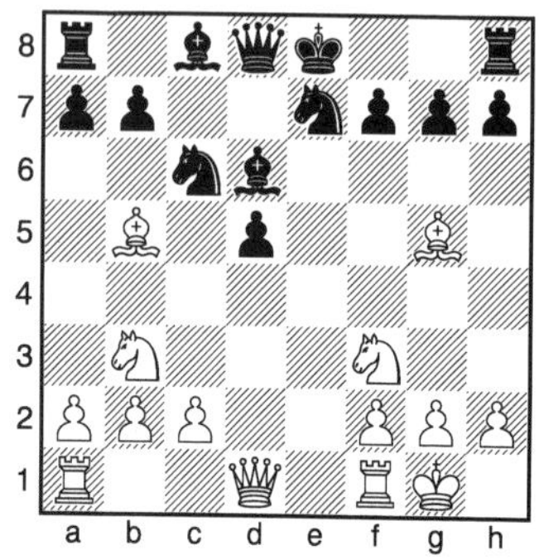

Das ist die gebräuchlichste Erwiderung. Neben dem Textzug spielt Weiß auch häufig 10.Te1. In der Turnierpraxis kamen jedoch 10.Sbd4, 10.c3 oder 10.h3 ebenfalls schon vor.

10...0-0 11.Te1 a6

Schwarz kann an dieser Stelle außer der Befragung des Läufers auch 11...Lg4 spielen.

12.Ld3

Gleiches Spiel gibt 12.Lxc6 bxc6 13.Sbd4 Ld7 14.Lxe7 Lxe7 15.Se5 Lf6! 16.Sxc6 Lxc6 17.Sxc6 Dd6 18.Sd4 Db4 mit Friedensschluss, Georgadse – Uhlmann, Halle 1978.

12...Lg4 13.c3

Nach 13.Lh4 (mit der Drohung 14.Lxh7+ nebst Sg5+) hätte Schwarz die gute Antwort 13...Se5 zur Verfügung. Auf 14.Le2 könnte 14...Sc4! folgen und nach 15.Dd4 Lxf3 16.

Lxf3 Sf5! 17.Lxd8 Sxd4 18.Sxd4 Txfd8 19.b3 Lc5 hat Schwarz gleiches Spiel; Feher – Uhlmann, Eger 1985.

13...Dc7 14.h3

Das ist wegen der Drohung 14...Lxh2+ erzwungen.

14...Lh5 15.Le2

Nur auf diese Weise kann die Fesselung des Springers f3 aufgehoben werden. Weiß muss langfristig versuchen, den Isolani d5 zunächst zu blockieren und dann eventuell zu erobern.

15...Te8 16.Sfd4 Lg6 17.Ld3 Sxd4 18.Sxd4 Sc6! 19.Lxg6 hxg6 20.Dd3 Se5!

Damit entschärft Schwarz die Drohung 21.Txe8+ Txe8 22.Sxc6, wonach der isolierte Bauer d5 endgültig ein Sorgenkind wäre. Mit dem Textzug wird die weiße Dame zurückgedrängt und aktives Spiel gegen den Punkt d4 organisiert.

21.c2 Lc5 22.Ted1!

Ein grober Fehler wäre 22.Tad1 wegen 22...Lxd4 23.Txd4 Sf3+ mit schwarzem Gewinn.

22...La7 23.Tac1 Tac8

Zwar ist meinem Gegner die Blockade des Isolanis gelungen, aber der Druck darauf ist noch Zukunftsmusik. Durch seinen agilen Springer kann Schwarz ständig für Unruhe im feindlichen Lager sorgen. In einigen Varianten ist auch der Bauer b2 störanfällig.

24.Lh4

Ausgleich hätte 24.Lf4 Tcd8 ergeben. Ein fataler Fehler wäre hingegen 24.Sb3? Sf3+!! 25.gxf3 Dg3+ mit Gewinnstellung für Schwarz.

24...Dc4 25.b3 Dc5 26.Dd2 Sc6?!

Genauer war 26...Da3!, wonach der Druck auf die Bauern a2 und c3 verstärkt werden könnte.

27.Sf3! Se7 28.g4

Das ist sehr riskant, weil im Endeffekt die weiße Königsstellung gefährdet wird. Gut war 28.Lxe7 Txe7 29.Tc2! mit Überdeckung des Punktes f2 und Angriff auf den Bauern d5.

28...Da5! 29.Tc2 Sc6! 30.Kg2

Verlieren würde 30.Dxd5 Dxd5 31.Txd5 Sb4 mit Qualitätsgewinn für Schwarz.

30...d4!

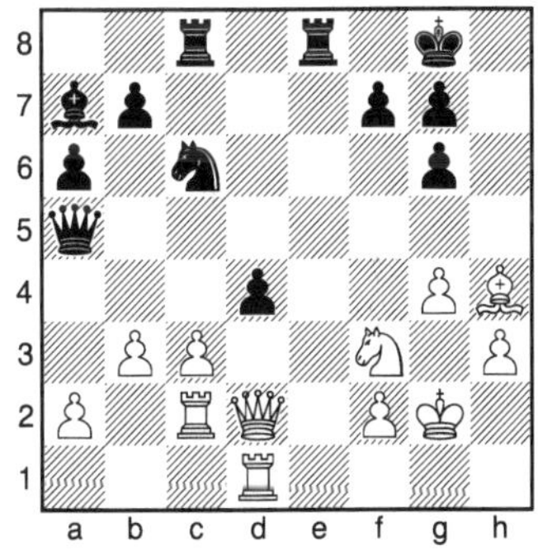

Das Stellungsbild hat sich total verändert. Durch das feine strategische Bauernopfer kommen auch taktische Möglichkeiten ins Spiel. Die schwarze Dame kann das Feld d5 besetzen, wonach unangenehme Drohungen in der Diagonale h1-a8

auftauchen. Schwarz entledigt sich zudem der Bauernschwäche auf d5 und hat danach mindestens Ausgleich.

31.cxd4?!

Weiß unterschätzt die taktischen Möglichkeiten von Schwarz. Im Ausgleichssinne war 31.Sxd4 angebracht.

(Gefährlich ist hingegen 31.c4 Da3 mit der Drohung 32...Sb4.)

1) Nach 31...Sxd4 32.cxd4 Dd5+ 33.f3 Dxd4 34.Txc8 Dxd2+ 35.Txd2 Txc8 wäre das Remis gesichert.

2) Und nach 31...Lxd4 entstehen große Verwicklungen; z.B. 32.cxd4 Dd5+ 33.f3 Sxd4!? 34.Txc8 Dxf3+ 35.Kh2 Txc8 36.Dxd4 Tc2+ 37.Td2 Tc3!? usw.

31...Dd5!

Eine unangenehme Fesselung, denn es droht vernichtend 32...Sxd4. Auch das folgende Ausweichmanöver der Dame, auf das sich Weiß offenbar verlassen hatte, beseitigt die Gefahren nicht.

32.Dg5 De4! 33.Tcd2 f6 34.De3 Dd5

Der Bauernrückgewinn 34...Dxe3 ist für Schwarz nicht erstrebenswert, da der weiße d-Bauer danach äußerst gefährlich wäre.

35.Dc3 b5!

In dieser kritischen Stellung (und in beiderseitiger Zeitnot) verhindert Schwarz das Entlastungsmanöver 36.Dc4.

36.Db2

Unbefriedigend für Weiß ist die Fortsetzung 36.b4 Tcd8 37.Db3 Dxb3 38.axb3 Td5! nebst Sxb4 mit Endspielvorteil für Schwarz.

36...Tcd8 37.Td3 Te4! 38.Kg1

Weiß muss sich aus der Fesselung auf der Diagonale h1-a8 befreien. Aber auch jetzt ist der Rückgewinn des Bauern mit klarem Plus von Schwarz nicht mehr zu vermeiden.

38...Sxd4! 39.Sxd4

Das verliert sofort. Auf 39.Kf1 folgt 39...Tde8 40.Sg1 (40.Sxd4 Txe1 Dh1#) 40...De5! 41.Lg3 (41.f3 Sxf3) 41...Te1+ 42.Kg2 Se2+ mit Damengewinn.

39...Txd4 40.Txd4 Lxd4

Weiß gab auf, denn nach dem Ausweichen der Dame entscheidet 41...Lxf2+ nebst 42...Dxd1.

Partie Nr. 18
Suetin – Uhlmann
Debrecen 1987

1.e4 e6 2.d4 d5 3.Sd2 c5 4.Sgf3 Sc6 5.exd5 exd5 6.Lb5 Ld6 7.0-0 Sge7 8.dxc5 Lxc5 9.Sb3 Ld6 10.Lg5 0-0 11.Tfe1 Lg4 12.Le2 Te8 13.Sfd4

Genauer ist an dieser Stelle 13.c3 h6 14.Lh4.

13...Lxe2 14.Txe2 h6 15.Lh4 Db6

Sobald Le3 nicht mehr möglich ist, gewinnt der Damenausfall nach b6 an Stärke.

16.c3 Sxd4 17.Sbxd4

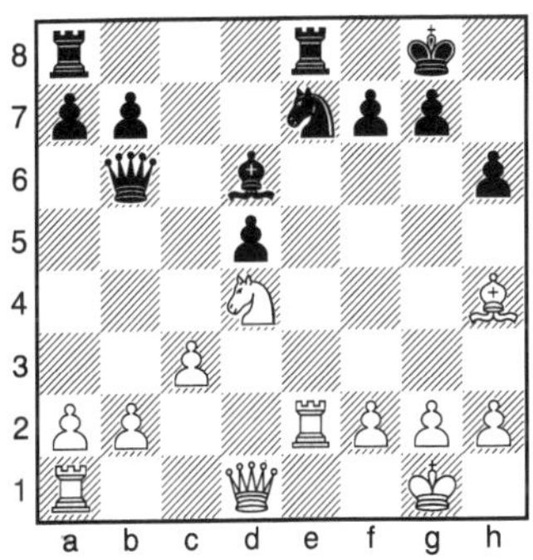

Gutes Spiel erhält Schwarz nach 17.Dxd4 Sf5! 18.Dxb6 axb6 19.Txe8+ Txe8 20.Lg3 Sxg3 21.hxg3 Te2 22.Tb1.

17...Sc6 18.Sf5 Lf8 19.Td2?!

Weiß unterschätzt die gegnerischen Möglichkeiten in der offenen e-Linie. Außerdem muss er seinen Bauer auf b2 verteidigen. Objektiv am besten war eine interessante Remiskombination, die durch 19.Txe8! Txe8 20.Sxh6+ gxh6 21.Dg4+ Kh7 22.Df5+ Kg8 23.Dg4+ in die Wege geleitet werden konnte.

19...Te4!

Durch die Verdoppelung der Türme auf der e-Linie geht die Initiative an Schwarz über.

20.Lg3 Tae8 21.h3 d4!

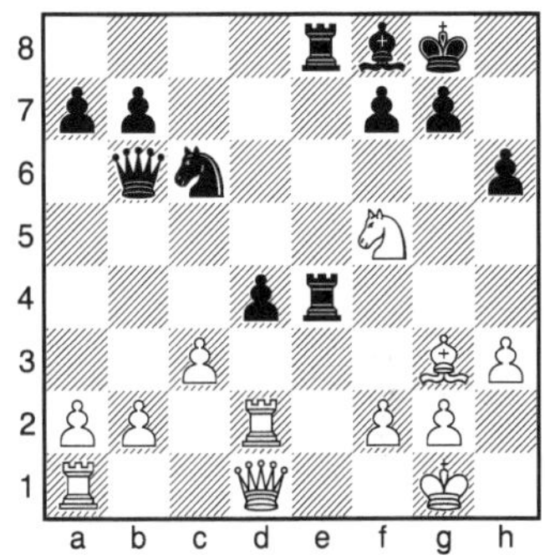

Mit diesem Scheinopfer beseitigt Schwarz seine Bauernschwäche auf d5. Weiß darf nicht 22.cxd4 spielen wegen 22...Lb4, denn der Turm auf d2 müsste angesichts der Drohung Te1+ stillhalten. Und auch nach 22.Sxd4 Sxd4 23.Txd4 Dxb2 dominiert Schwarz aufgrund der Bauernschwächen c3 und a2.

22.Df3

Noch am besten, um die Antwort 22...Te1+ zu vereiteln.

22...dxc3 23.bxc3 Te1+ 24.Txe1 Txe1+ 25.Kh2 Db1! 26.Lc7 De4

Schwarz hat erkannt, dass sein Angriff nach 26...Th1+ 27.Kg3 nicht weiter verstärkt werden kann. Deshalb strebt er ein Endspiel an, das wegen der Bauernstruktur günstiger für ihn ist.

27.Dxe4 Txe4 28.Ld6!

Nach dem Tausch der schwarzfeldrigen Läufer hat Schwarz nur minimalen Vorteil.

28...Lxd6 29.Sxd6

Nicht aber 29.Txd6 wegen 29...Tf4 und Schwarz gewinnt einen Bauer.

29...Te7 30.c4 b6 31.Sb5

Die Fesselung durch 31...Td7 musste vermieden werden.

31...Kh7 32.Kg3 Sa5 33.Tc2 a6 34.Sd6 Tc7 35.Kf4 Tc5! 36.Ke4 Kg6 37.Kd3 f5 38.g4

Weiß will vermeiden, dass sein Springer auf d6 in Gefahr gerät. Der Nachteil des Zuges ist jedoch die Schwächung des eigenen Königsflügels.

38...fxg4 39.hxg4 Tc7! 40.Se4

Nicht spielbar ist 40.Tb2 b5! 41.cxb5 Td7 und Schwarz gewinnt eine Figur.

40...Sc6!

Schwarz beordert seinen Springer im richtigen Moment ins Zentrum. Die Doppeldrohung 41...Sb4+ und 41...e5+ ist nicht zu parieren.

41.a3 Se5+ 42.Kd4 Sxg4 43.Tb2 Td7+ 44.Kc3 Kf5!

Jetzt greift auch die schwarze Majestät ins Kampfgeschehen ein, was klaren Vorteil sichert. Der Freibauer auf der h-Linie ist eine entscheidende Macht.

45.f3 Se5 46.Txb6 Td3+ 47.Kc2

Verderblich wäre 47.Kb4 wegen 47...a5+ und Schwarz gewinnt.

47...Txf3 48.Sd6+ Kf4 49.Txa6 h5!

Der schwarze Bauer ist in allen Abspielen schneller als sein weißer Kollege auf der a-Linie, denn er wird von Figuren unterstützt.

50.c5 h4 51.Ta4+

Auf 51.c6 würde das kräftige Figurenopfer 51...Sc6!! sofort die Entscheidung herbeiführen; z.B. 52.Txc6 h3 53.Tc4+ Kg3 54.Se4+ Kg2 55.Tc7

(55.Sg5 Txa3! 56.Sxh3 Kxh3 ergibt ein für Schwarz gewonnenes Turmendspiel.)

55...h2 56.Tc2+ Kg1 57.Tc1+ Tf1 und Schwarz bleibt Sieger.

51...Kg5 52.Te4 Sc6 53.a4 h3 54.Te1 Kh4 55.Se4 g5 56.Sd2 Tf2 57.Kd3 h2 58.Ke3

Es gibt keine Verteidigung mehr, denn auf 58.Th1 entscheidet 58...g4.

58...Txd2! 59.Kd2 g4 60.Te6

Oder 60.Ke3 g3 61.Kf3 Kh3 und Schwarz gewinnt.

61...Kg5!

Weiß gab auf.

Partie Nr. 19
Karpow – Uhlmann
Madrid 1973

1.e4 e6 2.d4 d5 3.Sd2 c5 4.exd5 exd5 5.Sgf3 Sc6 6.Lb5 Ld6 7.dxc5 Lxc5 8.0-0 Sge7 9.Sb3 Ld6 10.Lg5

Gemessen an den anderen Fortsetzungen 10.Sbd4, 10.Lxc6+ und 10.Le3 dürfte der Partiezug am besten sein. Seine Idee besteht in dem Läufermanöver Lh4-g3, um den starken schwarzen Ld6 abzutauschen.

10...0-0 11.Lh4 Lg4 12.Le2

Das ist genauer als sofort 12.Lg3 Lxg3 13.hxg3 Db6 14.Ld3 Sf5 mit gleichem Spiel.

12...Lh5

Genauer war 13...Te8 – siehe dazu die nächste Partie: Vogt – Uhlmann.

13.Te1 Db6 14.Sfd4!

Schlecht wäre 14.c4, worauf Schwarz den Zwischenzug 14...Lb4 zur Verfügung hat. Keine Wirkung hätte auch 14.Lxe7 Sxe7 15.Dd4, weil der Läufer auf g4 nicht mehr angegriffen ist und die schwarze Dame sich durch den Rückzug nach c7 dem Tausch entziehen kann.

14...Lg6

Der Abtausch auf e2 käme den Wünschen des Gegners entgegen.

15.c3 Tfe8 16.Lf1 Le4 17.Lg3

Der damit verbundene Läufertausch bedeutet für Weiß einen strategischen Erfolg.

17...Lxg3 18.hxg3 a5?

Die Ursache des Verlustes ist in diesem Zug begründet. Er schwächt das Feld b5 und gestattet einige Züge später das Eindringen eines weißen Turmes auf e7.Die zwei Minifehler 18...a5 und 22...Sxd4 waren gegen den Weltmeister einfach schon zu viel.

18.a4! Sxd4 19.Sxd4!

Weiß hatte keine Veranlassung, 20.cxd4 zu spielen, da sich 20...Dxb2 wegen 21.Lb5 Ted8 22.f3 mit Figurengewinn verbietet.

20...Sc6 21.Lb5 Ted8 22.g4!

Ein großartiger Zug, der die strategische Meisterschaft des damals 22jährigen Karpow unterstreicht. Mein weißfeldriger Läufer wird nun abgedrängt und zur Bedeutungslosigkeit verurteilt. Außerdem droht der Bauernvorstoß f4-f5.

22...Sxd4?

Ein Fehler, der Weiß in der Folge gestattet, die offene c- oder e-Linie für die Türme zu nutzen. Besser war deshalb 22...h6 oder 22...Td6 mit nur geringem Vorteil für Weiß.

23.Dxd4 Dxd4 24.cxd4 Tac8

Schwarz hat es bereits schwer, einen vernünftigen Plan zu finden. So kann auf 24...Kf8 25.Te3 nebst Tae1 und f3 folgen, und der Einbruch auf der siebenten Reihe ist auch nicht zu verhindern.

25.f3 Lg6 26.Te7 b6 27.Tae1 h6 28.Tb7 Td6

Falls Schwarz den Versuch unternimmt, mittels 28...Tc2 aktiv zu werden, hat Weiß die vorzügliche Antwort 29.Tee7 zur Verfügung.

1) Nach 29...Kf8 30.Ted7 entsteht ein gefährlicher weißer Freibauer und außerdem ist der Läufer auf g6 kaltgestellt.

2) Und nach 29...Txb2 30.Le8 Tc8 31.Kh2! Tcc2 32.Kg3 Txg2+ 33.Kf4 sind die Einschläge auf f7 und g7 vernichtend.

29.Tee7 h5

Im höheren Sinne ist Schwarz schon in Zugzwang. Jetzt könnte auf 29...Tc2 unangenehm 30.Tb8+ Kh7 31.Tee8 folgen.

30.gxh5 Lxh5 31.g4! Lg6 32.f4!

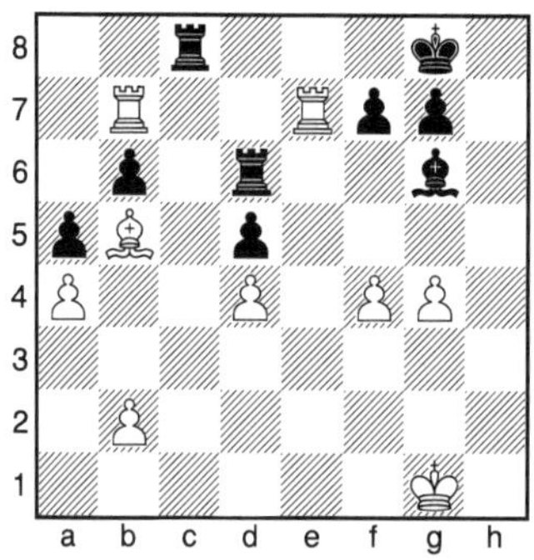

Damit erobert Weiß das Schlüsselfeld f7, was die Partie entscheidet.

32...Tc1+ 33.Kf2 Tc2+ 34.Ke3 Le4

Auch 34...Te6+ 35.Txe6 fxe6 36.Txb6 bot keine Rettung mehr.

35.Txf7 Tg6 36.g5 Kh7

Gegen 37.Tfe7 nebst 38.Le8 ist kein Kraut gewachsen.

37.Tfe7 Txb2 38.Le8 Tb3+ 39.Ke2 Tb2+ 40.e1 Td6 41.Tg7+ Kh8 42.Tge7

Schwarz gab auf. Für die vorzügliche strategische Partieführung wurde Anatoli Karpow der Schönheitspreis des Großmeisterturniers von Madrid zuerkannt.

Partie Nr. 20
Vogt – Uhlmann
Potsdam 1974

1.e4 e6 2.d4 d5 3.Sd2 c5 4.exd5 exd5 5.Sgf3 Sc6 6.Lb5 Ld6 7.dxc5 Lxc5 8.0-0 Sge7 9.Sb3 Ld6 10.Lg5 0-0 11.Lh4 Lg4 12.Le2 Te8

Nach meiner Niederlage gegen Karpow setzte eine emsige Analysetätigkeit ein. Da in der Regel gern „nachgewaschen“ wird, muss man immer wieder in der Lage sein, eine Verbesserung parat zu haben, und sei es nur eine Nuance. In diesem Sinne gewinnt der Textzug ein wichtiges Tempo.

13.Te1 Db6!?

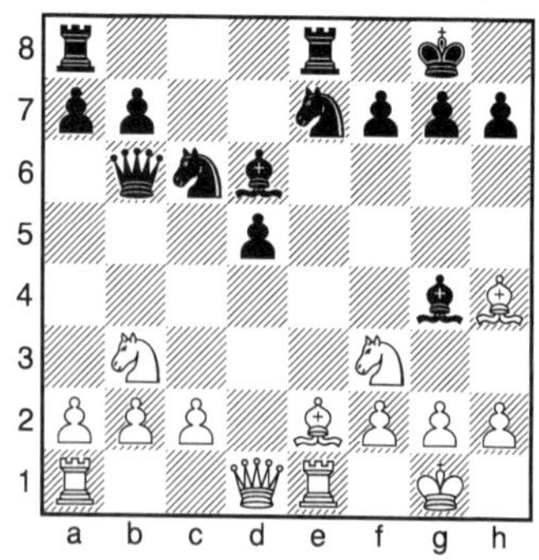

Ein Bauernopferangebot, welches Schwarz bei richtigem Spiel gute Chancen einräumen sollte. So geschah in der Partie Nabara – Uhlmann, Bamberg 2002, 14.Lxe7 Txe7 15.Dxd5 und jetzt fehlerhaft

15...Td8?!, wonach Weiß sich mit 16.Dg5 die besseren Chancen sicherte.

Richtig ist 15...Dc7!, wonach Schwarz mindestens gleiches Spiel erlangen sollte.

1) Riskant wäre jetzt 16.h3 wegen 16...Sb4 17.Dc2 Sxc2!?.

a) Auf 18.hxg4 hätte Schwarz die starke Antwort 18...Lb4 zur Hand.

b) Und auf 18.Tac1 hätte er ebenfalls eine gute Abwicklung parat; z.B. 18...Lxf3 19.gxf3 (19.Txc2 Lc6) 19...Tac8 20.Sd4 Lb4! und Weiß müsste ums Remis kämpfen.

2) Somit müsste er 16.Dc4 spielen, wonach 16...Lxf3 17.Lxf3 Lxh2+ gleiches Spiel ergibt.

14.Sfd4 Sg6!!

Ein starker Zwischenzug, der Weiß bereits Sorgen bereitet. So scheitert 15.Lxg4 an 15...Txe1+ 16.Dxe1 Sxd4 mit Materialgewinn.

15.Sxc6 Txe2!

Wiederum sehr genau gespielt.

16.Txe2 bxc6 17.Lg3 Le7!

Auch 17...Lxg3 18.hxg3 Sf8 nebst 19...Se6 ergibt gute Chancen für Schwarz.

18.h3 Lxe2 19.Dxe2 a5 20.c3 h5!

Spiel an beiden Flügeln ist das richtige Rezept, weil damit Raumgewinn erzielt wird. Das Schlagen auf h5 verbietet sich wegen 21...a4 22.Sd4 Dxb2 und Schwarz steht überlegen.

21.Sd4 h4 22.Lh2 Lf6 23.Td1 a4!

Die Randbauern auf a4 und h4 sorgen für große Unruhe und gestatten Weiß kein aktives Gegenspiel.

24.Dc2 Dc5 25.Dd3 Te8 26.b4!

Damit beseitigt Weiß seine Bauernschwäche b2.

26...axb3 27.axb3 Db6 28.b4 Te4! 29.Ld6

Genauer war sofort 29.f3.

29...Lxd4 30.cxd4 Dd8!

Durch den Schwenk der Dame ziehen neue Gefahren am weißen Königsflügel herauf.

31.Lc5 Sf4 32.Df3 Dg5 33.Ta1 Kh7

Besser als 33...Se2+ 34.Kh1 Sxd4 35.Lxd4 Txd4 36.Ta8+ Kh7 37.Dxf7, wonach Weiß noch Chancen hätte.

34.Kh2 Te6! 35.Dg4

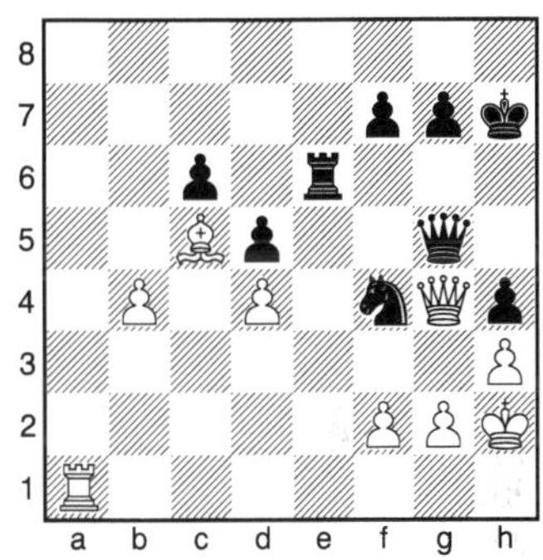

Ein verständlicher Zug, um die Damen zu tauschen. Aber gerade danach entstehen die Schwierigkeiten für Weiß, weil der Turm auf e2 eindringt. Möglicherweise war also die passive Verteidigung 35.Tg1 besser.

35...Dxg4 36.hxg4 Te2! 37.Tf1

Nach 37.Kg1 ist sowohl 37...Sd3 als auch 37...h3 vorteilhaft für Schwarz.

37...Sd3!

Das Thema lautet „guter Springer gegen schlechten Läufer". In einigen Varianten kann ein günstiges Turmendspiel für den Nachziehenden entstehen.

38.f4

Hoffnungslos wäre 38.f3 Sf4 39.Tg1 Td2 nebst Se2.

38...Sf2!

Nach 38...Scx5 39.dxc5 Tb2 hätte sich ein gutes Turmendspiel ergeben.

39.Ta1 Sxg4+

Genauer wäre zunächst 39...Sg6.

40.Kh3 Se3 41.Ta6 Txg2 42.Kxh4

Natürlich nicht 42.Txc6 Tg3+ 43.Kh2 (43.Kxh4 Sf5+ 44.Kh5 g6+ 45.Txg6 fxg6#) 45... Sg4+ 46.Kh1 h3 nebst 47...Sf2+ und 48...Tg2#.

42...Tg4+ 43.Kh3 Txf4 44.Txc6 g5!

Ohne Figurenopfer ist dieser Bauer nicht mehr aufzuhalten.

45.b5

Auf 45.Ld6 könnte folgen:

1) 45...g4+ 46.Kh2 Tf2+ 47.Kg3 Tf6 mit der tödlichen Drohung 48...Txd6 nebst 49...Sf5+;

2) 45...g4+ 46.Kh4 Tf6 wiederum mit der Drohung 47...Txd6;

3) 45...g4+ 46.Kh4 Tf6 47.Tc3 Sf5+ 48.Kg5 Sxd6 49.Kxf6 Se4+ mit Turmgewinn.

45...g4+ 46.Kh4

Oder 46.Kh2 Tf2+ 47.Kg3 Tf3+ 48.Kh4 f6 mit der Mattdrohung 49...Th3.

46...f6! 47.Ld6

Gegen 47...Tf3 gibt es keine Verteidigung.

47...Tf3 48.Lg3 Kg6!

Weiß gab auf.

Eine gelungene Positionspartie, in der der weiße König mit wenig Aufwand ins Matt gedrängt wurde. Ursache des Verlustes war die geschwächte Bauernstellung am Damenflügel sowie die schwache Postierung des weißen Turms und vor allen des schwarzfeldrigen Läufers.

Partie Nr. 21
Velimirovic – Uhlmann
Vinkovci 1982

1.e4 e6 2.d4 d5 3.Sd2 c5 4.exd5 exd5 5.Sgf3 Sc6 6.Lb5 Ld6 7.dxc5 Lxc5 8.0-0 Sge7 9.Sb3 Ld6 10.c3

Eine solide Fortsetzung ist hier 10.Te1 0-0 11.Lg5 Lg4 12.Le2 Te8 13.c3 h6 14.Lh4 Db6 15.Lxe7 Txe7 16.Dxd5 Tae8! 17.Lc4! Dc7

(17...Lxf3 18.Txe7 Lxd5 19.Txe8+ ergibt Vorteil für Weiß.)

18.Txe7 Txe7 19.Sbd2 Se5 20.Sxe5 Lxe5 21.g3! Td7 22.De4! Txd2 23.Dxg4 Dc5!

(Nach 23.... Txb2 erhält Weiß mittels 24.Te1 Vorteil.)

24.Lxf7+ ! Kxf7 25.Df5+ Kg8 26.Te1 mit nur geringfügigem weißem Vorteil; Gufeld – Lputjan, UdSSR 1981. Es könnte z.B. folgen 26...Dc6! 27.Dxe5 Txb2 oder 26...Td5! 27.c4! Da5! 28.b4

(zu 28.Te4 Td1+ 29.Kg2 Te1 30.b4 Dxb4, siehe 28.b4)

28...Dxb4 29.Txe5 Txe5 30.Dxe5 Dxc4 31.Db8+ Kh7 32.Dxa7 b5 und das Damenendspiel dürfte nach eventuellem Abtausch der Bauern am Damenflügel nicht zu gewinnen sein.

10...Lg4!

Auf 10...0-0 ist 11.h3 ein guter Zug.

11.Ld3

Das ist ungenau, denn besser war 11.Le2 oder Lg5.

11...h6!

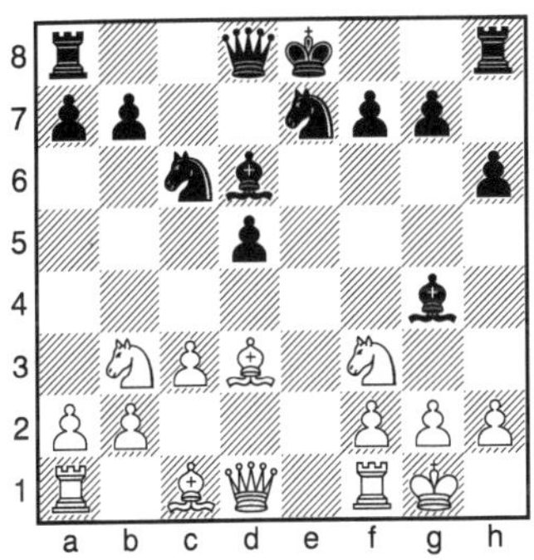

Ein nützlicher Zug, der die Fesselung durch 12.Lg5 ausschaltet. Ein Fehler wäre 11...0-0 12.Lxh7+ Kxh7 13.Sg5+ mit weißer Gewinnstellung.

12.h3 Lh5 13.Le2

Nur so kann Weiß sich entfesseln.

13...0-0 14.Sh4

Ein ungenauer Zug, der ein wichtiges Tempo verschenkt. Der Springer gehört mit 14.Sfd4 ins Zentrum.

14.Lxe2 15.Dxe2 Te8 16.Dh5 Lc7!

Ein starker Zug, der durch die Drohung 17...Dd6 Unruhe in der Diagonale h2-b8 auslöst.

17.Le3 Dd6 18.f4

Schlecht wäre 18.Sf3 g6! 19.Dg4

(oder 19.Dxh6 Sf5 20.Dg5 Se5! 21.Sbd4 f6!! 22.Df4 Sxf3+ mit Figurengewinn)

19...Se5! und Schwarz steht überlegen.

18...Sg6! 19.Sf5 Df6 20.g3

Ein Fehler wäre 20.Tae1 Sxf4 21.Lxf4 Txe1 22.Txe1

(22.Lxc7? Txf1+ 23.Kxf1 g6 und Schwarz gewinnt)

22...Lxf4, wonach Schwarz klaren Vorteil besitzt.

20...Te4! 21.Ld4

Auf 21.Sc5? gewinnt 21...Txe3 22.Sxe3 De7 durch den Doppelangriff auf e3 und c5 eine Figur.

21...Sxd4 22.Sfxd4 Se7!

Nachdem der Springer auf g6 seine Schuldigkeit getan hat, wird er zum Damenflügel beordert, um den weißen Stützpunkt d4 auszuhebeln.

23.Tae1 Lb6 24.Kg2

Schlechter wäre der Tausch auf e4. Nach 24.Txe4 dxe4 25.Te1 hat Schwarz den starken Zwischenzug 25...Sf5 zur Verfügung, der g3 und d4 zugleich bedroht.

24...Tae8 25.Txe4 dxe4 26.Te1 Sc6 27.Df5 De7!

Der Damentausch würde die weiße Verteidigung erleichtern. Wesentlich ist, dass der Freibauer e4 eine ständige Bedrohung darstellt. Schwarz versucht den Druck auf den Punkt d4 zu verstärken, um unter Umständen auch noch die offene d-Linie zu nutzen.

28.Sxc6 bxc6 29.Td1?

Weiß unterläuft ein Zeitnotfehler. Es ist aber bereits schwer für ihn, einen vernünftigen Weg zu finden. So gewinnt Schwarz nach 29.Sd4 g6! 30.Dg4 Lxd4 31.cxd4 Db4 mindestens einen Bauern.

29...e3!

Somit wird der weiße Turm zur Rückkehr gezwungen, da 30.Td7 an 30...e2! 31.Txe7 Txe7 scheitert.

Auch 30.Sc1 würde sofort verlieren, und zwar nach 30...e2! 31.Te1 De3!! 32.Txe2 Dg1+ 33.Kf3 Df1+ 34.Kg4 h5+!! 35.Dxh5 Txe2.

30.Te1 Dd6! 31.Dg4 a5!

Schwarz erzielt mit diesem Vorstoß weiteren Raumgewinn. In einigen Abspielen droht jetzt auch weißer Bauernverlust am Damenflügel.

32.Dd1 Dg6! 33.Df3 a4 34.Sd4

Der Springerzug ist mehr oder weniger erzwungen. Nach der passiven Verteidigung 34.Sc1 dürfte 34...Td8 mit der Idee Td2+ und Dc2 schnell eine Entscheidung bringen.

Vernichtend ist auch 35.f5 Df6 36.a3 (es drohte 36. ..a3 37.bxa3 Dxc3) 36...Td5 37.g4 Dd6, da sowohl 38...Td2+ als auch 38...Lc7 droht.

34...Lxd4 35.cxd4 Dd3 36.Te2

Auf 36.Dxc6 gewinnt 36...Dd2+ 37.Kf3 Df2+ 38.Kg4 Te6!.

36...Te4!

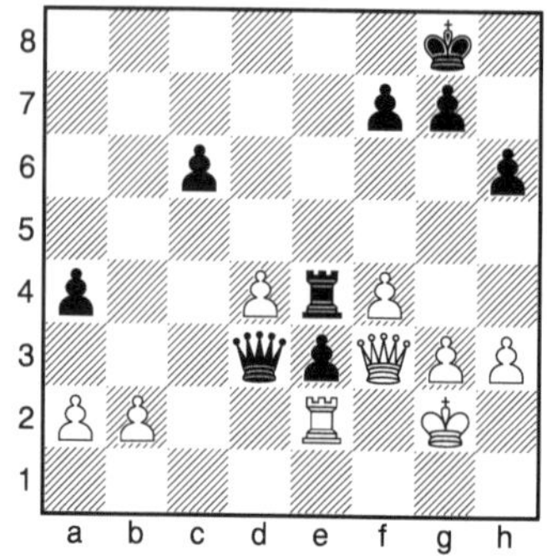

Mit diesem Turmzug besiegelt Schwarz das Schicksal seines Gegners. Weiß befindet sich im Zugzwang und kann Materialverlust nun nicht mehr vermeiden.

37.h4 Dxd4 38.Tc2 Dd5!

Schwarz droht seinen Bauern nach e2 vorzustoßen und zwingt damit den weißen Turm nach e2 zurück. Auf 39.Kf1 gewinnt 39...Txf4!! 40.Dxf4 Dd1+ nebst Dxc2+.

39.Te2 f5! 40.a3 Dd3 41.h5 c5 42.Kh3 Dd4!

Schwarz verhindert auf diese Weise das Entlastungsmanöver 43.g4.

43.Te1 Kh7 44.De2

Falls 44.Td1, so 44...e2! mit Gewinn (45.Txd4 cxd4).

44...Dd2! 45.Kg2

Auf die Alternative 45.Dxd2 könnte die Partie folgendermaßen enden: 45...exd2 46.Td1 Td4 47.Kg2 g6! 48.hxg6+ Kxg6 49.Kf3 c4 50.Ke2 (50.Ke3 Td3+) 50...Kh5 51.Th1+ Kg4 52.Kf2 d1S+ und Schwarz bleibt siegreich.

45...Tc4!!

Noch eine Feinheit, die Weiß zum Damentausch zwingt, weil 46.Kf3 wegen 46...Tc2 nebst 47...Txb2 verliert.

46.Dxd2 exd2 47.Td1 Tc2 48.Kf3 Txb2 49.Ke3

Auf 49.Ke2 geschieht 49...c4! 50.Txd2 c3! und Schwarz gewinnt.

49...g6!

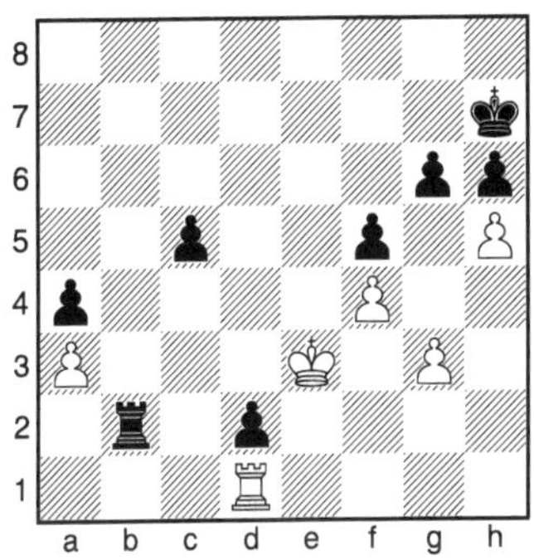

Weiß gab auf. Er erkannte, dass nach 50.Txd2 Txd2 51.Kxd2 gxh5 52.Kc3 h4! 53.gxh4 Kg6 54.Kc4 Kh5 55.Kb5 Kxh4 56.Kxa4 Kg3 57.Kb5 h5 nebst h4 und h3 jeglicher Widerstand vergebens ist.

Partie Nr. 22

Ibrahimoglu – Uhlmann

Siegen 1970

1.e4 e6 2.d4 d5 3.Sd2 c5 4.Sgf3 Sc6 5.dxc5

Sicherlich kein gutes Konzept, weil der schwarze Läufer jetzt ohne Tempoverlust auf c5 schlagen kann.

5...Lxc5 6.Ld3 Sf6 7.De2 0-0 8.e5?

Ein verpflichtender Zug, der Weiß sofort in Bedrängnis bringt. Angesichts der Bauernschwäche auf f2 bieten sich schon taktische Wendungen.

8...Sg4! 9.0-0

Weiß hat keine Zeit für 9.Sb3 Lxf2+ 10.Kf1 Lb6 11.Lxh7+ Kxh7 12.Sg5+ Kg8 13.Dxg4 f6! mit großem Vorteil.

9...f6! 10.Sb3?

Unbedingt notwendig war 10.exf6 Sxf6 11.Sb3 Ld6 mit nur geringem Vorteil für Schwarz.

10...Lxf2+

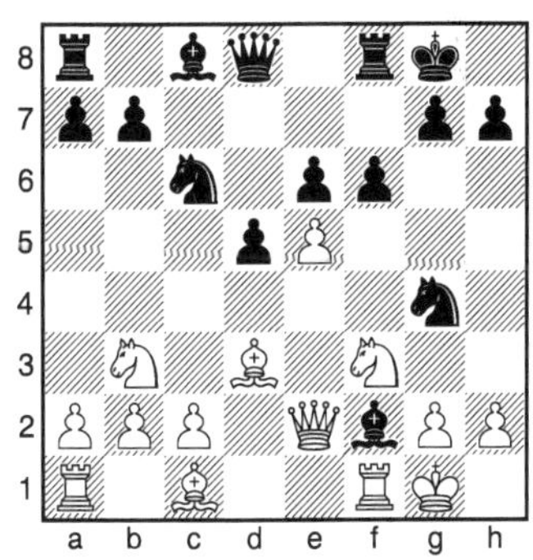

Dieses naheliegende Figurenopfer wird ermöglicht, weil zusätzlich ein stabiles schwarzes Bauernzentrum entsteht. Außerdem ist die offene f-Linie ein wertvolles Pfand, um den Angriff auf Hochtouren laufen zu lassen.

11.Txf2 Sxf2 12.Dxf2 fxe5 13.Lxh7+

Noch die beste Möglichkeit, um taktische Verwicklungen herbeizuführen. Ansonsten wäre der Bauernvorstoß e4 tödlich.

13...Kxh7 14.Sg5+ Dxg5!

Die einfachste Lösung, wonach ein gesunder Mehrbauer verbleibt. Schlecht wäre 14...Kg8 15.Dh4 Tf5 16.Dh7+ Kf8 17.Dh8+ Ke7 18.Dxg7+ oder 14...Kg6? 15.Dg3 Kf6 16.Sh7+ mit Gewinn.

15.Dxf8

Hoffnungslos wäre 15.Lxg5 Txf2 16.Kxf2 b6 mit gewonnenem Endspiel, in dem Weiß keinerlei taktische Chancen besäe.

15...Df6 16.De8 Dg6 17.Df8 b6

Ein ebenso logischer wie wertvoller Zug. Weiß kann danach nicht mehr die Entwicklung des Läufers c8 unterbinden, was auch die Aktivierung des Damenturms auf der achten Reihe ermöglicht.

18.Dd6 Lb7 19.Dc7 Tab8 20.h4

Noch ein schwacher Zug, der den Zusammenbruch beschleunigt. Es war aber bereits sehr schwer, einen guten Zug zu finden. Auf 20.Le3 folgt 20...d4! und Weiß steht der Mattdrohung auf g2 wehrlos gegenüber.

20...Dg3 21.Lg5 d4!

Die Vorbereitungen sind damit abgeschlossen, um in der Diagonale h1-a8 die Schlusszeremonie einzuleiten.

22.Tad1 Sa5 23.Td2 Tbf8 24.Sxa5 De1+ 25.Kh2 Tf1 26.Kh3 Le4! 27.Kg4 Lf5+ 28.Kh5 De4

Weiß gab auf.

Partie Nr. 23

Nijboer – Uhlmann

Amsterdam 1990

1.e4 e6 2.d4 d5 3.Sd2 c5 4.exd5 exd5 5.Sgf3 Sc6 6.Le2

Eine seinerzeit neue Idee von Weiß. Gegenüber dem gebräuchlichen Zug 6.Lb5 soll zum einen der Tempogewinn a7-a6 ausgeschaltet werden – und zum anderen richtet sich Weiß frühzeitig auf den Standardzug Lg4 ein.

6...cxd4 7.0-0 Le7

Intuitiv findet Schwarz den richtigen Gegenplan. Der schwarzfeldrige Läufer wird jetzt fest auf der Diagonale a1-h8 postiert. Das Manöver wird dadurch ermöglicht, dass der weiße Läufer auf e2 vorübergehend die e-Linie verstellt und kein Schach mittels Te1 gestattet. Damit ist auch schon der kleine Nachteil des Zuges 6.Le2 aufgedeckt.

8.Sb3 Lf6 9.Sbxd4 Sge7 10.c3 0-0 11.Lf4

Nicht spielbar ist hier 11.Lg5 wegen 11...Sxd4.

11...Lg4 12.h3 Lh5 13.Sb5

Ein Zug mit giftigen Hintergedanken, denn es droht 14.g4 nebst 15.g5 mit Figurengewinn.

13...Lg6! 14.Sd6

Der agile Springer zwingt zu größter Aufmerksamkeit. Ein Nachteil des Manövers besteht aber darin, dass die Kontrolle über den Punkt d4 aufgegeben wurde. Gefährlich wäre der Versuch 14.g4 gewesen, den Schwarz stark mit 14...Le4 parieren konnte; z.B. 15.g5 Lxf3 16.gxf6 Lxe2 mit vorteilhafter Stellung für Schwarz.

14...Db6 15.Db3 d4!

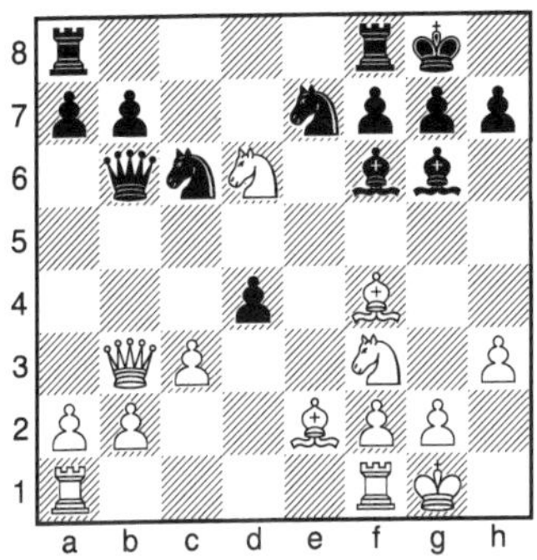

Schwarz hat mit seinem letzten Zug die Bauernschwäche auf d5 beseitigt und übernimmt nun die Initiative. Seine beiden vorzüglich postierten Läufer auf f6 und g6 entfalten dabei ihre größtmögliche Kraft.

16.cxd4

Auch nach 16.Dxb6 axb6 17.cxd4 Sxd4 18.Sxd4 Lxd4 oder 17.Sxb7 dxc3 18.bxc3 Sd5! hat Schwarz das bessere Spiel.

16...Sxd4 17.Sxd4 Dxd4!

Weiß hatte wahrscheinlich eher mit 17...Lxd4 gerechnet. Jetzt sind seine Leichtfiguren und der Bauer b2 Angriffsobjekte, was Schwarz Vorteil garantiert.

18.Dc4

Noch am besten, denn nach 18.Lg3 Dxb2 ginge sofort ein Bauer ohne jegliches Gegenspiel verloren.

18...Sd5! 19.Lg3

Auch die passive Fortsetzung 19.Dxd4 Lxd4 20.Lc1

(20.Td1? büsst nach 20...Sxf4 eine Figur ein.)

20...Sb4! ergibt klaren Vorteil für Schwarz.

19...Dxb2! 20.Lf3

Kaum besser ist 20.Dxd5 Dxe2 21.Tae1 Dd3! 22.Dxb7 Tab8! 23.Dxa7 Ld4 24.Da4 (es drohte 24...Dxg3) 24...Ta8 25.Dd1 Txa2, denn die Besetzung der zweiten Reihe mit der Drohung 26...Td2 sichert Schwarz das bessere Spiel, zumal der Springer d6 gefährdet ist.

20...Sc3!

Mit der unangenehmen Drohung 21...Sb1, wonach der Turm a1 abgeschnitten wäre.

21.a4

Auf 21.Tae1 könnte Schwarz 21...b5 oder aber 21...Tad8 erwidern und stünde deutlich überlegen.

21...Tad8

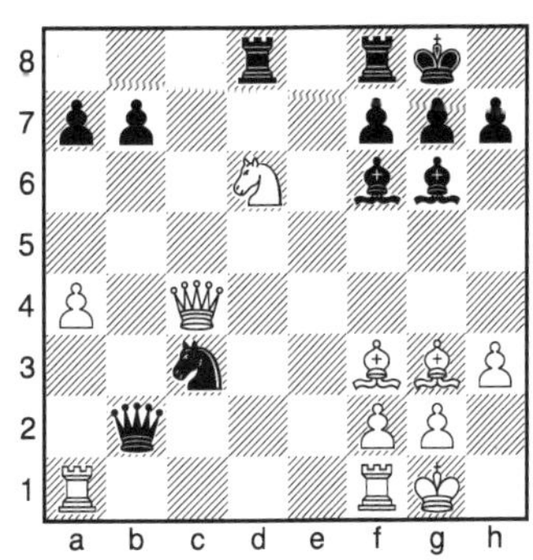

Der Textzug garantiert Schwarz ebenfalls Vorteil, obwohl 21...Lb1! noch stärker war. Weiß müsste darauf 22.Tfxb1 spielen, weil 22.Taxb1 Sxb1 schon die nächste Drohung 23...Sd2 aufstellen würde. Nach 22...Sxb1 23.Ta2 Dc3 24.Lxb7 könnte Weiß mit einer Qualität weniger noch etwas im Trüben fischen, da sein Läuferpaar die schwarzen Türme bedroht.

22.Tfe1

Nicht aber 22.Sxb7 wegen 22...Ld3.

22...h5 23.h4 b6 24.Tac1 Da3 25.Dc6 Sa2!

Mit der Umgruppierung des Springers tauchen neue Gefahrenmomente auf. Schwarz visiert nun mit Tempogewinn das Feld d3 oder c2 an.

26.Tcd1 Sb4 27.Db5 Sc2! 28.Te4!

Weiß findet den einzigen Zug, um die Stellung noch spielfähig zu halten. Auf jedes andere Turmmanöver wäre 28...Sd4 tödlich.

28...Dc5!

Lebensgefährlich für Schwarz konnte 28...Lxe4 29.Lxe4 Sd4 enden, denn Weiß hätte nach 30.Dxh5 g6 31.Lxg6!! fxg6 32.Dxg6+ Lg7 33.Le5 vernichtenden Angriff. So folgt auf 33...Td7 34.Txd4 und auf 33...Sf5 geschieht 34.Sxf5 Txd1+ 35.Kh2 bzw. auf 33...Se2+ 34.Kh2 Td7 35.Sf5 und Weiß gewinnt.

29.Dxc5 bxc5 30.Tc4 Sd4 31.Txc5 Sxf3+

Die Aufregungen des Kampfes sind etwas abgeklungen. Als Fazit kann festgestellt werden, dass Schwarz ein starkes Läuferpaar und vor allem eine gesunde Bauernstellung hat. Weiß war außerdem in großer Zeitnot.

32.gxf3 Td7 33.Tde1

Den Vorzug verdiente hier 33.Tdc1, um 34.Tc7 zu spielen.

33...Td8 34.Se4

Endspielvorteil erhält Schwarz sowohl nach 34.Se8 Ld4 als auch nach 34.Te8+ Txe8 35.Sxe8 Le7.

34...Le7 35.Tc4 f6 36.Sc3 Lf7 37.Tc6 Lb4! 38.Teb1 a5

Damit ist das Schicksal von Weiß besiegelt. Schwarz kann in aller Ruhe an die Eroberung der Bauern f3 und/oder a4 gehen.

39.Lf4 Td3 40.Lc7 Tc8 41.Sb5 Txf3 42.Sd4

Es gibt schon keine befriedigende Verteidigung mehr. Auf 42.Td1 gewinnt 42...Lb3 43.Ta1 Ld5 und auf 42.Sa7 ist 42...Ld5! 43.Sxc8 Lxc6 44.Txb4 axb4 45.Se7+ Kh7 46.Sxc6 b3 am einfachsten, denn der Bauer geht zur Dame.

42...Ld5! 43.Tc1 Th3! 44.Lh2 Te8!

Das ist genauer als 44...Txc1+ 45.Txc1 Ld6 46.f4 Txh2 47.Tc8+ Kf7 48.Kxh2 Lxf4+ 49.Kh3, wonach Weiß noch Schwindelchancen hätte.

45.Sf5 Le4 46.Txb4

Oder 46.Te1 Lxe1 47.Txe1 Lc6 mit schwarzem Gewinn.

46...axb4 47.Sd6 b3

Noch eine Feinheit, welche die Überlegenheit der schwarzen Stellung demonstriert. Auf 48.Sxe8 entscheidet 48...b2 49.Te1 Ta3! nebst Ta1 und b1D.

48.Tc5 b2 49.Tb5 Lc6!

Weiß gab auf.

Partie Nr. 24
Tischbiereck – Uhlmann
Dresden 1984

1.e4 e6 2.d4 d5 3.Sd2 c5 4.Sgf3 Sc6 5.exd5 exd5 6.Lb5 Ld6 7.dxc5 Lxc5 8.0-0 Sge7 9.Sb3 Ld6 10.h3 0-0 11.c3 h6 12.Te1

Dieses Abspiel (mit den Zügen h3 und c3) hat mir in der Vergangenheit am meisten Sorgen bereitet. Wesentlich ist, dass die logische Entwicklung mit Lg4 ausgeschaltet wird, wonach Schwarz Probleme mit der Entwicklung dieses Läufers bekommen kann. Als einzige Alternative bietet sich der Zug 12...Sf5 an, um seinerseits das Manöver Le3 nebst Dd2 bzw. Lc5 auszuschalten.

12...Sf5 13.Lf1?!

Das ist sicherlich nicht das richtige Rezept. Wesentlich inhaltsvoller dürfte 13.Ld3! sein. Gegen diesen Zug musste ich in der Vergangenheit schon mehrfach kämpfen. Die aussagekräftigste Partie hinsichtlich aller theoretischen Feinheiten war meine Begegnung mit Womacka 1999 in Guben. Dort geschah 13.Ld3 Df6 14.Lc2!

(Ein giftiger Antwortzug, der sowohl 15.Dxd5, als auch 15.Dd3 nebst eventuell g4 droht. Dieser erwartungsgemäe Angriff in der Diagonale b1-h7 ist nur mit äußerster Präzision abzuwehren.)

14...Td8

(Ein Fehler wäre 14...Le6? wegen 15.Dd3 Tfd8 16.g4 und Schwarz hat keine Zeit für 16...g6 wegen 17.Txe6 nebst gxf5 mit Figurengewinn. Fehlerhaft wäre natürlich 17.gxf5? Lxf5 18.Dd1 Lxc2 19.Dxc2 Dxf3 mit Bauerngewinn.)

15.Dd3 g6.

(Schlechter wäre 15...Lf8 16.Lf4 g6 17.Lc7! Td7 18.Lh2 Td8 19.Tad1, Zagrebelny – Uhlmann, Schwerin 1999.)

16.Ld2.

(Jetzt wäre 16.g4?! ein Schuss in den Ofen. Schwarz könnte in aller Ruhe 16...Lf8 spielen, da sich 17.gxf5 Lxf5 18.Dd1 Lxc2 19.Dxc2 wegen Dxf3 verbietet.)

16...Lf8 17.Tad1 a5 18.a4 b6!?

(Ein stellungsgerechter Zug, der die Drohung 19...La6 aufstellt.)

19.Lc1 Lb7?!

(Ein Tempoverlust, der zum Nachteil führt. Richtig war 19...La6! 20.Dd2 d4!?

1) Nun nur nicht 21.Sbxd4 Sfxd4 22.Sxd4 Sxd4 23.cxd4 Lb4 mit Qualitätsgewinn.

2) Hingegen ist es nach 21.Lxf5 dxc3 22.Dxc3 Dxc3 23.bxc3 gxf5 24.Sbd4 Sxd4 25.Sxd4 Td5 außerordentlich schwer zu beurteilen, wer eigentlich besser steht. Weiß hat die Bauernschwäche auf c3, während Schwarz über das Läuferpaar verfügt. Außerdem kann einmal auf der a-Linie ein gefährlicher Freibauer entstehen. Die Krümelbauern am Königsflügel sind somit kompensiert. Wahrscheinlich ist die Position ausgeglichen.)

20.De2 La6

Mit einem Zug Verzögerung ist dies bei weitem nicht mehr so effektiv, weil Weiß mittels 21.Lxd3 seine Läufer entflechten kann.

21.Ld3 Lxd3 22.Dxd3 Lg7 23.Le3 Sxe3 24.Txe3

Das Fazit lautet, dass Weiß die Mittelspielphase zu seinem Vorteil gelöst hat. Schwarz behält seinen Isolanibauern auf d5 und muss außerdem die offene e-Linie an Weiß abgeben.

24...Df4 25.Sbd4 Lxd4 26.Sxd4 Sxd4 27.Dxd4 Dxd4 28.Txd4 Tab8 29.Ted3 b5 30.Txd5 Txd5 31.Txd5 bxa4 32.Txa5 Txb2 33.Txa4

In dem entstandenen Turmendspiel, welches normalerweise remisverdächtig ist, spielte ich weniger aufmerksam und musste dem Gegner im 62. Zug zum Sieg gratulieren.

13...Lc7!

Das ist ein altbewährtes Rezept, denn die Drohung Dd6 sorgt für Unruhe im weißen Lager.

14.Sbd4 Sxd4! 15.cxd4

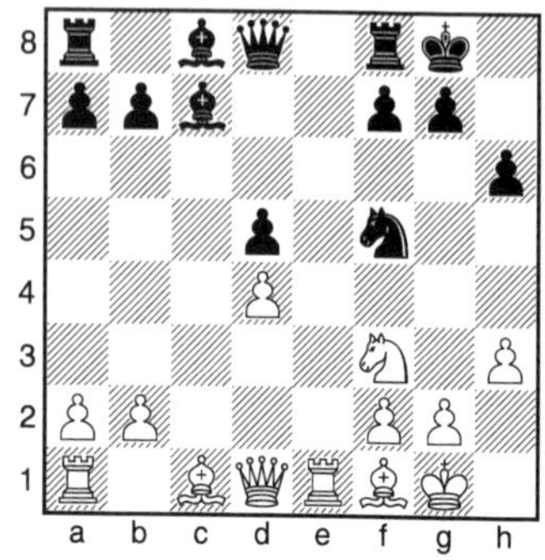

Mit diesem erzwungenen Tausch hat Schwarz schon ein wichtiges Teilziel erreicht. Schlecht wäre 15.Sxd4, denn nach 15...Dd6 16.g3 ist das Figurenopfer 16...Sxg3 bereits tödlich; z.B. 17.fxg3 (17.Sb5? Se2+ nebst Matt auf h2) 17...Dxg3+ 18.Lg2 Lxh3 19.Te2 Dh2+ 20.Kf1 Dh1+ und Schwarz triumphiert.

15...Df6! 16.b3

Weiß hat bereits Sorgen mit der Verteidigung seines Bauern d4, weswegen sein weißfeldriger Läufer vorerst passiv bleibt und Schwarz Raumvorteil erhält.

16...Le6 17.La3 Tfc8!

Im folgenden Teilabschnitt der Partie geht es um die Vorherrschaft auf der offenen c-Linie.

18.Dd2 Sd6! 19.Lxd6

Schon drohte 19...Lxh3 und auch 19...Se4, jeweils mit schwarzem Vorteil. Mit dem Tausch auf d6 wendet Weiß zwar die unmittelbaren Gefahren ab, gestattet aber seinem Gegner, durch den zentral postierten

Läufer auf d6 neue Aktionen am Damenflügel auszulösen.

19...Lxd6 20.Se5 a5!

Durch die Drohung 21...Lb4 wird 21.a3 provoziert, was den Turm auf a1 bindet.

21.a3 Dg5!

Ein stiller Damenzug von großer Bedeutung, der den Raumvorteil vergrößert. Schlecht wäre jetzt der Damentausch 22.Dxg5 hxg5, weil danach der schwarze Turm mit klarem Vorteil auf c3 eindringen würde. Allerdings musste vorrangig die Variante 22.f4 mit ihren Konsequenzen berechnet werden.

22.f4 Dg3 23.Ld3 Tc7 24.f5

Die einzige Chance von Weiß besteht im Angriff am Königsflügel.

24...Ld7 25.f6 Dh4!

Damit widerlegt Schwarz den Scheinangriff des Gegners. Wegen der Doppeldrohung 26...Dxd4+ und 26...Dxf6 muss Weiß seinen Springer auf d7 tauschen und damit auch die Diagonale h2-b8 öffnen.

26.Sxd7 Txd7

Natürlich nicht 26...Dxd4+ 27.Kh1 Txd7 28.Lh7+, denn Weiß erobert die Dame.

27.Lf5

Oder 27.fxg7 Dxd4+ 28.Kh1 Dxg7 mit Bauerngewinn.

27...Tc7 28.fxg7 Kxg7

Trotz der geschwächten schwarzen Königsstellung bricht das weiße Spiel in wenigen Zügen zusammen. Denn Weiß hat schwache Bauern und keine Kontrolle mehr über die schwarzen Felder.

29.Tef1 a4!

Noch ein Nadelstich, mit dem entweder das Feld a4 oder das Feld c4 für den Einsatz eines Turmes freigekämpft wird.

30.Lb1

Weiß will noch für Verwirrung auf der Diagonale b1-h7 sorgen. Er hatte aber bereits keinen guten Zug mehr; z.B. 30.Tf3 axb3 31.Txb3 Ta4 oder 30.b4 Le7! 31.Tf4 Lg5 32.Txh4 Lxd2 mit klarem Endspielvorteil für Schwarz.

30...axb3 31.Dd3 Kf8!

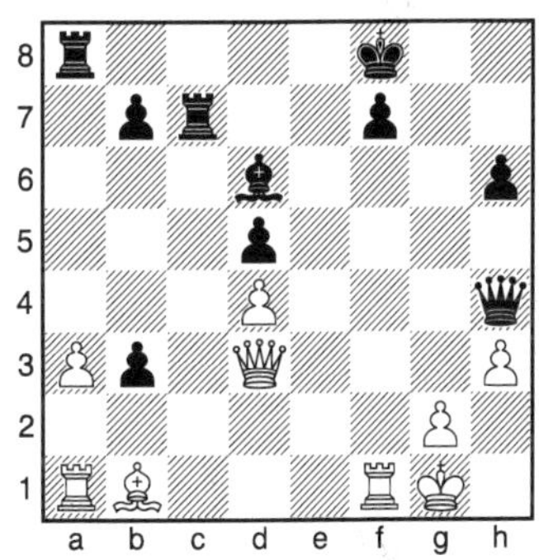

Dieser schlichte Zug nimmt Weiß die letzten Illusionen und entscheidet die Partie.

32.Dh7 Dxd4+ 33.Kh1 Dg7!

Weiß gab auf.

Partie-Nr. 25
Fridman – Blühbaum
Deutsche Meisterschaft
Verden/Aller 2014

1.e4 e6 2.d4 d5 3.Sd2 c5 4.exd5 Dxd5

Durch das Schlagen mit der Dame hält Schwarz seine Bauernstruktur in Ordnung. Der kleine Nachteil besteht darin, dass Schwarz in der Eröffnung zweimal mit der Dame ziehen muss.

5.dxc5!?

Häufiger wird 5.Sgf3 gespielt. Nach 5...cxd4 6.Lc4 Dd6 7.0-0 Sf6 8.Sb3 Sc6 9.Sbxd4 Sxd4 10.Sxd4 a6 11.Te1 Dc7 12.Lf1 Le7 13.Df3 0-0 14.Lf4 Ld6 15.Lxd6 Dxd6 16.Tad1 Dc7 hätte Weiß (in der Partie Solak – Meier 2014) statt 17.g4? besser 17.c4 spielen sollen. Dank der Bauernmajorität am Damenflügel und der guten Springerposition auf d4 hätte er geringfügigen Vorteil.

5...Sf6

In der Partie Timofejew – Morosewitsch, Taganvag 2011, geschah 5...Dxc5 6.Se4 Db4+ 7.Sc3 Sf6 8.Ld3 Sbd7 9.a3 Dd6 10.Sf3 Sc5 11.Lb5+ Ld7 12.De2 a6 13.Lc4 Dc7 14.0-0 Ld6 15.b4 und in dieser kritischen Stellung überraschte Morosewitsch seinen Gegner (wie so oft) mit einem komplizierten Zwischenzug, und zwar 15...Tc8! mit den Abspielen:

1) 16.bxc5 Dxc5 17.Sd2 De5! 18.Dxe5 Lxe5 19.Lb2 b5 20.Sxb5 (20...axb5 21.Lxe5 bxc4 mit etwas Vorteil) 20...Lxb2!? 21.Sd6+ Ke7 22.Sxc8+ Txc8 23.Tab1 Lc3 24.Lxa6 Tc6 25.Lb7 Lxd2 26.Lxc6 Lxc6 und in dieser Position ist schwer einzuschätzen, wer die besseren Chancen hat.

2) 16.Td1 Sa4 17.Sxa4 Lxa4 18.Lxe6 fxe6 19.Dxe6+ Le7 20.Se5 Tf8 und Weiß kann den Angriff nicht wesentlich verstärken. Auf 21.Lg5 folgt 21...Td8 22.Txd8+ Dxd8 23.Te1 Ld7 24.Db3 Lf5 mit ausgeglichener Stellung. Beeindruckend dabei ist, dass die ganze Abwicklung von Morosewitsch im voraus berechnet wurde.

3) In der Partie geschah 16.Lb2? Sa4 17.Lxe6 Sxc3 18.Lxd7+ Kxd7 19.Dd3 The8 und Schwarz konnte sich erfolgreich verteidigen; 0:1 im 48. Zug; Risiko wurde belohnt.

6.Sgf3 Dxc5 7.Ld3 Sbd7 8.0-0 Le7 9.Te1

Nach 9.De2 Dc7 10.Se4 Sxe4 11.Dxe4 Sc5 hat Schwarz Ausgleich, Balogh – Fridman 2013. Gegen diesen Aufbau ist es außerordentlich schwer, Verwicklungen zu erzeugen.

9...Dc7 10.Se4 b6

Nach 10...Sxe4 11.Txe4 könnte 11...Tc4 unangenehm sein.

11.Sxf6+ Sxf6

Nach 11...Lxf6 12.Sg5 Sc5 13.Lb5+ Ld7 14.Dh5 wäre 14...Lxb5 ein Fehler wegen 15.Sxe6 Sxe6 16.Txe6+ Kf8 17.Txf6+ mit Vorteil.

12.Se5 0-0 13.Df3 Lb7 14.Dh3 Tfd8

Interessant ist, dass Houdini dem Schwarzen nach 14...Tad8 15.Lg5 g6 16.Lh6 das Qualitätsopfer 16...Td5!? empfiehlt. Nach 17.Lxf8 Lxf8 18.Sg4 Sxg4 19.Dxg4 kommt das schwarze Läuferpaar voll zur Geltung, zumal Dame und Turm den Angriff am Königsflügel unterstützen.

15.Lg5 Td5!

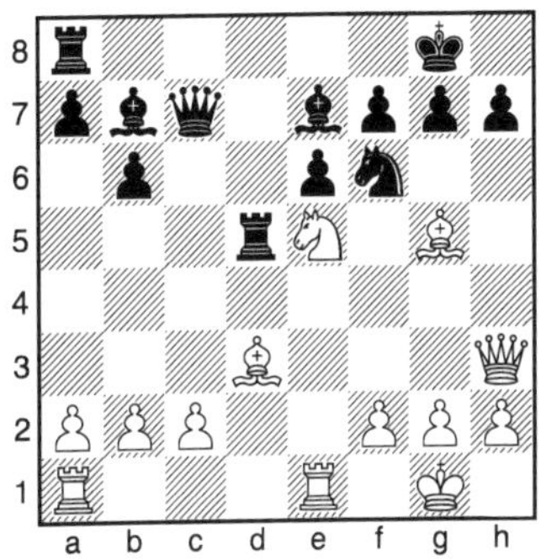

Schwarz reagiert kaltschnäuzig auf den Doppelangriff gegen f7 und h7. Er ist bereit, den Bauern h7 zu opfern, um den Angriff abzuwehren.

Ganz schlecht wäre übrigens die Verteidigung 15...g6? wegen 16.Sxf7. Und auch 15...h6? würde wegen 16.Sxf7 Kxf7 (16...hxg5 17.Lg6 Kf8 18.Sxg5) 17.Dxe6 jeweils mit Gewinn enden.

16.Lxf6

Nach 16.Sxf7?! Kxf7 17.Dxe6+ Kf8 18.Lc4 Tad8 könnte Schwarz den Angriff in der Diagonale a2-g8 abwehren. Allerdings behält Schwarz für einen Turm zwei Leichtfiguren und zwei Bauern, so dass der Ausgang noch ungewiss wäre.

16...Lxf6 17.Dxh7+ Kf8 18.f4 Td4

Unzureichend wäre 18...Dc5+ 19.Kh1 Lxe5 20.fxe5 Txe5 21.Dh8+ Ke7 22.Dxg7 mit Vorteil.

19.Le4 Tad8

Genauer war 19...Lxe4 20.Txe4 und erst jetzt 20...Tad8.Danach hätte Schwarz für den geopferten Bauer volle Kompensation. Nach 21.c3 Td1+ 22.Txd1 Txd1+ 23.Kf2 Lxe5 fxe5 24.Dc5+ wäre die Stellung ausgeglichen.

20.Lxb7 Dxb7 21.Dh8+ Ke7 22.Dh5 Lxe5

Schwarz hätte hier mit 22...Kf8 im Hinblick auf 23.Dh8+ stillschweigend Remis anbieten können, aber offenbar haben beide Spieler angenommen, besser zu stehen.

23.fxf5

23.Dxe5 Kf8 ist unklar.

23...Td2?!

Genauer war 23...g6, damit der Bauer auf g7 erhalten bleibt und der schwarze König nicht die d-Linie betreten muss.

24.Dh4+ Kd7

Nach 24...Kf8 25.Dh8+ Kg7 26.Dxg7 ist der Bauer g2 gedeckt.

25.Te2! Dd5

Nicht 25...Txe2 wegen 26.Td1+.

26.Txd2 Dxd2 27.Df2

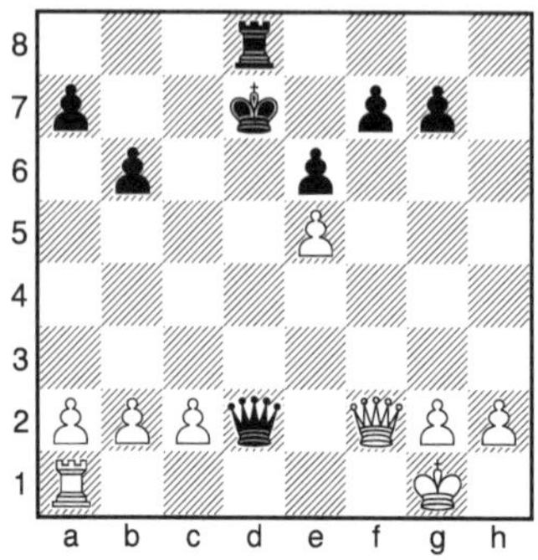

27...Ke7

Danach kann Weiß seinen Mehrbauern erfolgreich verteidigen. Trotzdem dürfte der Sieg nicht einfach zu realisieren sein. Alternativ zum Text stand Schwarz auch die Abwicklung in ein Turmendspiel mit 27...Dxf2+ 28.Kxf2 zur Verfügung, denn diesbezüglich sagt man ja, der materiell Unterlegene habe dort die besten Chancen, bei aktiver Handhabung ein Remis zu erreichen.

28.Te1 Td5 29.h3 Ke8 30.c4 Td4 31.b3 a5 32.Te2 Dc1+ 33.Kh2 Td1 34.Df3 Th1+ 35.Kg3 Dg5+ 36.Dg4 Dh6 37.De4 Dg5+ 38.Kf2 Td1 39.h4 Dc1 40.De3 Db1 41.De4

Die Zeitnot war vorüber und an der Struktur hatte es keine Veränderungen gegeben. Die schwarzen Schwerfiguren haben die bestmögliche Aufstellung erzielt und man ist dem Remisschluss sehr nahe gekommen. Weiß wählte 41.De4, weil er keinen anderen vernünftigen Zug zur Verfügung hatte.

41...Dc1!?

Schwarz hatte bisher mit Dame und Turm gut Widerstand leisten können, übersieht aber, dass Weiß den Schachgeboten entweichen kann. Auch hatte er bei seiner prompten Antwort nicht bedacht, dass er hier in ein günstiges Turmendspiel hätte abwickeln können. Nach 41...Dxe4 42.Txa4 a4! wäre durch den Abtausch eines Bauern am Damenflügel das Remis in greifbare Nähe gerückt; z.B. 43.b4 Td2+ 44.Te2 Td4 mit Ausgleich, oder 43.bxa4 Td2+ 44.Te2 Td4 45.Tc2 Txh4 mit Remis. Ich sehe keinen Plan, wie Weiß auf Sieg spielen kann.

42.Kg3! g5?

Besser war 42...g6, wonach der König auch nach g7 hätte fliehen können. Mit dem Textzug kommt er dem Wunsch von Weiß entgegen, da in der Folge ein gefährlicher Freibauer entsteht.

43.h5 Th1 44.Tf2!

Plötzlich taucht die Drohung 45.Da8+ Ke7 46.Db7+ auf.

44...Kf8 45.Da8+ Kg7 46.Df3

Schwarz muss bereits die Notbremse ziehen und mittels 46...Df4+ die Damen tauschen. Das entstehende Turmendspiel ist jetzt wesentlich ungünstiger.

46...Df4+ 47.Dxf4 gxf4+ 48.Kg4! Th2 49.Tc2

Im Nachhinein erachtete Fridman 49.Td2 f3 50.Kxf3 Txh5 51.Td6 als genauer.

49...f3 50.Kxf3 Txh5 51.c5! bxc5 52.Txc5 a4 53.b4!

Ein brisantes Endspiel, wo jeder Zug über Sieg oder Niederlage entscheiden kann.

53...Th4 54.a3 Td4 55.Ke3 Tg4 56.Kf2

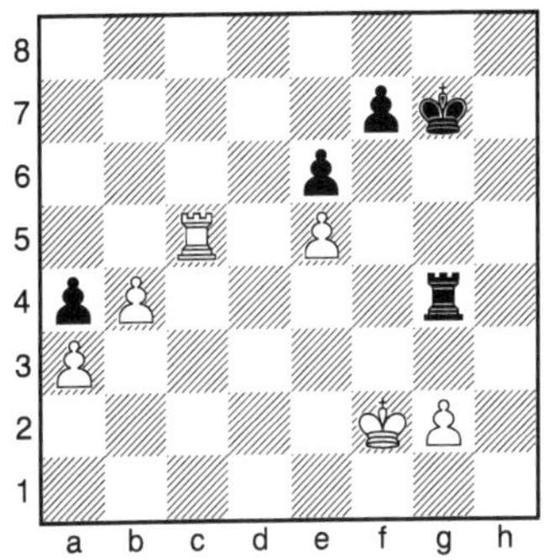

Ein interessantes Turmendspiel, wo es auf jedes Tempo ankommt. Neben dem Textzug 56.Kf2 standen noch die Züge 56.b5 und 56.Ta5! zur Debatte.

1) Nach 56.b5 wäre der Gewinn durchaus nicht einfach gewesen; z.B. 56...Txg2 57.b6 Tb2 58.Tc6 Kg6 59.Kd4 Kf5 60.Kc5 Kxe5 61.Tc7 f5 62.Kc6 f4 63.b7 Ke4 64.Tc8 f3 65.b8D Txb8 66.Txb8 f2 67.Tf8 Ke3 68.Kd6 Ke2 69.Kxe6 f1D 70.Txf1 Kxf1 71.Kd5 Kd2 72.Kc4 Kd2 73.Kb4 Kd3 74.Kxa4 Kc4 Remis.

2) Demzufolge bestand der präziseste Gewinnweg im sofortigen 56.Ta5!, damit der weiße König schnell ins Zentrum und zum Damenflügel eilen kann; z.B. 56...Tg3+ (Nach 56...Txg2 57.Txa4 kann der weiße König schnell zum Damenflügel gelangen.)

57.Kd4 Txa3 58.b5

a) Nach 58...Ta1 59.Kc5 a3 60.Kb6! a2 60.Ka6 gewinnt Weiß, weil der schwarze Turm an a2 gebunden ist.

b) Und auch nach 58...Ta2 59.b6 Tb2 60.Kc5 Kg6 61.Kc6 Kf5 62.Txa4 Kxe5 63.Ta4+ Ke4 64.Tb5 bzw. 59...Txg2 60.Kc5 Tc2+ 61.Kb5 f6 62.b7 fxe5 63.Ka6 Tb2 64.Tb5 geht der Gewinn an Weiß.

56...Kg6 57.Ta5

Danach wird es knapp, jedoch sollte es zum Sieg reichen. Auch hier wäre 57.b5! der richtige Weg zum Sieg: z.B. 57...Td4 58.b6 Td2+ 59.Ke3 Tb2 60.Tc6 Kf5 61.Kd4 Tb3 62.g4+!! – Ein wunderbarer Zug, der den schwarzen König vom Bauern e5 abdrängt. Nach 62...Kxg4 oder 62...Kf4 folgt jeweils 63.Tc4!, und nach 63...Txb6 an 64.Kc5+ Tb3 65.Txb3 axb3 66.Kc3 geht der b-Bauer zur Dame. Turmendspiele sind wirklich die hohe Kunst des Schachs.

57...Kf5 58.Txa4 Kxe5 59.Ta7 f5 60.b5 Kd5 61.b6 Kc6 62.Te7 Kxb6 63.Txe6+ Kc7 64.Tf6

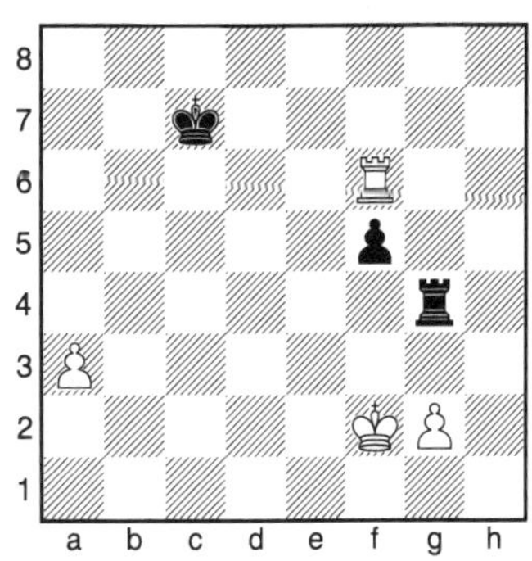

Nach den Analysen von Fridman

sollte der Gewinn sicher sein. Weiß hat eine aktive Turmposition, so dass Schwarz an den Bauern f4 gebunden ist. Er darf nicht verloren gehen, weil der schwarze König abgeschnitten wäre. Somit hat Weiß die Möglichkeit, den freien a-Bauern zu aktivieren.

64...f4 65.a4 Kd7

65...f3 66.Txf3 Txa4 67.Td3+-

66.a5 Ke7

66...Kc7 67.a6 Kb8 68.Tf7 Ka8 69.a7 Th8 70.Tf8+! Kxa7 71.Kf3+-

67.Th6 Tg3 68.a6 Ta3 69.a7 Kf8 70.Th8

1-0

Ein lehrreiches Turmendspiel. Dieser Sieg war ausschlaggebend für den Titel „Deutscher Meister 2014“.

Aaron Nimzowitsch wurde 1886 in Riga geboren und verstarb 1935 in Kopenhagen. Von 1925 bis 1930 zählte er zu den stärksten Spielern der Welt. Als sein größter Erfolg wird der Sieg in Karlsbad 1929 bewertet, wo er (in einem Feld von 22 Meistern) mit 1,5 Punkten Vorsprung vor Capablanca und Spielmann siegte. Als ein Beispiel seines Könnens gilt seine „Unsterbliche Zugzwangpartie". Unsterblich bleibt Nimzowitsch aber auch wegen der von ihm entwickelten Eröffnungssysteme: der Nimzowitsch-Indischen Verteidigung und der Nimzowitsch-Variante der Französischen Verteidigung.

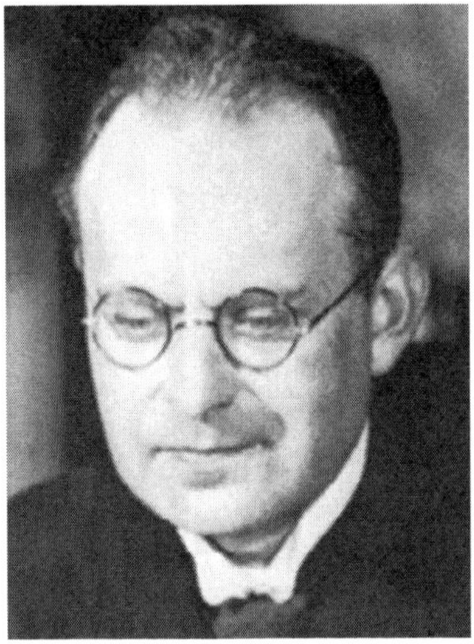

Aaron Nimzowitsch

Das Nimzowitsch-System

1.e4 e6 2.d4 d5 3.Sc3

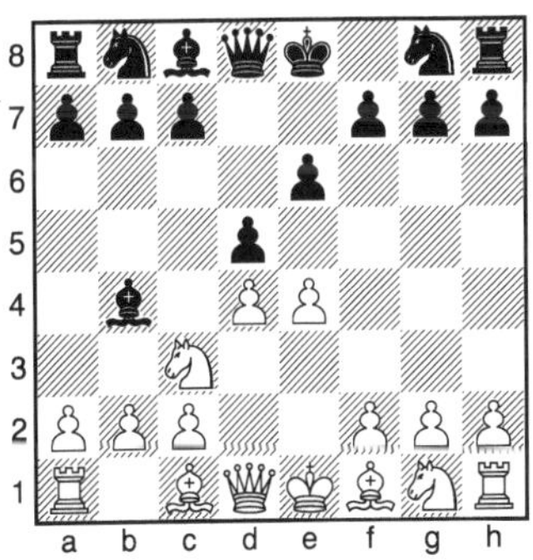

Bei Nimzowitschs Läuferzug handelt es sich zweifellos um das gefährlichste Abspiel in der Französischen Verteidigung. (Die anderen Hauptvarianten sind 3...Sf6 und 3...dxe4.) Danach stehen Weiß mehrere Antwortzüge zur Verfügung (4.e5, 4.Ld2, 4.Ld3 oder auch 4.Sge2), wonach sich jeweils andere Stellungsbilder ergeben. 4.e5 ist die häufigste Erwiderung, worauf sowohl 4...c5, als auch 4...Se7 gespielt wird. Mit dem Hauptzug 4...c5 wird der Kampf um den Bauern d4 eingeleitet. Sowohl nach 4...c5 als auch nach 4...Se7 folgt zumeist 5.a3, worauf Schwarz zumeist 5...Lxc3+ antwortet. Danach entsteht wegen der verschobenen Bauernstruktur ein äußerst dynamisches Stellungsbild. Weiß kann das schärfste Abspiel 7.Dg4 wählen, oder positionell mit 7.Sf3 bzw. 7.a4 fortsetzen. Es entstehen gefährliche Abspiele, in denen beide Seiten hohe Gewinnquoten erzielen.

Partie Nr. 26
Kramnik – Buhmann
Dortmund 2016

1.e4 e6 2.d4 d5 3.Sc3 Sf6 4.e5 Sfd7 5.f4 c5 6.Sf3 Le7 7.Le3 b6

Eine Modevariante, die von den deutschen Spielern Blühbaum und Svane in die Praxis eingeführt wurde. Schwarz möchte gern 8...La6 spielen und außerdem wird 8...dxc5 verhindert, weil ja mit 8...bxc5 ein weiterer Bauer zum Zentrum nachrücken könnte. Früher spielte man zumeist 7...a6 nebst 8...b5 mit Raumgewinn am Damenflügel.

8.Dd2 0-0

Schwarz verzichtet jetzt auf 8...La6, weil der weiße Königsläufer noch nicht nach e2 oder d3 gezogen hat und Weiß somit nach dem Tausch 9.Lxa6 ein Tempo gewinnen würde.

9.h4!

Kramnik spart jedes Tempo ein und deutet an, dass er einen Angriff am Königsflügel vorbereitet.

9...Sc6 10.Lb5 Dc7 11.0-0-0 a6 12.Ld3! f5

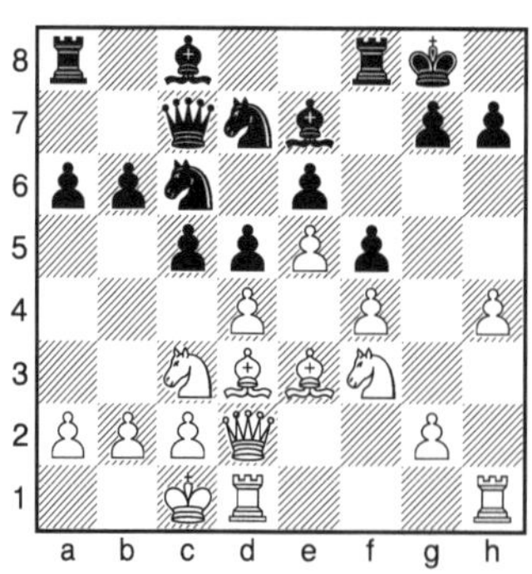

An diesem Blockadezug überlegte der Neuling des Dortmunder Turniers ganze 45 Minuten, denn natürlich war bereits äußerste Vorsicht geboten.

1) So könnte auf 12...c4 durchaus 13.Lxh7+ Kxh7 14.Sg5+ Kg8 15.De2 g6 16.Dg4 mit starkem Angriff folgen; z.B. 16...Te8 17.h5 Sf8 18.hxg6 fxg6 19.Dh4 Lxg5 20.Dh8+ Kf7 21.Th7+ Sxh7 22.Dxh7+ Kf8 23.Dxc7+-.

2) Möglicherweise war 12...Td8!? eine bessere Verteidigung, um 13.Sg5 mit 13...Sf8 zu parieren. Nach 12...Td8!? wäre das Opfer 13.Lxh7+ Kxh7 14.Sg5+ Kg8 15.De2 Lxe5 16.hxg5 cxd4 17.Dh5 Kf8 unkorrekt. Doch Weiß müsste nach 12...Td8 nicht die Figur opfern, sondern könnte den Angriff mit 13.Sg5 verstärken.

13.g4!

Mit aller Macht und vollem Risiko will Kramnik den Bauernschutz sprengen. Auch ein Figurenopfer ist eingeplant.

13...c4 14.gxf5!? cxd3 15.fxe6 Sb8 16.Sxd5 Dd8

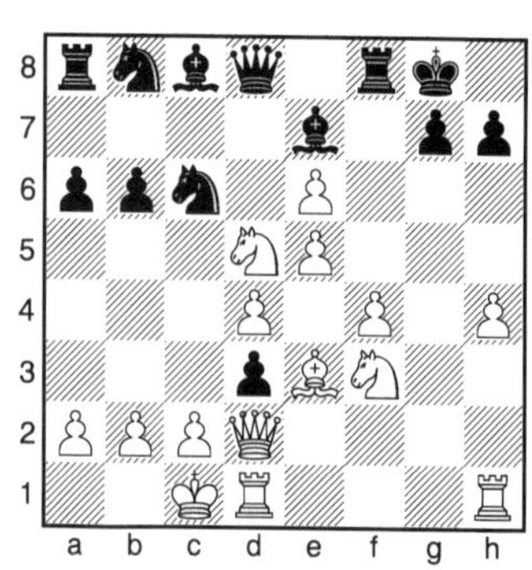

17.Sxe7+ Sxe7 18.Sg5

Mit 18.c4 konnte Weiß den Vorposten e6 indirekt überdecken. Die beste Erwiderung wäre sofort 18...Lxe6 19.d5 Lxd5! 20.cxd5 (20.Dxd3 Dc8!) 20...Dxd5 mit Vorteil.

18...h6 19.Dxd3

Eiskalt opfert Kramnik auch die zweite Figur, um den Angriff zu forcieren.

19...hxg5 20.hxg5

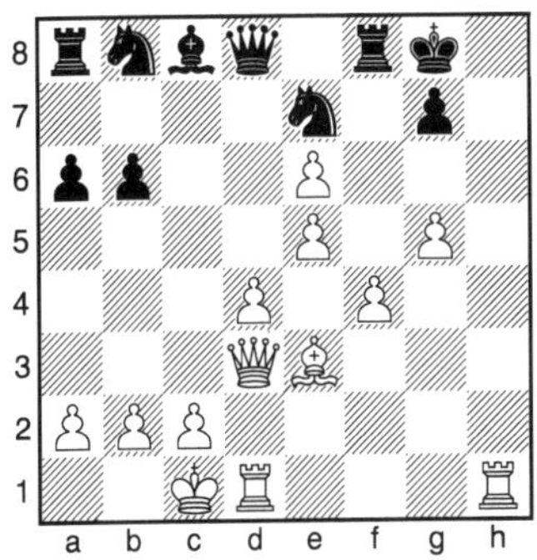

Die Stellungsbewertung sieht zunächst so aus, dass Weiß für zwei geopferte Figuren fünf Bauern und anhaltenden Angriff hat. Es sieht so aus, als stünde Buhmann den Gefahren in der h-Linie wehrlos gegenüber, aber er findet die beste Verteidigung.

20...Lxe6

Verlieren würde 20...g6 21.Th6 Lxe6 22.Txg6+ Kf7 23.Tf6+.

21.Dh7+ Kf7 22.d5! Lf5! 23.e6+ Ke8

Es ist eine Stellung entstanden, wo es bei jedem Zug um Leben oder Tod geht. Nach 22...Lxd5 23.e6+ Kxe6 24.Dxg7 oder 22...Sxd5 23.f5 erhielte Weiß vernichtenden Angriff.

24.Dxg7 Dc7!

Die Mattdrohung auf c2 gewinnt ein wertvolles Tempo und droht mit dem taktischen Schlag 25...Sxd5. Auch Kramnik musste erstmalig lange nachdenken, um eine neue Stellungsbeurteilung vorzunehmen.

25.Th2?

Genauer war 25.c3 Sxd5 26.Dxf8+ Kxf8 27.Txd5 Le4! 28.Th8+ Ke7 gefolgt von dem tollen Zug 29.f5!

(Fehlerhaft wäre 29.Te5 Sc6! 30.Txa8 Sxe5 mit schwarzem Gewinn.)

29...Lxd5 30.Th7+ Kd8 31.Th8+ Ke7 32.Th7 mit Dauerschach.

25...Sxd5 26.Dxf8+ Kxf8 27.Txd5 Lh7?!

In Zeitnot war das keine leichte Entscheidung. Eigentlich wollte Buhmann 27...Lg6! spielen, den Gewinnzug, den auch der Rechner bevorzugt. Als Schwarzer hätte er dabei aber nach 28.Th8+ Ke7 29.f5 die schwierige Pointe 29...Dg3!! vorhersehen müssen.

28.b3

Weiß hat nur zwei Türme und einen Läufer, und obwohl Schwarz noch über eine Figur von jeder Sorte verfügt – kann er trotzdem nicht gewinnen!

28...Ke8?!

Auch Züge wie 28...Ta7 oder 28...a5 boten sich an.

29.g6!?

Kramnik möchte den Bogen nicht weiter überspannen, zumal er zwei Züge früher bereits einmal mit einem blauen Auge davon gekommen ist.

Der Abwartezug 29.Kb2! wäre allerdings noch gut in Frage gekommen.

29...Lxg6 30.Th8+ Ke7 31.f5! Lxf5

Jetzt scheitert 31...Dg3 an 32.Td3! De1 33.Kb2 Lxf5 34.Lg5+ Kxe6 35.Te8+ mit Damenverlust.

32.Txf5

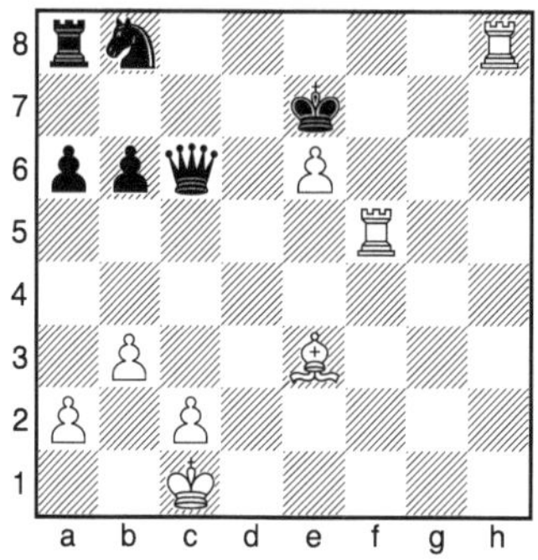

32...Dc3!

Eine ungewöhnliche Materialverteilung in dieser außergewöhnlichen Spitzenpartie, in der beide Seiten mit permanentem Risiko spielten.

33.Lg5+ Kxe6 34.Tf6+ Dxf6 35.Lxf6 Kxf6 36.Th6+ Ke5 37.Txb6 Kd5 38.Kb2 Sc6 39.a3 Kc5 40.Tb7 Tg8 41.Th7 Tg2 42.Th5+ Kd6 43.Kc3 Tg3+ 44.Kb2 Tg2

Remis – als letztlich faires Ergebnis dieser unglaublichen Partie, für die speziell unser junger Großmeister Buhmann größtes Lob verdient, obwohl er in Zeitnot den Gewinn ausgelassen hat. Ich freue mich, dass mehrere junge deutsche Großmeister die Französische Verteidigung schätzen und mit neuen Ideen bereichern.

Partie Nr. 27
J. Polgar – Kortschnoi
Buenos Aires 2001

1.e4 e6 2.d4 d5 3.Sc3 Sf6 4.Lg5 dxe4 5.Sxe4 Sbd7

Sowohl Polgar als auch Kortschnoi gelten als gute Kenner dieses Abspiels. Letzterer erzielte damit ausgezeichnete Resultate, darunter viele Unentschieden gegen Weltklassespieler.

Die Alternative 5...Le7 wird gern von Morosewitsch angewendet; z.B. 6.Lxf6 gxf6 7.Sf3 a6 8.g3 b5 9.Lg2 Lb7 10.De2 Sd7 11.0-0 0-0 12.Tad1 Ld5 13.Tf-e1 Kh8 14.Sfd2 c6 15.c4 bxc4 16.Sxc4 a5 17.Sc3 Te8 18.Se3 f5 19.Sc4 Db8 20.Sa4 Db4 21.b3 Lf6 mit schwarzer Initiative, Polgar – Morosewitsch, Wijk aan Zee 2000.

6.Sf3 Le7 7.Sxf6+ Lxf6 8.h4

Polgar signalisiert ihre Entschlossenheit, den Kampf am Königsflügel aufzunehmen.

8...0-0 9.Ld3 c5 10.c3 cxd4 11.cxd4 e5

Schwarz öffnet konsequent das Zentrum, damit der Damenläufer alsbald ins Kampfgeschehen eingreifen kann.

12.Dc2 h6 13.Lh7+ Kh8 14.0-0-0

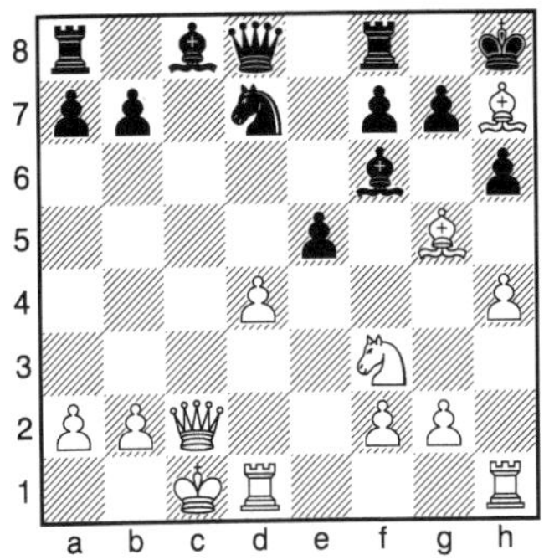

Das war die Idee von Weiß, um auch in der d-Linie gewappnet zu sein.

14...Da5!

Eine Neuerung, welche Schwarz etwas Vorteil verschafft. Der weiße König dürfte letztlich leicht gefährdeter stehen als sein Kollege auf h8. Übrigens wäre statt des Textzuges 14...exd4 wegen 15.Txd4 schwach gewesen.

15.Kb1 exd4 16.Ld2?!

Es war schwer, eine ausreichende Alternative zu finden. Nach 16.Lf5 (16.Le4 Te8! mit Vorteil) 16...Sb6 17.Lxc8 Taxc8 18.Dd3 Sd5 steht Schwarz etwas besser. Und auch nach 18...Ld8 19.Dxd4 Sc4 hätte er etwas Vorteil, da 20.Lxh6 an 20...Lf6 scheitert.

16...Dc5 17.Lf4 a5 18.The1 Ta6 19.Ld3 Dxc2+ 20.Lxc2 Sc5 21.Se5

Wiederum eine schwierige Erwiderung. Wahrscheinlich sollte man besser mit 21.Sxd4 ein aktives Gegenspiel auf den schwarzen Feldern am Damenflügel inszenieren – mit der möglichen Folge 21...Lxh4 22.g3 Lf6 23.Sb5.

21...Kg8 22.Lg3 Td8 23.Sd3 Tc6 24.Te2 Lf5

Schwarz hat seinen Mehrbauern behauptet und seine Leichtfiguren inzwischen besser postiert. Aus Erfahrung kann man sagen, dass nichts schwieriger war, als Viktor Kortschnoi den Sieg zu verwehren, wenn er einen Bauern mehr hatte.

25.Sxc5 Txc5 26.Lxf5 Txf5 27.Kc2 Tc5+ 28.Kd3 a4 29.Tde1 Kh7 30.Te8 Txe8 31.Txe8 Tb5 32.Te2 Kg6 33.f3 Tc5 34.Lf2 Tc1 35.Te1

Schwarz hat es verstanden, durch das Eindringen des Turmes auf der ersten Reihe den Druck zu verstärken. Weiß steht vor dem schwierigen Problem, einen Verteidigungsplan zu finden. So scheitert 35.g4 an 35...Td1+ 36.Kc2 d3+ 37.Kd2 dxe2 38.Kxe2 Lxb2 mit verlorenem Läuferendspiel.

35...Txe1 36.Lxe1 Kf5 37.Lf2 KKf4

Es gibt keine Verteidigung mehr, denn nach 38.Lxd4 Lxd4 39.Kxd4 dringt der schwarze König auf g3 ein.

38.b3 axb3 39.axb3 h5! 40.Ke2 Ke5 41.Kd3 Kd5 42.Le1

Auch nach 42.f4 g6 43.g3 Lg7 44.Lg1 f5 45.Lf2 Kc5 46.Le1 Lf6 47.Ld2 Ld8 48.Le1 Lb6 49.Ld2 Kb5 50.Le1 La5! hätte Schwarz sein Ziel erreicht. Chancenlos wäre 51.Lxa5 Kxa5 52.Kxd4 Kb4 53.Ke5 Kxb3 54.Kf6 b5 55.Kxg6 b4 56.Kxh5 Kc2 57.Kg6 b3 58.h5 b2 59.h6 a1D 60.h7 Da6+, denn die schwarze Dame wird einen Zug früher geboren.

42...g6 43.Lf2 Le5 44.Le1 f5 45.Lf2 Kc5 46.Le1 Lh2 47.g3 Lg1 48.Ke2 Le3 49.Kd3 Kd5 50.Ke2 f4!

Ein feiner Zug, der Weiß zu der Antwort 51.gxf4 zwingt. Falls nämlich 51.g4, so folgt 51...hxg4 52.fxg4 Ke4-+.

51.gxf4 Lxf4 52.Lf2 g5!

Danach entsteht ein zweiter Freibauer auf der h-Linie.

53.Kd3 gxh4 54.Lxh4 Le5 55.Lf2 Lf6 56.Lg3 h4 57.Lh2 Le5

Weiß gab auf, denn nach 58.f4 Ld6 ist er in Zugzwang. Ein feines Endspiel, welches Kortschnoi mit perfekter Präzision zum Sieg geführt hat.

Partie Nr. 28

Fischer – Uhlmann

Buenos Aires 1960

1.e4 e6 2.d4 d5 3.Sc3 Lb4 4.e5 Se7 5.a3 Lxc3+ 6.bxc3 c5 7.a4

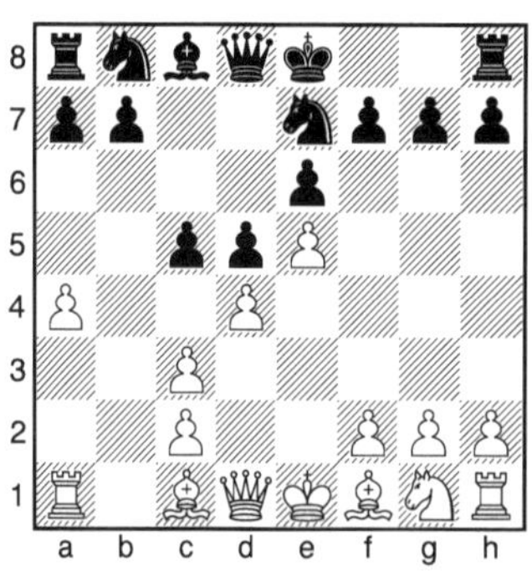

In der modernen Turnierpraxis wird neben dem Textzug häufig 7.Sf3 und 7.Dg4 angewandt. Dabei wechselt der Modetrend ständig, und momentan steht der Damenausfall 7.Dg4 hoch im Kurs.

7...Sbc6 8.Sf3 Da5 9.Dd2 Ld7 10.Ld3

Möglich ist auch 10.Le2, was in einer späteren Partie kommentiert wird.

10...c4

Aus heutiger Sicht legt dieser Zug zu früh die Bauernstruktur am Damenflügel fest. Deswegen wird in der Folge das Manöver La3 mit Blick nach d6 äußerst effektiv. Den Vorzug verdiente 10...f6, wie in meiner nächsten Partie gegen Fischer.

11.Le2 f6 12.La3 Sg6

Ein verfrühter Angriff auf den Bauern e5, der sowieso nicht zu erobern ist. Präziser war sofort 12...0-0-0.

13.0-0!

Fischer ignoriert den dreifachen Angriff auf den Bauern e5.Seine berechtigten Überlegungen beruhten darauf, dass er die Abwicklung 13....fxe5 14.Sxe5 Sgxe5 15.dxe5 Sxe5 16.Dd4! nicht zu fürchten braucht. Dann würde 16...Sc6 nämlich an 17.Lh5+ scheitern und nach 16...Dc7 wäre 17.f4 nebst 18.Dxg7 vorteilhaft für Weiß.

13...0-0-0 14.Ld6 Se7 15.Sh4!

Mit diesem wahrhaft genialen Einfall verhindert Weiß 15...Sf5 und kann außerdem demnächst seinen starken Läufer auf der Diagonale h2-b8 platzieren. Als kleines Äquivalent erhält Schwarz im weiteren Verlauf die halboffene h-Linie für Angriffsaktionen.

15...Tde8 16.Sxg6

Weiß verfolgt in den nächsten Zügen konsequent seinen Plan.

16...hxg6 17.exf6 gxf6 18.h3!

Die Pointe der weißen Strategie. Der Läufer d6 erhält ein Schlupfloch, um seinen Druck in der Diagonale h2-b8 aufrecht erhalten zu können.

18...Sf5 19.Lh2 g5 20.f4?!

Ein verständlicher, aber übereilter Bauernvorstoß. Präziser wäre zunächst 20.Tfe1 gewesen, um den folgenden Zug von Schwarz zu erschweren. Natürlich fragt man sich auf den ersten Blick, wie Schwarz langfristig die Gefahren in der Diagonale h2-b8 abwehren soll?

20...Sd6?!

Danach erlaube ich Weiß, die Diagonale h2-b8 zu öffnen. Stark in Betracht kam auch hier das Bauernopfer 20...g4!?. Nach 21.Lxg4 Sd6 22.Lf3 f5 wäre die Textfortsetzung erreicht.

21.Lf3?!

Zu arglos gespielt. Genauer war 21.fxg5 Se4 22.De1 fxg5 23.Le5 Thf8 24.Lxc4 Txf1+ 25.Lxf1 Dxc3 26.Dxc3 Sxc3 27.a5 Tf8 28.Ld3 und Weiß hätte die besseren Chancen durch das Läuferpaar und die Bauernmajorität am Königsflügel.

21...g4!!

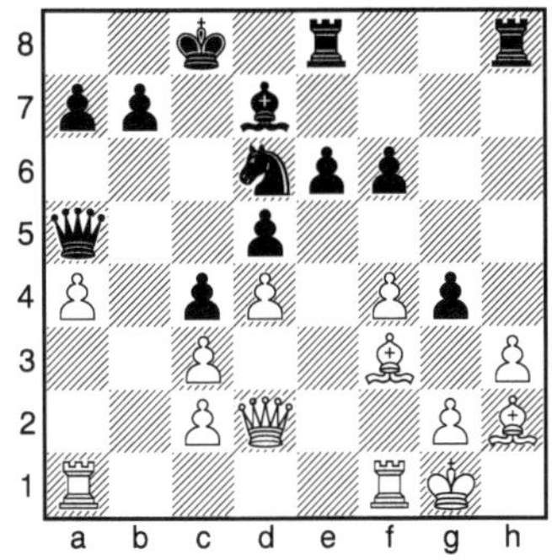

Dieses feine strategische Bauernopfer stellt den Läufer auf h2 endgültig bis zum Partieende kalt und sichert Schwarz dauerhafte Initiative. Jetzt kommen auch meine beiden Türme maximal zur Wirkung, da das Zentrum geschlossen ist.

22.hxg4

Auch nach 22.Lxg4 Se4 23.De3 f5 24.Lf3 Dxc3 ist der schwarze Vorteil augenscheinlich.

22...f5! 23.g5

Noch schlechter wäre 23.gxf5 exf5, weil danach auch die g-Linie zur Attacke einladen würde.

23...Te7 24.Lg3 Le8

Nun kommt auch noch der bislang passive Läufer zum Einsatz.

25.De3 Se4! 26.Lxe4

Der dominierende Springer musste unbedingt getauscht werden.

26...dxe4 27.Kf2

In Betracht kam 27.d5, um mit dem Bauernrückopfer Spielraum für die weiße Dame zu schaffen.

27...Th7 28.Tfb1

Auch jetzt sollte Weiß mittels 28.d5 noch für ein Gegenspiel sorgen.

28...Dd5! 29.Dc1?

Erst nach diesem Fehlgriff neigt sich die Waage etwas zu meinen Gunsten. Richtig war 29.Dd2.

29...Th1! 30.Dxh1?

Und erst nach diesem erneuten Fehler gerät Weiß in eine Verluststellung, denn das Damenopfer für zwei Türme reicht bei weitem nicht aus. Notwendig war 30.De3 Txb1 31.Txb1 Lxa4 32.Ta1 b5 oder 32...Lxc2 33.Txa7 Kb8 34.Ta1 Ld3 mit Ausgleich.

30...e3+!!

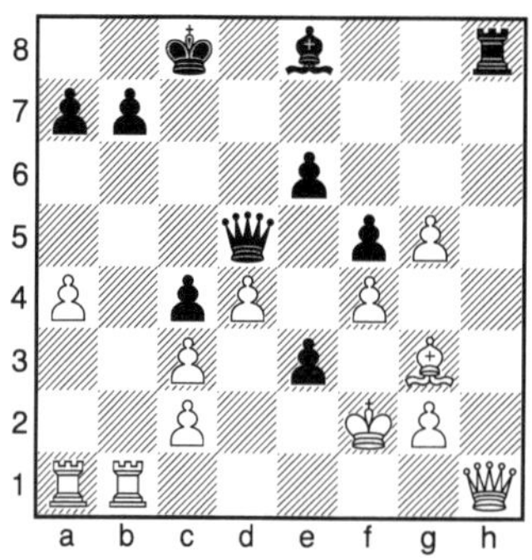

Dieser feine Zwischenzug zwingt den feindlichen König nach g1 und schließt die weißen Türme auch weiterhin vom aktiven Spiel aus. Von entscheidender Bedeutung ist außerdem, dass der Läufer von e8 über c6 ins Kampfgeschehen eingreifen kann.

31.Kg1

Es verbietet sich 31.Kxe3 wegen 31...De4+, denn sowohl nach 32.Kf2 Txh1 33.Txh1 Lc6 34.Th2 Dxc2+ 35.Kg1 Dxc3 als auch nach 32.Kd2 Txh1 33.Txh1 Dxg2+ büt Weiß eine Figur ein.

31...Txh1 32.Kxh1 e2! 33.Tb5

Das erleichtert Schwarz die Gewinnführung. Aber auch das passive 33.Tg1 De4 34.Tac1 ist nicht nach Fischers Geschmack. Schwarz kann in aller Ruhe seinen König über d8, e7 und f7 zum Königsflügel dirigieren, wonach entscheidend der Läufer zum Einsatz kommen könnte. Der Verlust mehrerer Bauern am Damenflügel wäre danach nicht mehr zu vermeiden.

33...Lxb5 34.axb5 Dxb5!?

Der Zeitnot muss man Tribut zollen. Genauer war sofort 34...Kd7 35.g6 Ke8 36.Kg1 (36.b6 a5!) 36...De4 37.Txa7 Kf8 38.Ta1 Kg7 39.Te1 Dxc2 mit Gewinn.

35.Tae1

Weiß hat keine Zeit für 35.Txa7 Db1+ 36.Kh2 e1D 37.Lxe1 Dxe1 mit leichtem Gewinn.

35...a5! 36.Txe2 a4 37.Txe6?!

Die beste Verteidigung war 37.Te1 Kd7 38.Lh4 Ke7 39.g6+ Kf8 40.Lf6 a3 41.d5 (41.Txe6 a2 42.Te1 Db1! mit Gewinn) 41...Dxd5, wonach die Gewinnchancen durch den freien a-Bauer ebenfalls groß sind.

37...a3 38.g6

Auf 38.Te5 gewinnt 38...Dxe5 und nach 38.Te1 geschieht 38...a2 39.g6 Da6! 40.g7 Dh6+ nebst Dxg7. Interessant ist, dass die Gewinnführung immer noch am seidenen Faden hängt, denn jeweils nur ein einziger Zug sichert den Gewinn.

38...Dd7!

Verfrüht wäre 38...a2 gewesen, weil Weiß nach 39.g7 a1D+ 40.Kh2 sogar noch gewinnen würde.

39.Te5 b6!

Noch einfacher war 39...Dg7.

40.Lh4 a2 41.Te1 Dg7 42.Ta1 Dxg6

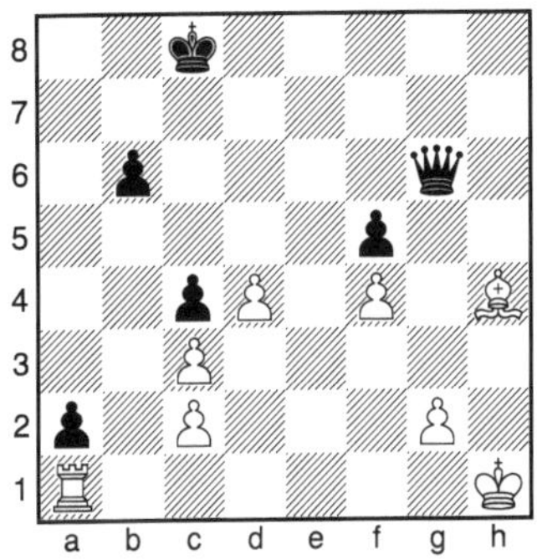

Hier gab Fischer auf, was ebenfalls von seinem großen Schachverständnis zeugt. Nach 43.Txa2 Dh5 44.g3 Df3+ 45.Kh2 Dxc3 46.Lf6 Kb7 entscheidet 47.Le5 Dd2+ 48.Kh3 Dd1 mit der Drohung 48...Dh1#. Und nach 49.c3 Db3 nebst 50...Dxc3 sichern die Freibauern am Damenflügel den Sieg. Wenn man gegen einen angehenden Weltmeister siegt, bekommt man weitere Einladungen auf dem internationalen Parkett.

Partie Nr. 29

Fischer – Uhlmann

Interzonenturnier

Stockholm 1962

1.e4 e6 2.d4 d5 3.Sc3 Lb4 4.e5 Se7 5.a3 Lxc3+ 6.bxc3 c5 7.a4 Sc6 8.Sf3 Da5 9.Dd2 Ld7 10.Ld3 f6!

Eine Verbesserung gegenüber dem früheren 10...c4.Der Textzug ist dynamisch und gestattet Schwarz sowohl die kurze, als auch die lange Rochade.

11.0-0 fxe5 12.Sxe5 Sxe5 13.dxe5 0-0

In Betracht kam auch durchaus 13...0-0-0!?, was 14.c4 unterbindet und wonach Weiß gewisse Sorgen um seinen Bauern c3 hat.

14.c4!

Weiß muss im Zentrum energisch für Unruhe sorgen, um das Manöver Le8-g6 zu entkräften. Nach dem zu erwartenden Damentausch soll das weiße Läuferpaar volle Wirksamkeit entfalten.

14...Dxd2 15.Lxd2 Lc6 16.a5!?

Ein wertvoller Zug im Konzept der weißen Spielführung. In Zukunft soll Schwarz eventuell mittels Lc3 zu dem Vorstoß d4 provoziert werden, da b6 kaum in Betracht kommt wegen axb6 und Druck auf den Bauern b6.

16...Tad8

Ein zu schablonenhafter Zug, der besser durch 16...Sf5 ersetzt werden sollte. Erst anschließend wäre Tad8 äußerst effektiv.

17.Le3!

Dieser Zug pariert die Drohung 17...dxc4 und zwingt Schwarz gleichzeitig zu einer Erklärung im Zentrum.

17...d4 18.Ld2

Wenig sinnvoll wäre 18.Lg5 wegen 18...Td7.

18...Sg6

Ein guter Zug, der Weiß zu einer wesentlichen Erklärung zwingt. Nach 19.Lxg6 hxg6 wäre aufgrund der ungleichfarbigen Läufer ein schnelles Remis wahrscheinlich. Das war aber bei einem Gegner wie Robert Fischer nie zu erwarten. Der Amerikaner suchte stets den Kampf bis zur Entscheidung.

19.f4 Sh4 20.Tf2 Td7

Nicht aber 20.....g5? wegen 21.f5!.

21.Te2

Schwer zu sagen, ob 21.Taf1 die weißen Angriffschancen verbessert hätte. Nach 21...Tdf7 22.g3 Sf5 tauchen ständig und jeweils zur richtigen Zeit Drohungen wie g5, Se3 oder Sh6 auf.

21...Tdf7 22.Tb1 g5!

Im rechten Moment folgt nun dieser Zug, um das weiße Bauernzentrum zu sprengen. Er wurde durch die ideale Postierung der schwarzen Figuren möglich. Die Diagonale h1-a8 spielt dabei eine wesentliche Rolle.

23.fxg5

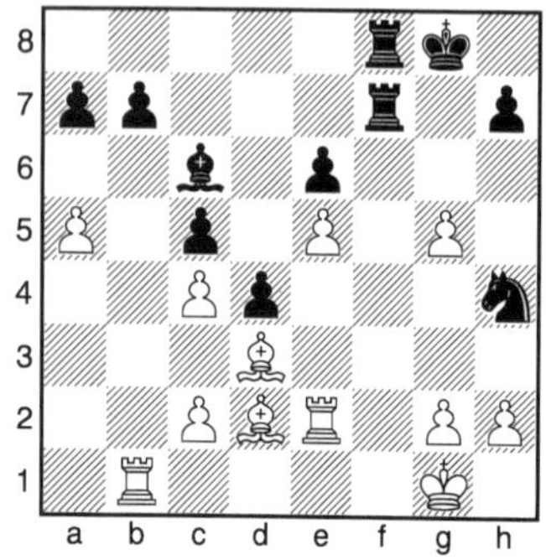

Das ist die richtige Antwort. Verfehlt wäre jetzt 23.f5 wegen 23...exf5! 24.Lxg5 Sxg2! 25.Lh6 Se3! 26.Lxf8 Kxf8 und Schwarz hätte klaren Vorteil, da der Bauer e5 noch verloren gehen würde.

23...Lxg2!

Die Pointe des Zuges 22...g5. Weiß muss nun die Qualität opfern, um eine aktive Stellung einnehmen zu können.

24.Txg2 Sxg2 25.Kxg2 Tf2+ 26.Kg3 Txd2 27.Txb7 Tf7 28.Tb8+

Lebensgefährlich für Weiß wäre 28.a6? Tdf2, weil nach dem drohenden Turmtausch der freie a-Bauer gewinnen würde.

28...Kg7 29.Te8! Tf2

Schwarz kann seine Stellung nicht verstärken und beendet deshalb die Begegnung durch Dauerschach.

29.Txe6 T7f3+ 30.Kg4 Tf4+ 31.Kg3

Remis – aber eine ausgekämpfte Partie in der letzten Runde des Interzonenturniers von Stockholm. Fischer stand bereits vorher als klarer Sieger des Wettbewerbs fest.

Partie Nr. 30
Smyslow – Uhlmann
Havanna 1964

1.e4 e6 2.d4 d5 3.Sc3 Lb4 4.e5 Se7 5.a3 Lxc3+ 6.bxc3 c5 7.a4 Sc6 8.Sf3 Da5 9.Dd2 Ld7 10.Ld3 f6! 11.0-0 fxe5 12.dxe5

Bei der Auswertung meiner Partie gegen Fischer in Stockholm hatte Exweltmeister Wassili Smyslow sicherlich keinen Schwachpunkt entdeckt. Er ändert nun um eine Nuance die Züge, wodurch vollkommen neue Stellungsbilder entstehen.

12...0-0 13.Te1 h6

Ein vorbeugender Zug, denn das sofortige 13...Le8 verbietet sich wegen 14.Sg5.

14.La3 Le8!

Für die Französische Verteidigung ist dieses Manöver typisch. Der sogenannte schlechte Läufer soll gegen seinen weißen Kollegen auf d3 getauscht werden. In manchen Abspielen ist auch das Postieren des Läufers auf h5 sehr stark, um Druck auf den Springer f3 auszuüben.

15.De3 b6 16.Sd2!

Weiß will nicht in Nachteil geraten, was nach 16...Lg6 garantiert geschehen wäre. Deshalb bedrängt er die schwarze Dame. Jetzt folgt eine Reihe von Zügen, die beiderseits erzwungen sind und am Ende das Gleichgewicht herstellen.

16...Sf5 17.Dh3! Dxc3!

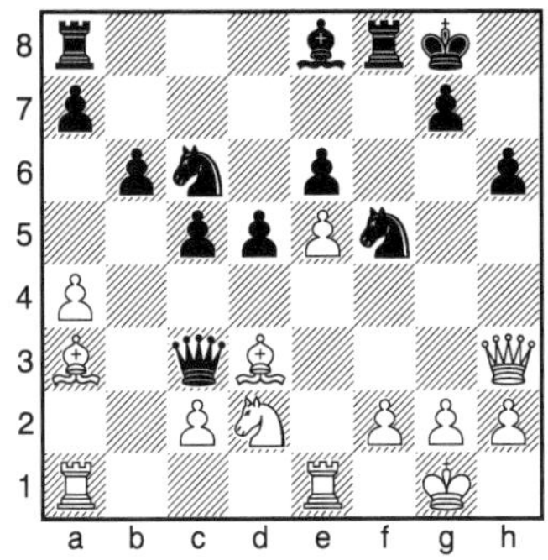

Der Seiltanz zwischen beiden Parteien kann beginnen.

18.Lxf5 Dxd2 19.Tad1!

Mit diesem Zwischenzug will Weiß ein Tempo gewinnen, damit der Turm den Druck auf den Bauer d5 verstärkt. Außerdem soll der Bauer c2 gedeckt bleiben. Bei der Kommentierung fiel mir auf, dass ich durchaus das Damenopfer 19... Dxe1+! spielen konnte. Nach 20.Txe1 Txf5 hätte ich Turm und Springer und einen Bauern für die Dame erhalten, was bei der Bauernstruktur durchaus sehr chancenreich für Schwarz gewesen wäre. Der Bauer auf e5 hängt und der weißfeldrige Läufer von Schwarz hat gute Chancen, sowohl auf c6, als auch auf g6 ins Spiel eingreifen zu können. Danach könnten auch die Türme auf der halboffenen f-Linie zum Einsatz kommen. Nicht zu fürchten brauchte Schwarz die Attacke 21.g4 Tf7 22.g5 Sd4 mit Vorteil.

19...Df4 20.Lxe6+ Lf7 21.f3!

Ein grober Fehler wäre jetzt 21.g3?

wegen 21...Dxf2+ 22.Kxf2 Lxe6+ nebst Lxh3. Ungünstig wäre auch 21.Lxf7 Txf7 mit der Drohung 22...Dxf2+ und 22...Sxe5.

21...Dxa4

Zu erwägen war durchaus 21... Sxe5!? Nach 22.Lc1 Df6 dürfte die schwarze Position den Vorzug verdienen. Das Gleiche trifft auf 22.Txd5 Dxa4 zu. Es ist nicht zu sehen, wie Weiß seinen Angriff verstärken kann, denn auf z.B. 23.Lb2? folgt ja 23...Db4!.

22.Ld7 Le8!

Das ist erzwungen, um den Vorstoß des weißen Bauern nach e6 abzuschwächen.

23.Txd5 Lxd7

Unklar ist 23...Dxa3 24.Lxc6 Lxc6 25.De6+ Kh8 26.Dxc6 mit einem gefährlichen weißen Freibauern auf der e-Linie.

24.Txd7 Tae8!

Schwarz bedroht den Bauern e5 und kann in einigen Abspielen mittels Te7 die Blockade errichten. Nach dem Textzug wäre 25.Lb2 wegen Db4 26.Dg3 Te7 zweifelhaft.

25.Lc1!?

Weiß versucht aus der Not eine Tugend zu machen.

25...Sxe5 26.Txg7+!?

Ein chancenreiches, aber auch erzwungenes Turmopfer, um ein Dauerschach anzupeilen.

26...Kxg7 27.Dxh6+

Fehlerhaft wäre 27.Lxh6+ Kg6 28.Lxf8 (28.Te4 Sxf3+) 28...Sxf3+ mit Gewinn.

27...Kg8 28.Dg5+ Kh7

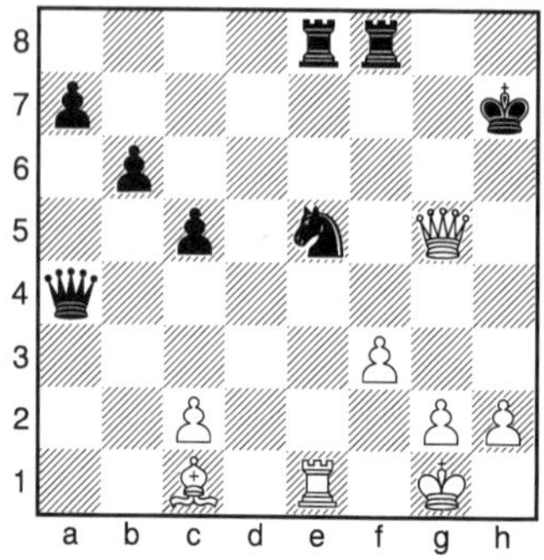

Schwarz ist einverstanden, das mögliche Dauerschach und somit Remis zu akzeptieren. Zwei Faktoren waren dafür ausschlaggebend: Zum einen herrschte schon Zeitnot und zum anderen konnte ich so mit Smyslow die gemeinsame Führung im Turnier behaupten. Als ich die Position jedoch später objektiv und in Ruhe betrachtete, kam ich zu dem Schluss, dass der Gewinnversuch 28...Kf7!? durchaus vertretbar gewesen wäre.

29.Dh6+

Auch nach 29.Te4 Sxf3+ 30.gxf3 Txe4 31.Dh6+ lautet das Ergebnis des Kampfes unentschieden.

29...Kg8 30.Dg5+

Remis

Zu dieser großartigen Kampfpartie möchte ich noch einige Worte verlieren. Der gemeinsame Sieg mit W. Smyslow im Capablanca-Gedenkturnier in Havanna 1964 war sicherlich mit einer meiner größten Turniererfolge. 22 Teilnehmer, darunter 13

Großmeister, nahmen an diesem Superturnier teil. Mir gelang es, ohne Niederlage 16 Punkte zu erzielen und kurioserweise sogar nach Wertung von Sonneborn-Berger gemeinsam den 1. Platz zu belegen.

Partie Nr. 31
Liebert – Uhlmann
Halle 1962

1.e4 e6 2.d4 d5 3.Sc3 Lb4 4.e5 Se7 5.a3 Lxc3+ 6.bxc3 c5 7.a4 Sc6 8.Sf3 Da5 9.Dd2 Ld7 10.Ld3 f6! 11.exf6?!

Die frühzeitige Auflösung der Zentrumsspannung dürfte garantiert günstig für Schwarz sein, weil Weiß seinen Raumvorteil aufgibt.

11...gxf6 12.0-0 c4

Neben dem Textzug musste man auch die Konsequenzen von 12...e5 berechnen. Dabei kam ich zu dem Schluss, dass Weiß nach 13.dxe5 fxe5 14.Lb5 e4 (14...0-0-0 15.Lxc6 Sxc6 16.Dxd5) 15.Lxc6! Sxc6 16.Dxd5! vernichtenden Angriff erhält.

13.Le2 Sf5

Damit hat Schwarz eine Idealstellung für seinen Springer gefunden. Zusätzlich garantiert die halboffene g-Linie mögliche Angriffsoperationen am Königsflügel.

14.La3 0-0-0 15.Te1 h5 16.Lf1 Tdg8 17.h3 Tg7 18.Kh1

Mit dem Übergang ins Mittelspiel ist die Eröffnungsphase abgeschlossen. Die logische Frage zur Planfindung muss jetzt lauten: Wie ist der Springer am effektivsten von c6 aus ins Spiel zu bringen. Und sofort kann man die Antwort finden: Er muss über die Felder d8, f7, d6 und e4 umgesetzt und zum Einsatz gebracht werden.

18...Sd8! 19.Lc5 Sf7 20.Dc1

Weiß ist bemüht, seine Dame aktiv über a3 ins Spiel zu bringen.

20...Sd6 21.Da3 Se4

Genauer war zunächst 21...Dc7!. Nicht zu fürchten war danach 22.Lxa7? b6 mit den Abspielen:

1) 23.Lxb6 Dxb6 24.a5 Da7 25.Teb1 Sb5 und Schwarz behauptet die Mehrfigur.

2) 23.a5 Dxa7 24.axb6 Dxa3 25.Txa3 Lc6 26.Tea1 Kb8 mit Gewinn.

22.Txe4! dxe4 23.Sd2 Dc7 24.Sxe4

Keinen Appetit verspürte Weiß auf 24.Sxc4 Lc6! 25.Lxa7

(25.Sd6+ Sxd6 26.Lxd6 Dg7 mit der tödlichen Drohung 27...e3)

25...e3!, wonach Weiß die Drohungen e2 oder exf2 nicht mehr parieren kann. Auch ist der Punkt g2 nicht mehr zu verteidigen.

24...Lc6 25.Sd6+ Sxd6 26.Lxd6 Da5 27.h4!?

Ein interessanter Zug, um mit Lg3 eine Sperre aufzubauen.

27...Dd5! 28.Lg3 f5 29.Dd6

Damit kann Weiß gerade noch die größten Gefahren abwenden. Das entstehende Endspiel räumt Schwarz aber gute Gewinnchancen ein.

29...Dxd6 30.Lxd6 Thg8 31.f3!?

Noch die beste Verteidigung. Chancenlos wäre 31.Lg3 Ld5 und Weiß hätte keine Möglichkeit, Tg4 nebst f4 zu verhindern.

31...Ld5 32.a5 Kd7 33.Lc5?

Das ist ein großer Fehler, der die Gewinnführung erleichtert. Notwendig war 33.Le5!, damit der Läufer das Feld b8 kontrolliert und Freibauernbildung am Damenflügel erschwert. Nach 33...Tg6 34.Kh2 Ta8 35.Le2 T6g8 nebst eventuell b5 gäbe es allerdings doch eine Möglichkeit, einen Freibauer zu bilden.

33...Ta8 34.Tb1 Tg8

Damit kann Schwarz seinen Plan verwirklichen, denn nach Tgb8 nebst b6 wird eine Linie geöffnet und die Türme kommen zur Wirkung.

35.La3 b6! 36.Lc1

Jetzt gab es kaum noch eine Verteidigungschance. Auf 36.a6 folgt 36...Tae8 37.Te1 Kc6 und Weiß muss 38...Kb5 oder 38...e5 zulassen.

36...b6xa5 37.Lf4 Kc6 38.Ta1 Kb5 39.Le2 Tg7 40.Lg5 Ka6 41.f4 Th7 42.Kg1 Tb8 43.Kf2 Tb2 44.Ld8 Txc2 45.Lxa5 Lxg2 46.Ke3 Ld5 47.Lb4+ Kb7

Weiß gab auf.

Partie Nr. 32
Bogdanovic – Uhlmann
Sarajevo 1965

1.e4 e6 2.d4 d5 3.Sc3 Lb4 4.e5 Se7 5.a3 Lxc3+ 6.bxc3 c5 7.a4 Sc6 8.Sf3 Da5 9.Dd2 Ld7 10.Le2 f6!

Auch dieser Zug hat seine Daseinsberechtigung. Er sprengt sofort das Zentrum und zielt auf die lange Rochade ab, wonach ein Spiel auf Leben und Tod unvermeidlich ist.

11.exf6 gxf6 12.dxc5!?

Nur so kann Weiß auf Vorteil hoffen. Nach 12.0-0 erhält Schwarz mittels 12...cxd4 13.cxd4 Dxd2 14.Lxd2 Sf5 gutes Spiel, da sein Springer später über d6 die Felder c4 und e4 anstreben kann.

12...0-0-0 13.0-0 e5!

Schwarz verfügt über ein starkes Zentrum und hat die Möglichkeit, auf der halboffenen g-Linie aktiv zu werden. Das Problem von Weiß liegt im Einsatz seiner Läufer. Der zeitweilige Mehrbauer und die halboffene b-Linie sind seine Trümpfe.

14.c4 d4!

Der Textzug sichert Schwarz Raumvorteil und verhindert die Auflösung des Tripelbauern. Damentausch ist nicht zu befürchten, weil das Endspiel dann auf jeden Fall günstig für Schwarz wäre.

15.Dh6 Sg6 16.Sd2

Es ist nicht leicht für Weiß, einen besseren Plan zu finden. Mit dem Springerzug soll e4 verhindert werden.

16...f5

Schwarz muss konsequent seine Chance im Zentrum wahrnehmen und die Aktionen der weißen Leichtfiguren behindern.

17.Sb3 Dc7 18.f4!?

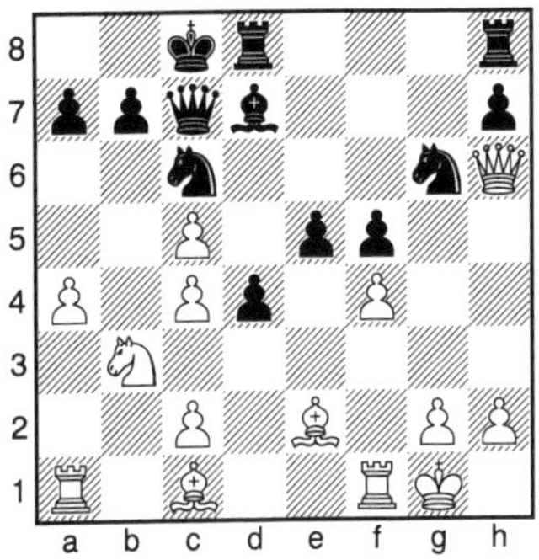

Das richtige Rezept, um die schwarze Bauernwalze aufzuhalten. Da 18...e4 an 19.Lb2 scheitert, muss ein anderer Plan her. Er wird ermöglicht, weil die Dame auf h6 abseits steht.

18...Sb4!

Ein agiler Springer, der Weiß sogleich zu weiterer Passivität verurteilt.

19.Ld1

In Betracht kam 19.fxe5 Sxc2 20.Tb1 (20.Ta2 Sb4 mit Vorteil) 20...c6!? 21.Txf5 Le4! mit starkem schwarzem Angriff.

19...d3!

Wiederum ein kräftiger Zug, der dem Springer das Idealfeld d3 erkämpft.

20.cxd3 Sxd3 21.fxe5

Das ist erzwungen, denn auf 21.Lc2 würde 21...Sxf4 folgen.

21...Dxe5 22.Lf3

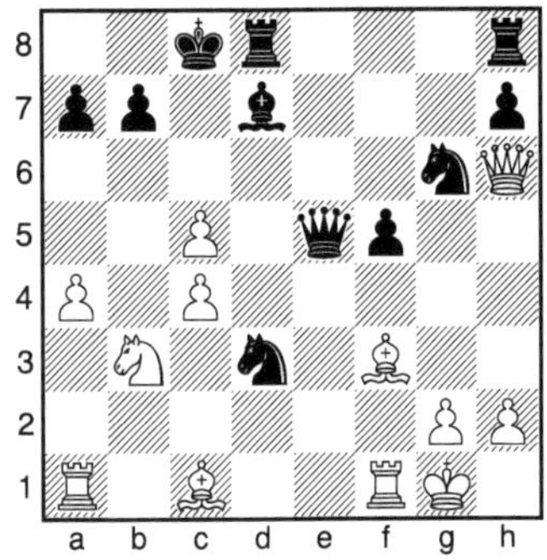

Endlich hat wenigstens einer der weißen Läufer eine gute Position eingenommen, während sein Kollege noch immer ein Schattendasein führt. Möglicherweise war deshalb 22.Lg5 besser. Schwarz hätte darauf allerdings eine wunderbare Kombination in petto; und zwar 22...Lc6! 23.Lxd8 Sgf4! 24.Lf3

(die einzige Parade gegen die Drohung De3+ nebst Lxg2#)

24...De3+ 25.Kh1 Lxf3

1) 26.Txf3 Sf2+ 27.Txf2

(Auf 27.Kg1 folgt 27...S4h3+ und Schwarz gewinnt die Dame.)

27...Dxf2 28.Dg5 Txd8 29.Dxf5+ Kb8 und Schwarz dürfte aufgrund seiner vielen Drohungen – wie z.B. 30...Dxg2+, 30...Db2 oder (falls 30.Tg1 geschieht) 30...Sd3 – das bessere Spiel haben.

2) Oder 26.gxf3! Tg8!! 27.Ta2!

(Das ist die einzige Verteidigung, da 27.Lh4 an 27...Txg1 nebst Dxf3+ und matt scheitert – und 27.Lg5 sich wegen 27...De2 verbietet.)

27...Tg1+!! 28.Txg1 Dxf3+ 29.Tgg2 (nicht 29.Tag2 wegen 29...Sf2#) 29...Df1+ 30.Tg1 Df3+ mit Dauerschach.

22...f4

Damit wird 23.Lg5 verhindert.

23.Ld2 Lc6

Der weißfeldrige Läufer muss getauscht werden, um den Druck auf den Punkt b7 abzuschwächen. Zusätzlich wird noch die Reichweite des Turms d8 erhöht.

24.Lxc6 bxc6 25.Tab1 Td7! 26.Dh3 The8 27.Df3

Jetzt scheitert 27.Sa5 an 27...Dxc5+ 28.Kh1 Sf2+ 29.Txf2 Dxf2 mit klarem Vorteil.

27...De4!

Aufgrund seines dominierenden Springers kann Schwarz ohne Sorgen ein Endspiel ohne Damen anstreben.

28.Sa5

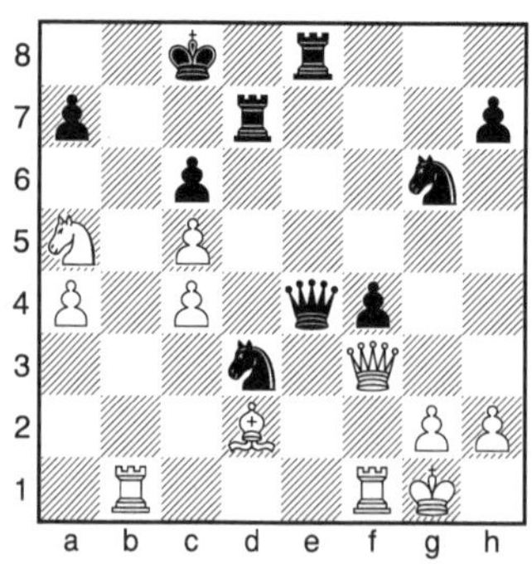

Sofort verlieren würde 28.Tfe1 Sxe1 29.Txe1 Dxe1+!! 30.Lxe1 Txe1+ 31.Kf2 Se5!!, da 32.Dxf4 an 32...Sd3+ scheitert.

28...Dxf3 29.Txf3 Te2! 30.Lc1

Es gibt keine Verteidigung mehr, weil 30...Sh4 in jedem Fall die Entscheidung erzwingt.

30...Sh4! 31.Txf4

Oder 31.Th3 Tgx2+ 32.Kf1 Tf2+ 33.Kg1 Tg7+ 34.Kh1 Tf1#.

31...Txg2+ 32.Kf1 Sxf4 33.Lxf4 Td3!

Weiß gab auf.

Partie Nr. 33

August – Uhlmann

Erfurt 1976

1.e4 e6 2.d4 d5 3.Sc3 Lb4 4.e5 Se7 5.a3 Lxc3+ 6.bxc3 c5 7.a4 Sc6 8.Sf3 Da5 9.Dd2 Ld7 10.Ld3

Besser ist hier 10.Le2 oder 10.La3.

10...f6 11.0-0

Jetzt wäre der Tausch 11.exf6 günstig für Schwarz, weil durch c4 und Sf5 ein wertvolles Tempo gewonnen werden könnte.

11...fxe5 12.Sxe5 Sxe5 13.dxe5 0-0 14.c4

Nicht weniger als 14 Jahre später wurde ich also erneut mit dieser Position konfrontiert. Natürlich war mein Gegner nicht Bobby Fischer, so dass ich aus taktischen Gründen Überlegungen anstellte, ob ich einem vorbereiteten Abspiel aus dem Wege gehen oder noch Vertrauen zu vergangenen Abspielen haben sollte. Da mein Gegner etwas schwächer war, suchte ich nach einer anderen Zugfolge, was manchmal psychologisch sehr wertvoll ist.

14...Dc7 15.Dg5

Weiß bekundet mit dem Textzug, dass er mit der Dame und dem Läuferpaar einen Angriff am Königsflügel inszenieren möchte. Ein riskantes Unterfangen, da nun seine Dame von Verteidigungsaufgaben im Zentrum abgezogen wird. Solider war deshalb 15.f4.

15...Sf5!

Ein guter Zug, der vorübergehend die Diagonale b1-h7 schließt und den Bauern e5 bedroht.

16.f4

Selbstmord wäre natürlich 16.g4 Sd4 17.Dh5 Sf3+ 18.Kh1 g6! 19.Lxg6 Lc6!, denn Weiß stünde der Doppeldrohung 20...dxc4 und 20...hxg6 wehrlos gegenüber.

16...Lc6 17.g4

Nachdem die Dame auf Abwege geraten ist, muss Weiß bedingungslos auf Angriff spielen.

17...Sd4 18.Ta3

Ein interessanter Zug, der auf den ersten Blick Respekt einflößt. Der Turm soll zum Königsflügel überführt werden, um von h3 aus den Angriff zu verstärken. Der Läufer steht aber auf d3 im Wege. Das Ziel von Weiß kann nur schnell durch ein Läuferopfer auf h7 erreicht werden. Der zweite Gedanke des Turmzuges war es, c3 zu spielen, um den Springer auf d4 zu vertreiben, ohne durch Sb3 gestört zu werden. Bei genauer Betrachtung liegt hier der entscheidende Fehler in der weißen Stellungsbeurteilung. Durch den Zug c3 wird die dritte Reihe geschlossen und der Turm kann zunächst nicht zum Königsflügel schwenken. Schwarz kann also seine Position in Ruhe verstärken und Weiß zu einer Fehlentscheidung animieren.

18...Tad8 19.c3 dxc4!

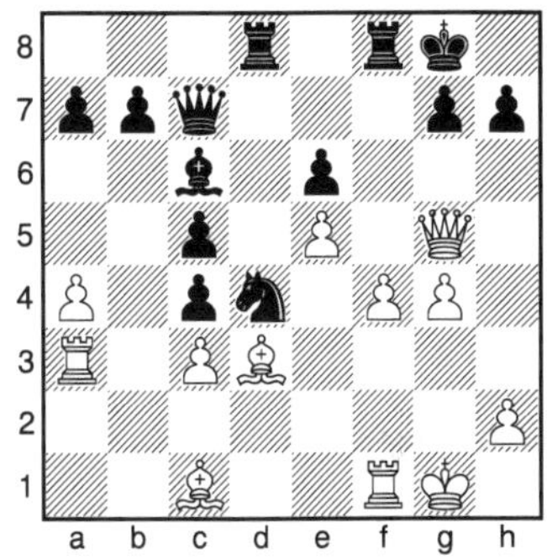

Zum richtigen Zeitpunkt erfolgt der Schlagabtausch im Zentrum. Weiß hat sich auf der Diagonale h1-a8 entscheidend geschwächt, so dass er vor dem Dilemma steht, ob er wie im Text 20.Lxh7+ spielen – oder mit 20.Lxc4 ein Qualitätsopfer bringen soll. Nach 20.Lxc4 Sf3+ 21.Txf3 Lxf3 22.Lxe6+ Kh8 wäre Weiß glatt verloren, weil der Einbruch auf der ersten Reihe nicht aufzuhalten ist. Außerdem stehen Turm a3 und Läufer c1 im Abseits. Aber auch nach dem Textzug ist überraschenderweise der weiße König mehr gefährdet als der schwarze.

20.Lxh7+ Kxh7 21.cxd4 Dd7!

Erst dieser stille und sehr feine Zug sichert durch die Drohung 22...Dxd4+ nebst Dd5 den Vorteil.

22.Th3+ Kg8 23.Le3

Auch nach 23.Dh5 Dxd4+ 24.Le3

De4 25.Dh8+ Kf7 26.Dh5+ Ke7! verpuffen die weißen Schachgebote und der Gegenangriff auf der Diagonale h1-a8 ist tödlich.

23...cxd4! 24.Dh5 Dd5! 25.Tf3

Nichts bringt 25.Dh7+ Kf7 26.Dh5+ Ke7 27.Dg5+ Kd7, denn Schwarz behält die Oberhand.

25...dxe3 26.f5

Reine Verzweiflung!

26...e2! 27.Dh7+ Kf7 28.Dg6+

Oder 28.fxe6+ Kxe6 und Schwarz gewinnt.

28...Ke7 29.Dxg7+ Ke8 30.Kf2

Auf 30.Dg6+ folgt 30...Kd7 nebst Kc8.

30...e1D+ 31.Kxe1 Dd1+ 32.Kf2 Td2+ 33.Kg3 Dxf3+ 34.Kh4 Df2+ 35.Kg5 Txf5+ 36.gxf5 Dxf5+

Weiß gab auf.

Partie Nr. 34

Pelitow – Uhlmann

Szombathely 1966

1.e4 e6 2.d4 d5 3.Sc3 Lb4 4.e5 Se7 5.a3 Lxc3+ 6.bxc3 c5 7.a4 Da5 8.Dd2

Diese Antwort auf den frühen Damenausfall ist ungeeignet, weil Schwarz nun den guten Zug 8...b6! zur Verfügung hat, mit dem das Problem des Läufers c8 sofort gelöst werden kann. Stattdessen musste 8.Ld2 geschehen. Gegen Spezialisten, die permanent Dd2 bevorzugen, trägt diese Zugumstellung überraschend oft psychologische Früchte.

8...b6! 9.Sf3 La6 10.Lxa6 Dxa6

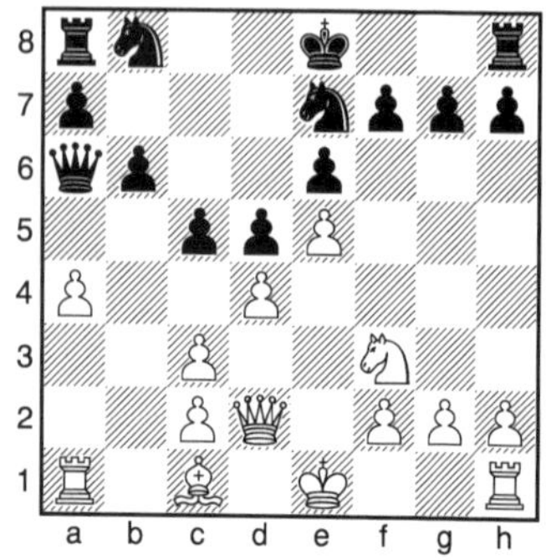

Damit hat Schwarz schon nach wenigen Zügen die bessere Stellung erreicht. Um seinen König in Sicherheit zu bringen, muss Weiß mittels De2 auch noch die Dame tauschen. Das entstehende Endspiel ist hoffnungsvoll für Schwarz, weil er die bessere Bauernstruktur besitzt und in der Folge ohne Hast auf der c-Linie Druck entwickeln kann.

11.De2 Dxe2+ 12.Kxe2 Sd7 13.a5

Es ist bereits schwer, einen guten Plan für Weiß zu finden. Mit dem Textzug möchte er das Manöver Sc6 nebst Sa5 verhindern, wonach der verdoppelte c-Bauer sicher blockiert würde.

13...b5 14.La3?

Noch eine kleine Ungenauigkeit, die im höheren Sinne schon entscheidend ist. Notwendig war 14.a6, um wenigstens den schwarzen Bauern auf b5 als Angriffsobjekt zu haben. Jetzt stabilisiert Schwarz auch noch den Damenflügel und Weiß behält lauter Bauernschwächen.

14...a6 15.Kd2 0-0 16.The1 Tfc8 17.Te2 Sc6!

Nach nicht einmal 20 Zügen ist Weiß positionell total überspielt. Er hat eine entscheidende Schwäche auf a5 und steht der schwarzen Turmverdopplung auf der c-Linie wehrlos gegenüber. Und so kann er nur noch auf unpräzises schwarzes Spiel hoffen.

18.Lxc5 Sxc5 19.dxc5 Sd8!

Schwarz spielt jedoch sehr genau, denn dieser Springer kann demnächst vom Feld b7 aus den Bauern auf a5 bedrohen, oder aber über den Punkt c5 die Traumfelder auf e4 oder a4 anstreben.

20.Sd4 Txc5 21.Tab1 Sb7 22.Ta1 Tac8 23.Te3 Tc4!

Weiß befindet sich in völliger Agonie. Jetzt droht auch noch b4, wonach der Springer auf d4 entwurzelt wird.

24.Sb3 Ta4!

Schwarz kann seine Stellung kontinuierlich verstärken. Das alles sind Auswirkungen des schwachen Zuges 14.La3.

25.Te1

Natürlich nicht 25.Txa4 bxa4 26.Sd4 Sxa5 nebst Sc4+ mit großem Vorteil.

25...Kf8 26.g3 g5!

Auch in guten Stellungen ist es wichtig, jede Nuance zu nutzen, um den Vorteil zu vergrößern. Dadurch wird unterbunden, dass Weiß mittels 27.f4 den Bauer e5 stützt.

27.Teb1 Tc4 28.Sd4 Sc5!

Schwarz hat es gar nicht nötig, den Bauern c3 hastig zu verspeisen, denn nach 28...Txc3 29.Sxb5!! axb5 30.a6 hätte Weiß noch Schwindelchancen.

29.f3 Sa4!

Danach bricht die Zeit der Ernte an und die Partie ist für Weiß reif zur Aufgabe.

30.Tb4 Sxc3 31.Txc4 Txc4 32.Kd3 Sa4 33.Ta3 Sb2+ 34.Ke3 Tc7 35.Ke2 Ke7 36.f4 Tc4 37.Ke3 Sd1+

Jetzt kann der muntere Springer zusätzlich auch noch am Königsflügel für Unruhe sorgen.

38.Kd3 Sf2+ 39.Ke3 Sg4+ 40.Kd3 gxf4 41.gxf4 Sxh2 42.Ta1 Sg4 43.Tg1 h5

Weiß gab auf.

Partie Nr. 35

Becker – Uhlmann

Halle 1982

1.e4 e6 2.d4 d5 3.Sc3 Lb4 4.e5 Se7 5.a3 Lxc3+ 6.bxc3 c5 7.a4 Sc6 8.Sf3 Da5 9.Ld2

Neben 9.Dd2 ist der Textzug eine weitere Hauptfortsetzung an dieser Stelle. Er schaltet den Tausch 9...cxd4 aus, weil nach 10.cxd4 sofort die Dame auf a5 angegriffen wäre. Der Nachteil für Weiß besteht darin, dass das Läufermanöver nach a3 nun nicht mehr möglich ist.

9...Ld7 10.Le2

Früher wurde häufig 10.Ld3 gespielt. Die Praxis aber hat gezeigt, dass der Zug 10...c4 in einigen Abspielen einen Tempogewinn für Schwarz darstellt.

10...f6!

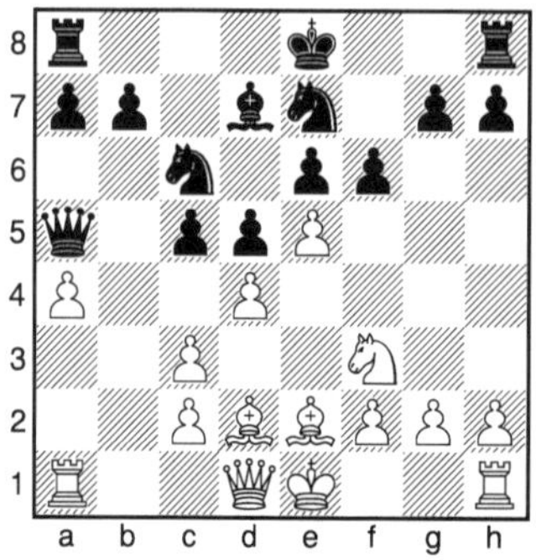

Die frühzeitige Attacke auf das weiße Zentrum durch den Hebel f6 wurde in der Turnierpraxis geboren. Besondere Verdienste darum erwarb sich Viktor Kortschnoi. Es hatte sich gezeigt, dass die alte Fortsetzung 10...c4 doch mit ernsthaften Nachteilen verbunden ist, und zwar weil der Springer nach 11.Sg5! h6 12.Sh3 0-0-0 13.Sf4! gefährlich nach h5 zu gehen droht. Damit wäre eine Lähmung des schwarzen Königsflügels verbunden und Weiß könnte in aller Ruhe seine Angriffsoperationen vorbereiten. Und falls auf 13.Sf4 g6 geschieht, so würden dadurch die schwarzen Felder empfindlich geschwächt.

11.exf6

Hier verdienen noch zwei andere Fortsetzungen Beachtung, die Schwarz aber ebenfalls nicht zu fürchten braucht:

1) 11.c4 Dc7 12.exf6 gxf6 13.cxd5 Sxd5

a) 14.c3 0-0-0 15.0-0 Thg8 16.Te1 e5 17.c4 Lh3 18.Lf1 Sb6 19.d5 Sxc4! 20.dxc6 Dxc6 21.g3 Lxf1 22.Txf1 e4 23.Db3 (23.De2 Dd5!) 23...Dd5 24.Tac1 Sxd2 25.Sxd2 Dxd2 mit ausgeglichener Stellung; Spasski – Kortschnoi, Belgrad 1977/78.

b) 14.c4 Sde7 15.dxc5 0-0-0 16.Lc3 e5 (16...Le8!?) 17.Dd6 Sf5 18.Dxc7 Kxc7 mit etwas schwarzem Endspielvorteil, Timman – Kortschnoi, Leenwerden 1976.

2) 11.Tb1 Dc7 12.Lf4 Sg6 13.Lg3 fxe5 14.0-0 cxd4 15.cxd4 0-0 16.Lb5 Sf4! 17.Lxc6 Lxc6 18.Sxe5 Lxa4 mit unklarem und verwickeltem Spiel.

11...gxf6 12.0-0 c4

Gut ist auch sofort 12...0-0-0.

13.Sh4!?

Ein interessanter Zug, der 13...Sf5 unterbindet und Aktionen der weißen Leichtfiguren am Königsflügel organisiert.

13...0-0-0

In Betracht kam 13...Sg6 14.Lh5 Sce7 15.Dc1! 0-0-0 16.Da3 The8 mit unklarer Stellung.

14.Lh5 Thg8 15.g3

Gefährlich wäre 15.Df3 Sxd4! 16.Dxf6 Sdc6 mit Chancen für beide Seiten.

15...e5

Auf 15...Sg6 wäre 16.Sg2 gut.

16.f4 e4 17.f5!?

Nur so kann Weiß auf Initiative hoffen. Der Läufer d2 droht nun, falls erforderlich im richtigen Moment in der Diagonale h2-b8 zum Einsatz zu kommen.

17...Kb8?!

Die Planfindung für Schwarz ist außerordentlich schwer. Mit dem Manöver 17...Kb8 nebst Ka8 möchte er seinen König in Sicherheit bringen. Außerdem könnte mittels Sc8 und Sb6 die weiße Bauernstruktur am Damenflügel unter Druck gesetzt werden. Besser als der Textzug war jedoch 17...Le8, womit die Drohung 18...Lxh5 nebst 19...Sxd4 aufgestellt würde. Auch 19...e3 war eine Überlegung wert.

18.De1 Ka8

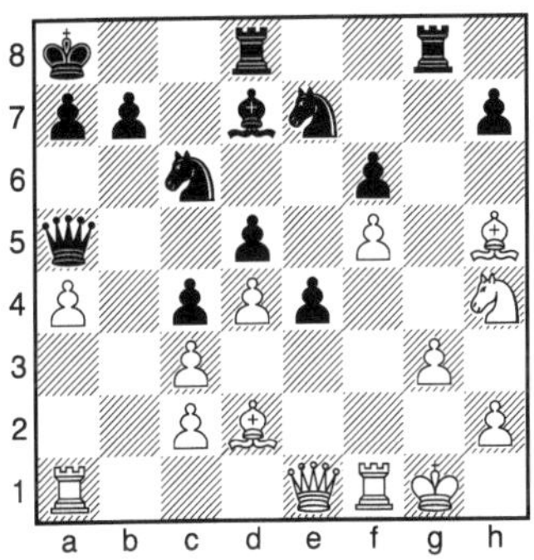

19.Lh6

Der damit einhergehende Plan kann nicht schnell genug verwirklicht werden. Besser war deswegen 19.Kh1 mit der Idee, g4 nebst Sg2-f4 zu spielen.

19...Le8!

Schwarz verhindert damit 20.Lf7 und stellt den Gegner vor die schwierige Entscheidung, den Läufer zu tauschen oder nicht. Auf 20.Le2 könnte das schwarze Spiel mit 20...Td7 nebst Sd8-f7 verstärkt werden.

20.Lxe8 Tdxe8 21.Sg2 Sd8!

Dieses kluge Manöver führt zu neuem Raumgewinn für Schwarz. Der Blockadeläufer auf h6 wird vertrieben und damit kommt auch der schwarze Königsangriff wieder ins Rollen. Von diesem Moment an neigt sich die Waage zugunsten des Nachziehenden.

22.Se3 Sf7 23.Lf4 h5 24.Tab1 Sg5!

Die Einladung, den Bauer a4 zu verspeisen, lehnt Schwarz natürlich dankend ab. Nach 24...Dxa4 25.Ta1 Dc6 wäre bereits der taktische Einschlag 26.Txa7+!! möglich, denn 26...Kxa7 27.Da1+ Da6 28.Db2 Sc6 29.Ta1 Sa5 30.Sxd5! lässt den weißen Angriff durchschlagen.

25.Tb5 Dxa4 26.Db1 Sh3+!

Der gefährliche Läufer auf f4 muss unbedingt getauscht werden. Ein Fehler wäre 26...Sf3+ gewesen, weil nach 27.Txf3! exf3 28.Txb7 der weiße Ansturm in der b-Linie vernichtend wirken würde.

27.Kh1 Sxf4 28.Txf4 Da3!? 29.Sxd5?

In dieser komplizierten Situation beurteilt Weiß seine Stellung zu optimistisch. Notwendig war 29.Txb7 Tb8! 30.Txb8+ Txb8 31.De1 mit gleichen Chancen.

29...Sxd5 30.Txd5 e3! 31.De1 e2 32.Kg2!

Richtig gespielt, denn fehlerhaft wäre 32.Tf2 gewesen. Nach 32...De7 nebst 33...h4!! hätte Weiß keine ausreichende Verteidigung mehr gefunden.

32...Te3?!

Eine Ungenauigkeit, die ein wertvolles Tempo kostet. Richtig war 32...Te7!, aber nicht 32...Tg7? wegen 33.Te4 und Weiß erhält Vorteil, da sich 33...Txe4 wegen 34.Td8# verbietet.

33.Kf2! Te7!

Die schnelle Korrektur des vorangegangenen Zuges ist am besten. Auch jetzt konnte Schwarz noch fehl greifen, wenn er schablonenhaft 33...Tge8 gezogen hätte. Nach 34.Td8+ Txd8 35.Kxe3 hätte Weiß die besseren Karten.

34.Tb5

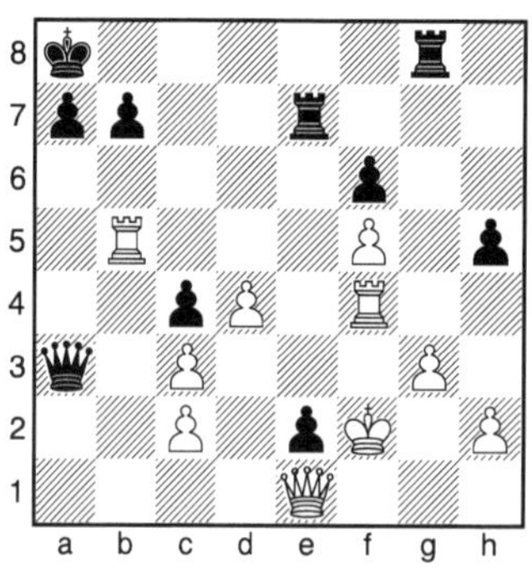

Nichts ist schwerer zu behandeln als ein Endspiel mit Schwerfiguren – im vorliegenden Fall umso mehr, weil die Partie durch den Freibauern e2 auf des Messers Schneide steht. Jetzt war 34.Th4 für Weiß noch aussichtsreicher, wonach der Kampf wie folgt weitergehen konnte: 34...Da6 35.Txh5 Dc6 36.Tc5 De8 37.Th6

(oder 37.Th4 b6! 38.Txc4 Db5 39.Tb4 Dxf5 40.Tf4 De6 41.Tf3 De4 42.Txf6 Th8 43.Kg1 Txh2!! 44.Kxh2 Th7+ 45.Kg1 Dh1+ 46.Kf2 Th2+ mit Damengewinn)

37...b6 38.Td5

(nicht aber 38.Txc4 Db5 39.Tb4 Dxf5!)

38... Th8 39.Th8 Dxh8 40.Kg1

(40.Kg2 Dc8 mit der heimtückischen Idee, 41... Dc7 zu spielen und anschließend mit dem Manöver Kb7-c6 den Turm auf d5 zu erobern.)

40...Dh6! und Schwarz kommt schließlich doch in Vorteil, da De3+ nicht zu verhindern ist. Danach fällt der Bauer f5 und der weiße Turm kommt in Bedrängnis.

34...Tge8 35.Th4 Da4! 36.Tc5

In großer Zeitnot begeht Weiß noch diesen Fehler, der Schwarz den Sieg erleichtert. Aber auch nach 36.Td5 Dxc2 37.Txh5 De4 38.Td6 Dg4 39.Th4 Dxf5+ 40.Tf4 Dh7! dürfte der Gewinn nur eine Frage der Zeit sein.

36...b6

Weiß gab auf, denn nach 37.Td5 Dc6 geht bei vollem Brett sein Turm verloren. Ein hochinteressantes Endspiel, in dem die schwarzen Schwerfiguren maximale Wirkung erzielten.

Partie Nr. 36
Suetin – Uhlmann
Berlin 1967

1.e4 e6 2.d4 d5 3.Sc3 Lb4 4.e5 Se7 5.a3 Lxc3+ 6.bxc3 c5 7.a4 Sc6 8.Sf3 Da5 9.Ld2 Ld7 10.Le2 c4

Besser ist 10...f6, wodurch der Springerausfall Sg5 verhindert wird.

11.0-0 f6 12.exf6 gxf6 13.Te1

Neben der Möglichkeit 13.Sh4, die wir in der vorigen Partie erlebt haben, ist der Textzug die logische Antwort.

13...0-0-0 14.Lf1 Sf5 15.Dc1

Weiß möchte auf der halboffenen b-Linie einen Angriff aufbauen. Er nutzt dazu die schwarzen Felder auf den Diagonalen h2-b8 und a3-f8.Die Chancen von Schwarz liegen in der g-Linie und der eventuellen Besetzung des Feldes e4 durch einen Springer.

15...h5 16.Da3 Tg8 17.Tab1 Sd8

Dieser Zug verhindert 18.Tb5 mit Verdoppelung der Türme und schützt die Punkte b7 und e6.

18.Tb4 Th7 19.h3 Thg7 20.Lf4 Lc6 21.Kh2 Kd7!

Dieses interessante Königsmanöver ist frei von jeglicher Schablone. Die Majestät übernimmt die Verteidigung des Punktes e6, so dass Sf7-d6 folgen kann.

22.g3?!

Weiß verhält sich zu passiv und kommt dadurch ins Straucheln. Unbedingt notwendig war an dieser Stelle 22.Teb1.

22...Sf7 23.Dc1

Die ursprünglich geplante Idee 23.h4 und Lh3 scheitert an 23...S7h6 nebst Sg4+ mit gutem Spiel für Schwarz.

23...S7d6 24.Lxd6?!

Auch dieser Zug ist zu tadeln. Nach Abtausch des schwarzfeldrigen Läufers steigen die schwarzen Angriffschancen in der g-Linie.

24...Sxd6 25.De3

Der Versuch 25.Dh6 bringt nichts ein, da ja 25...Dd8 folgen kann und der Bauer h5 wegen 26...Th8 tabu ist.

25...Se4!

Ein dominierender Springer, der größte Gefahren im weißen Lager auslöst. Gleichzeitig wird die e-Linie geschlossen, so dass Schwarz sich völlig seiner Attacke in der g-Linie widmen kann.

26.Sd2 Dc7!

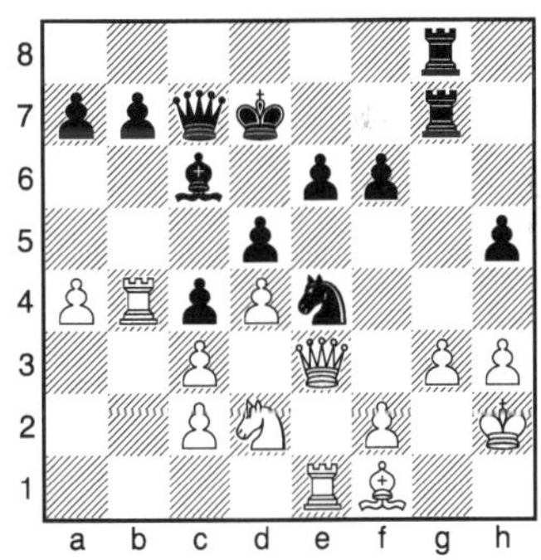

Nach diesem starken Zug nimmt das Schicksal seinen Lauf. Wegen der Drohung 27...Txg3 28.fxg3 Txg3 muss Weiß wohl oder übel auf e4 tauschen. Danach steht er der Drohung h4 wehrlos gegenüber.

27.Sxe4 dxe4 28.Lxc4

Was sonst? Der Vorstoß 28...h4 soll durch 29.Tg1 pariert werden. Verlieren würde zum Beispiel 28.Kh1 wegen 28...Txg3! 29.fxg3 Txg3, und wenn die weiße Dame zieht, entscheidet das Abzugsschach 30...e3+. Am meisten Widerstand leistete noch der Versuch, selbst h4 zu spielen, aber nach 28...Ld5 nebst f5 steht Schwarz in Anbetracht der ständigen Drohung f4 ebenfalls besser.

28...h4 29.Teg1 f5 30.Tb1

Verderblich wäre jetzt 30.Lb5 f4! 31.Dxe4 fxg3+ 32.fxg3 Txg3 mit Gewinn für Schwarz.

30...hxg3+ 31.fxg3 Txg3!

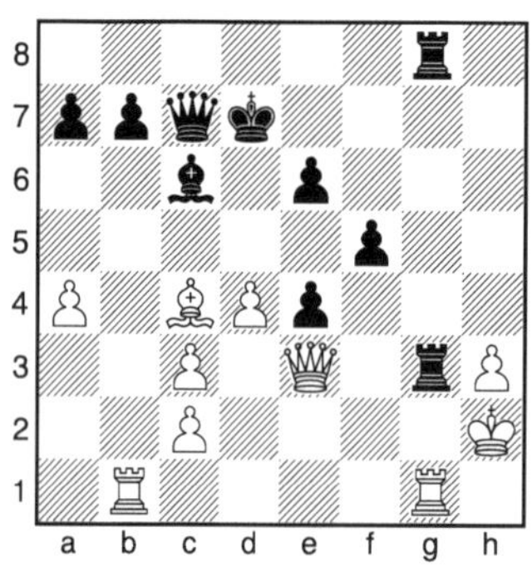

Mit dieser schönen Schlusskombination krönt Schwarz seine Spielführung. Die g-Line ist aus weißer Sicht überlastet und in allen Abspielen droht ein vernichtendes Abzugsschach. Von wesentlicher Bedeutung ist auch die Tatsache, dass nun die Verbindung der weißen Türme gestört wird.

32.Txg3 f4! 33.Txg8 fxe3+ 34.Kg2 Kd6!

Erst dieser stille Zug garantiert den Sieg, denn auf 34...Df4 hätte Weiß noch die Antwort 35.Tf1 zur Verfügung.

35.Le2?

Das beschleunigt den Untergang, aber die zahlreichen Drohungen waren sowieso nicht mehr zu parieren; z.B. 35.Tf1 Lxa4 36.Le2 Dxc3 nebst Dd2 mit Gewinn, oder 35.Lf1 Df7! nebst Df2+ und e2 bzw. 35.Tg6 Ld7 ebenfalls mit vernichtendem Einbruch in der c-Linie.

35...Df7

Weiß gab auf, denn er verliert eine Figur.

Partie Nr. 37

Hazai – Uhlmann

Halle 1981

1.e4 e6 2.d4 d5 3.Sc3 Lb4 4.e5 Se7 5.a3 Lxc3+ 6.bxc3 c5 7.a4 Sc6 8.Sf3 Da5 9.Ld2 Ld7 10.Lb5

Ein ungewöhnlicher Zug, der als Überraschungseffekt gedacht ist. Weiß möchte 10...a6 provozieren, um nach 11.Le2 in die Hauptvariante einzulenken. Das geschwächte Feld b6 könnte dann Bedeutung erlangen.

10...c4

Eine logische Erwiderung auf den Läuferausflug nach b5. Jetzt muss Weiß über kurz oder lang auf c6 tauschen. Als sehr riskant erwies sich (in der Partie Suetin–Uhlmann, Bad

Wildbat 1997) die Folge 10...f6 11.De2 fxe5 12.Sxe5 Sxe5 13.Dxe5 Lxb5 14.c4! Db6 15.dxc5 (15.axb5 cxd4 16.Lg5! mit Vorteil) 15...Dxc5 16.cxb5 0-0 17.Dxe6+ Kh8 18.0-0 Sf5 19.Tae1 Sd4 20.De5 Dc4 21.c3 Sf5 22.Lc1 h6 23.La3 Tf6 24.Le7 Sxe7 25.Dxe7 b6 26.Td1 mit geringfügigem Vorteil für Weiß.

11.Dc1 f6

Auch jetzt ist dieser Sprengungszug das richtige Rezept. Weiß wird gezwungen, auf f6 zu tauschen, wonach Angriffsaktionen in der offenen g-Linie möglich sind.

12.exf6 gxf6 13.0-0 Tg8 14.Tfe1 Kf7!

Durch die Aussperrung des Läufers auf b5 drohen Schwarz keine Gefahren auf den weißen Feldern. Der schwarze König kann somit unkonventionell den Bauer e6 schützen. Gleichzeitig wird die Verbindung der Türme ermöglicht, wonach ihre Verdoppelung in der g-Linie vorbereitet werden kann.

15.Kf1

Weiß möchte gern 16.Lf4 spielen, um den Gefahren auf der halboffenen Linie zuvorzukommen. Sofort war 15.Lf4? nicht möglich wegen 15...Dxc3 16.Ld2 Dxf3 mit Vorteil.

15...Sf5 16.Lf4 h5 17.h3 Tg6 18.Da3 h4!

Schwarz bereitet ein Qualitätsopfer vor. Das sofortige 18...Tag8 würde wegen 19.g3 nichts einbringen, denn danach ist die g-Linie nur schwer aufzubrechen.

19.Sh2!

Weiß bereitet die Blockade der g-Linie mittels Sg4 vor.

19...Tag8 20.Sg4 Txg4

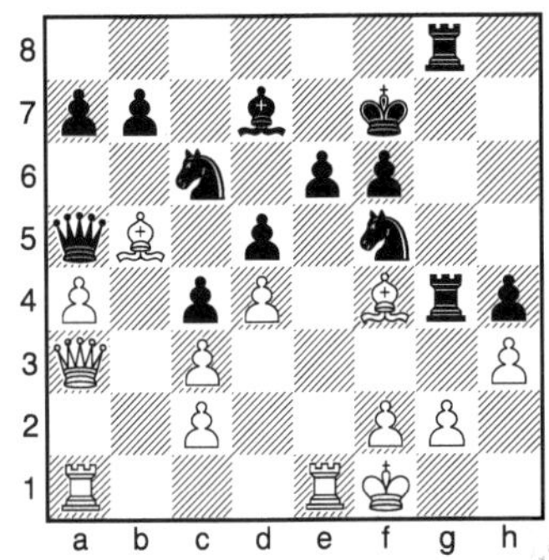

Ein mutiges Qualitätsopfer, um auf lange Sicht den Angriff auf der g-Linie zu intensivieren. Meine Überlegungen bestanden darin, dass die Dame mittels Dd8-g8 Druck macht und der Bauer h4 für Gefahren sorgt.

21.hxg4 Txg4 22.Lh2 Dd8 23.f3

Weiß kommt um diese Schwächung nicht herum, weil die zweite Reihe verteidigt werden muss.

23...Tg6 24.Dc1 Dg8 25.Dd2 Sg3+

Schwarz erzwingt den Tausch des Läufers. 26.Kf2 scheitert an 26...Se4+ nebst Txg2.

26.Lxg3 Txg3 27.Lxc6 bxc6?!

Eine Ungenauigkeit, die Weiß in einigen Abspielen die Gelegenheit einräumt, die offene b-Linie zu nutzen. Besser war deswegen 27...Lxc6.

28.Te2 h3!

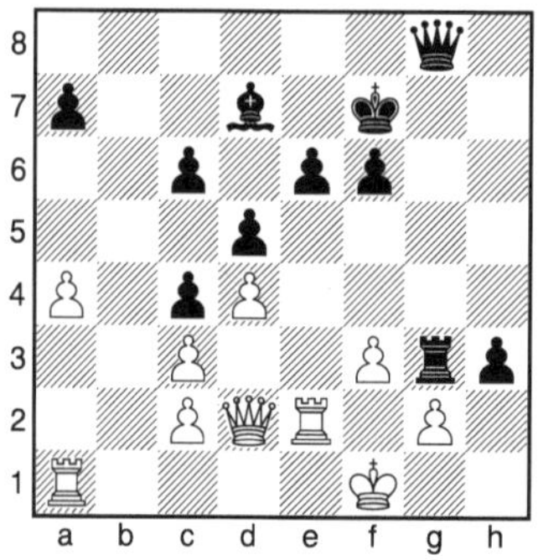

Mein Gegner befand sich schon etwas in Zeitnot und wollte mit ...

29.Tb1?

... eine Falle stellen. Er hätte aber besser mit 29.Kg1 die Hauptgefahren abwenden sollen. Wahrscheinlich fürchtete er 29...Txf3, jedoch zu Unrecht, denn dann wäre 30.Tb1! stark, da der Turm unangenehm auf b7 eindringen könnte. Ich wollte auch auf 29.Kg1 mit 29...Db8 fortsetzen, was 30.Kh2 verhindert und nach 30.Dh6 die Folge 30...Db2 ermöglicht. Weiß hätte Vorteil gehabt. Es folgte wie erwartet ...

29...h2

... und als Erwiderung ...

30.Dh6?!

Nach dieser zweiten Ungenauigkeit fiel Weiß aus allen Wolken, als ...

30...Txf3+

... geschah. Da das Fallblättchen schon Alarm signalisierte, war seine Antwort ...

31.Tf2

... verständlich. Das ist aber der Verlustzug. Es musste unbedingt 30.Ke1! geschehen. Nach 31...Dg3+ gibt es tolle Varianten wie etwa 32.Kd2 Td3+. Ein Turmopfer von bester Güte.

1) 33.cxd3 Dxd3+ 31.Kc1 Dxc3+ 32.Tc2 De1+ 33.Kb2 Db4+ 34.Ka1 Da3+ 35.Ta2 Dc3+ 36.Tbb2 De1+ mit Dauerschach.

2) Ein hochinteressantes Abspiel wäre 33.Kc1!? gewesen; z.B. 33...Txc3

a) Nun wäre 34.Tb7 allerdings ein fataler Fehler wegen 34...Dg5+ 35.Dxg5 h1D+ 36.Kb2 fxg5 37.Kxc3 Da1+ mit Gewinn.

b) Deswegen müsste zunächst 34.Dh7+ geschehen mit der Folge 34...Kf8 35.Tb7

(nicht 35.Tb8+ Dxb8 36.Dh8+ Ke7 37.Dxb8+ h1D+ mit Gewinn)

35...Ta3!

Danach hat Weiß keine Zeit, den Läufer mit 36.Txd7 zu schlagen, weil er nach 36...Ta1+ 37.Kb2 Da3+ bzw. 37.Kd2 c3 matt gesetzt würde.

Deswegen spielt er am besten 36.Kb1. Jetzt hätte Schwarz den studienhaften Zug 36...Dh3!! zur Verfügung, der nach z.B. 37.Tb8+ (37.Dxh3? Txh3-+) 37...Le8! auf komplizierte Weise zum Remis durch Dauerschach führen würde

31...Dg6!!

Dieser Zug kommt unerwartet und sichert den Gewinn. Weiß muss die Damen tauschen, da 32.Dxh2 an 32...Txf2+ 33.Kxf2 Dxc2+ nebst 34...Dxb1 im Endeffekt zum Figurenverlust führt.

32.Dxg6+ Kxg6 33.Ke2 Txc3 34.Kd2 Tg3

Ungenau wäre 34...Ta3 35.Tf3! Txa4 36.Th3, denn Weiß hätte noch Gegenspiel.

35.Th1 c3+ 36.Kc1 Tg4!

Dieser Zug sichert endgültig entscheidenden Vorteil. Die schwarze Bauernwalze ist nun nicht mehr aufzuhalten und außerdem wird der Läufer noch quicklebendig.

37.Txh2 Txd4 38.Tf3 e5!

Bis zum Schluss ist Präzision notwendig. Nach dem überhasteten Zug 38...Txa4? und der Antwort 39.Tg3+ könnten die weißen Türme noch großes Unheil anrichten.

39.Tc3

Jetzt wäre auf 39 Tg3+ die Antwort 38...Lg4 möglich.

39...Txa4 40.Tg3+ Lg4! 41.Tc3 e4! 42.Th8

Auf 42.Txc6 geschieht 42...e3 und der Bauer ist nicht mehr aufzuhalten.

42...Ta1+ 43.Kb2

Dieser Königszug ist erzwungen, da 43.Kd2 Td1+ 44.Ke3 d4+ Turmgewinn für Schwarz bedeuten würde.

43...Tg1 44.g3 Lf3 45.Thd8

Auch jetzt verliert 45.Txc6 wegen 45...e3 46.Te8 e2 47.Tce6 Le4!.

45... Td1 46.Txc6 e3 47.Tf8 Le4!

Der starke Läufer garantiert den Vormarsch des e-Bauern.

48.Txf6+ Kg5 49.Tf7

Auf 49.Tf1 gewinnt 49...e2.

49...Kg4!

Damit vermeidet Schwarz ein mögliches Dauerschach. Der Bauer g3 wird als Schutzschild genutzt, um auf g2 ein sicheres Fluchtfeld für den König zu haben.

50.Tf4+ Kh3 51.Th4+ Kg2 52.Tf4 Td2

Weiß gab auf. Eine aufregende Partie, in der Schwarz immer die Initiative hatte. Das Beste, was Weiß hätte erzielen können, wäre ein Remis durch Dauerschach gewesen.

Partie Nr. 38

Ghinda – Uhlmann

Zinnowitz 1976

1.e4 e6 2.d4 d5 3.Sc3 Lb4 4.e5 Se7 5.a3 Lxc3+ 6.bxc3 c5 7.Sf3 Ld7 8.Ld3

Mit dem Textzug möchte Weiß das Tempo 8.a4 einsparen und schnell einen Angriff am Königsflügel einleiten. Der Nachteil besteht aber darin, dass der schwarze Läufer auf a4 eine aktive Position einnehmen kann. Bekanntlich ist ja der Damenläufer das Sorgenkind der Französischen Verteidigung. Danach wäre 9.dxc5 uneffektiv, weil Schwarz mittels 9...Sd7 sofort Druck gegen die Bauern c5 und e5 machen kann. Deswegen empfiehlt die moderne Theorie, dass man besser 8.Le2 spielen soll.

Eine interessante Idee stammt von Schachfreund Ljuboschitz, nämlich sofort 8.dxc5 zu spielen. Die Absicht besteht darin, frühzeitig mittels Lf4 das Zentrum zu stärken.

1) Nach 8...Sc6 9.Tb1 Dc7 10.Lf4 Sg6 11.Lg3 hat Weiß gutes Spiel, da 11...Sgxe5 12.Sxe5 Sxe5 an 13.Dh5 scheitert.

2) Schwarz sollte deshalb besser 8...Sg6 spielen, um das Manöver Lf4 zu unterbinden. Nach 9.Ld3 Sc6 10.Lxg6 fxg6 dürften die Chancen gleich sein.

8... La4 9.Sg5

Eine Neuerung des rumänischen Spielers, die er im Analysierstübchen speziell gegen den Französisch-Spezialisten vorbereitet hatte. Eine Hauptfortsetzung an dieser Stelle ist (außer 9.0-0) 9.Tb1 und nach 9...Dc7 10.dxc5 Sd7 11.Tb4! ist Vorsicht geboten, da 11...Sxc5? an 12.Txa4 Sxa4 13.Lb5+ scheitert. Also müsste Schwarz 11...Lc6 spielen. Nach dem interessanten Textzug muss die beste Erwiderung gefunden werden.

9...h6 10.Dh5 g6 11.Dh4! Sf5!

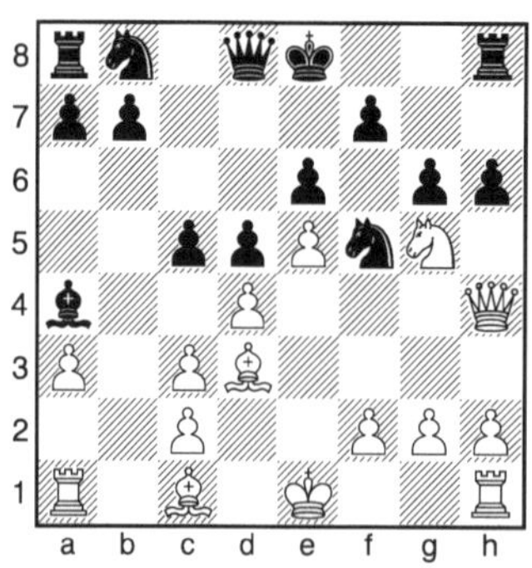

Der Zug ist ebenso stark wie auch notwendig. Ein Reinfall wäre jetzt 11...c4 wegen der Opfermöglichkeit 12.Sxf7!, worauf folgen könnte: 12...Kxf7 13.Df6+ Kg8 14.Dxe6+ Kg7 15.Df6+ Kg8 16.Lxg6 und Weiß besitzt bei fortdauerndem Angriff drei Bauern für die Figur.

12.Lxf5 gxf5 13.Dh5 De7!

Der richtige Damenzug entscheidet wesentlich über den weiteren Fortgang der Partie. Schwarz musste die Abwicklung mindestens bis zum 18. Zug im Auge haben. Auf 13...Dd7 hätte Weiß nach 14.Sf3 Lxc2 15.0-0 nebst Lg5 starken Angriff erhalten, da der schwarze König nicht mehr zur Rochade kommt.

14.Sh3 Sd7 15.Lg5 Df8 16.Lh4 cxd4 !

Damit löst Schwarz seine Eröffnungsprobleme.

17.cxd4

Falls 17.Sf4, so 17...Dc5 18.0-0 Sf8 19.Lf6 Th7 und Schwarz hat genügend Gegenspiel im Zentrum.

17...Dg7! 18.Sf4?!

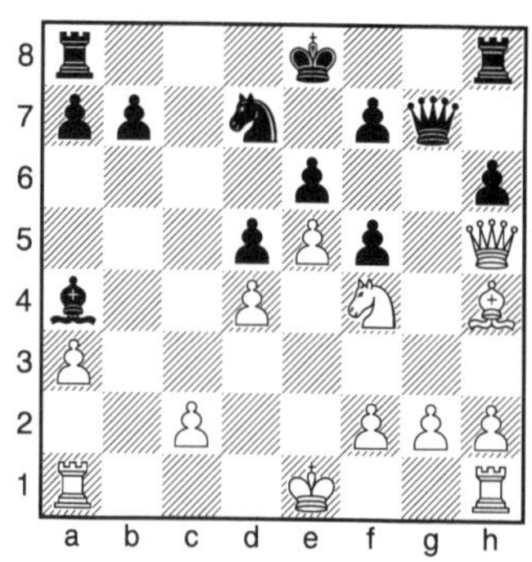

Weiß erkennt nicht die Tücke des vorangegangenen Damenmanövers. Den Vorzug verdiente hier 18.0-0

Dg4 19.Dxg4 fxg4 20.Sf4 Tc8 mit geringem Vorteil von Schwarz aufgrund der Bauernschwäche c2. Ein Angriffsspieler wie Ghinda sucht aber die Entscheidung lieber mit taktischen Mitteln.

18...Sxe5

Die Pointe der schwarzen Verteidigung. Jetzt scheitert 19.dxe5 an 19...Dxe5+. Andererseits folgt auf 19.0-0 Sg6 und Schwarz behauptet bei sicherer Stellung seinen Mehrbauern. Weiß hatte wahrscheinlich nur mit 18...Dg4 gerechnet, wonach 19.Sxe6! Vorteil für ihn ergeben hätte, da 19...Dxh5 an 20.Sg7+ scheitert.

19.Sxe6!

Weiß hat keine Wahl und muss sich auf die folgenden Verwicklungen einlassen.

19...Dxg2 20.0-0-0

Die einzige Verteidigung.

1) Auf 20.Kd2 entscheidet 20...Df3! 21.The1

(Nach 21.Dxf5 Sc4+ 22.Ke1 Dh1+ triumphiert Schwarz.)

21...Dxh5 22.Sg7+ Kf8 23.Sxh5 Sf3+ nebst Sxh4 mit Figurengewinn.

2) Oder 20.Ke2 De4+ 21.Kd2 Sc4+ 22.Kc3 Dxc2+ 23.Kb4 Db2+ 24.Kc5 Db5#.

20...De4!!

Schwarz hat keine Zeit, seinen Angriff mittels 20...Tc8 zu verstärken. Nach 21.dxe5 De4 22.Dxf5!! und der Folge 22...Txc2+ 23.Kb1 Dc4 24.Sg7+ Kf8 25.Se6+ könnte Weiß noch ewiges Schach geben.

21.Dxf5!!

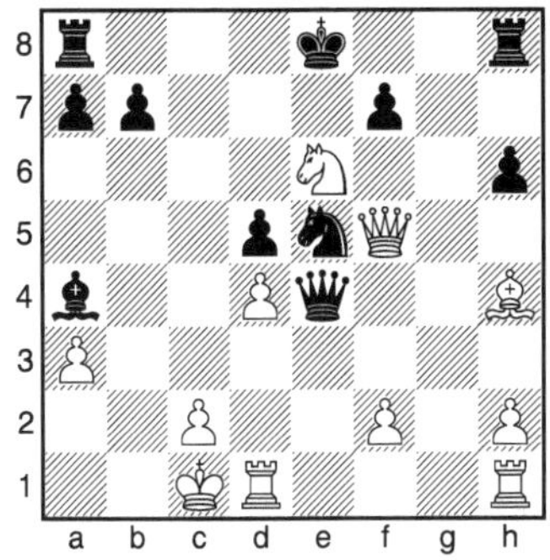

Mit diesem studienartigen Zug findet auch Weiß die einzig richtige Erwiderung.

21...Dxf5 22.Sg7+ Kd7 23.Sxf5

Nach spannendem Schlagabtausch ist ein Endspiel mit geringem Vorteil für Schwarz entstanden. Der weitere Verlauf wird aber ebenfalls zur Delikatesse, weil es darum geht, den Minivorteil in einen Sieg umzumünzen.

23...Sf3! 24.Td3!

Falsch wäre 24.Lg3 Tac8 25.Se3 Tc6 nebst Thc8 mit Eroberung des Bauern c2.

24...Sxh4 25.Sxh4 Tac8 26.c3 The8! 27.Kd2

Weiß verteidigt sich sehr aufmerksam. Nach 27.Tf3 wäre 27...Te4! 28.Sf5 Tc6 günstig für Schwarz.

27...Lb5! 28.Te3 Txe3 29.fxe3 Tg8!

Es ist immer wertvoll, eine Linie als Erster zu besetzen. Jetzt droht 30...Tg4 und der Turm dringt anschließend auf der zweiten Reihe ein. Weiß muss daher eine weitere

Schwächung am Königsflügel in Kauf nehmen.

30.h3 Tg3!

Durch den gleichzeitigen Angriff auf die Bauern e3 und h3 wird das entlastende Manöver 31.Ke1-f2 unterbunden.

31.Th2 Lc4 32.Sg2

Falls Weiß aktiv 32.Tf2 spielt, folgt 32...Txh3 33.Txf7+ Ke6 34.Tf4 Th2+ 35.Kc1 Ld3! 36.Sf3 Tc2+ 37.Kd1 Txc3 mit klarem Vorteil.

32...Tg3-g6!

Im Hinblick auf das drohende Ta6, muss der weiße Springer weiterhin passiv bleiben.

33.Se1 Ke7 34.Tf2 Tg3 35.Tf3 Tg1 36.Tf2 Th1 37.Sf3

Damit hat Schwarz ein weiteres Teilziel erreicht, denn Weiß muss seine Klammerstellung aufgeben. Er durfte nicht 37.Tf3 ziehen, weil nach 37...Th2+ 38.Kc1 Te2 39.Sc2 Ld3 nebst Le4 Material verloren geht.

37...f6!

Dem weißen Springer soll das ideale Feld e5 verwehrt werden.

38.Sh4

Auf 38.h4 gewinnt 38...Ta1.

38...Txh3 39.Sg6+ Kf7 40.Se5+ Ke6 41.Sg6

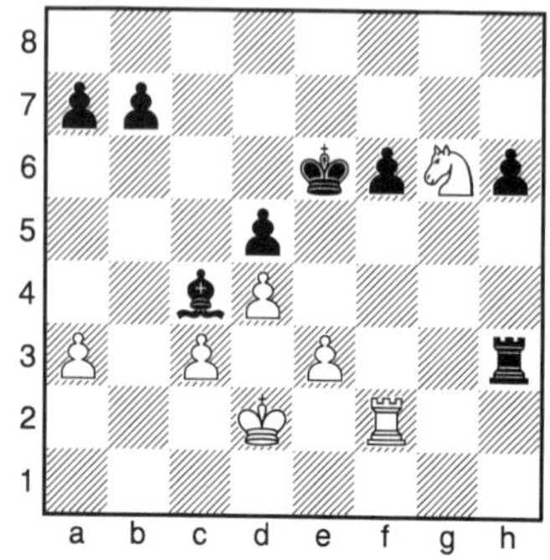

Der Abgabezug meines Gegners. Hoffnungslos wäre der Tausch auf c4 mit Übergang in ein Turmendspiel, in dem Schwarz die Oberhand hätte. Nach 41.Sxc4 dxc4 würde der schwarze h-Bauer unaufhaltsam laufen.

In Frage kam aber 41.Sg4 f5 42.Se5 h5 43.Tg2 h4 44.Tg6+ Ke7 45.Tg7+ Kd6 46.Txb7 Th2+ 47.Kd1

(47.Kc1 Te2 48.Th7 Txe3 49.Txh4 Txc3+ 50.Kb2 Tb3+ nebst Txa3 bringt Schwarz den Sieg.)

47...h3 48.Th7 Le2+ 49.Ke1 Lg4! 50.Kf1

(50.Txa7 Tg2! 51.Kf1 Le2+ mit Gewinn für Schwarz, oder 51.Sxg4 fxg4 52.Kf1 g3 und Schwarz dominiert ebenfalls.)

50...Ta2, wonach der a-Bauer erobert wird.

41...Th1 42.Sf8+ Ke7! 43.Sg6+

Weiß darf nicht 43.Sh7 ziehen, weil nach 43...Tf1! 44.Th2 Kf7 45.Txh6 Kg7 sein Springer gefangen ist.

43...Kf7 44.Se5+ Ke6 45.Sg4

Auch jetzt wäre das Turmendspiel nach 45.Sxc4 wieder leicht gewonnen für Schwarz.

45...f5 46.Se5 Ta1! 47.Tf3 Ta2+ 48.Ke1

Auch 48.Kc1 Txa3 49.Kb2 Ta2+ bringt keine Erleichterung.

48...Txa3 49.Th3 Txc3 50.Txh6+ Ke7 51.Th7+ Kf6 52.Kf2

Aussichtslos ist ebenso 52.Txb7 Txe3+ 53.Kd2 Ta3.

52...Tb3 53.Kf3 Tb1 54.Sd7+ Kg5 55.Tg7+ Kh6 56.Tg3 Tf1+ 57.Kfg2 f4!

Die einfachste Art, den Gewinn zu sichern. Schwarz muss lediglich in einigen Abspielen noch darauf achten, dass die Randstellung des Königs kein Dauerschach ermöglicht.

58.exf4 Txf4 59.Se5 Txd4 60.Sf7+

Oder 60.Sg4+ Kg5 und Schwarz entscheidet die Partie für sich.

60...Kh5

Weiß gab auf. Eine begeisternde Kampfpartie, in der alle Phasen – Eröffnung, Mittelspiel und Endspiel – hochinteressant waren.

Partie Nr. 39
T. Pähtz – Uhlmann
Fürstenwalde 1981

1.e4 e6 2.d4 d5 3.Sc3 Lb4 4.e5 c5 5.Dg4?!

Weiß hat es unterlassen, den an dieser Stelle üblichen Zug 5.a3 einzuschalten. Durch den frühzeitigen Damenausfall ergeben sich für Schwarz vollkommen neue Bekämpfungsmethoden der Stellung.

5...Se7 6.a3 Da5!?

Dieses Manöver ist jetzt möglich, weil die weiße Dame nicht mehr auf d1 steht. Sonst würde dieser Zug immer an 7.axb4 Dxa1 8.Sb5 mit klarem weißem Vorteil scheitern.

7.Ld2

Überlegenheit für Schwarz bringt die Folge 7.axb4 Dxa1 8.Ke2 cxd4 9.Sb5 0-0 10.Sc7 Ld7! 11.Sxa8 Sa6! und der Springer auf a8 geht verloren.

7.... cxd4 8.axb4

Nur so ist größerer Nachteil für Weiß zu vermeiden. Auf 8.Dxd4 Sbc6 hätte Schwarz das bessere Spiel.

8...Dxa1+ 9.Sd1 Sc6

Möglicherweise geht auch 9...0-0 10.Ld3 (auf 10.Sf3 folgt 10...f5!) 10...Sbc6 11.Sf3 f5! und Weiß müsste erst beweisen, ob sein Angriff verheißungsvoll ist. Nach 12.Dh3 ergibt 12...Da4 mit der Drohung 13...Sxb4 schwarze Überlegenheit.

10.Sf3 Ld7

Jetzt wäre 10...0-0 gefährlich, denn Weiß kann nach 11.b5! Sa5 12.Ld3! zur entscheidenden Attacke übergehen.

11.Dxg7 0-0-0 12.b5 Sf5 13.Df6!

Nicht 13.Dxf7 Tdf8 14.Dh5 Sce7 15.g4 Se3! mit schwarzem Vorteil.

13...Sa5 14.g4 Sc4!

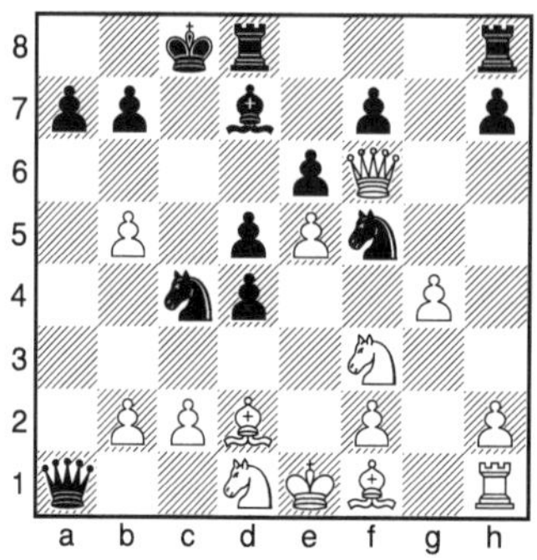

Ein erzwungenes, aber starkes Figurenopfer.

15.gxf5

Nach 15.Lxc4 hätten sich tolle Kombinationen ergeben; z.B. 15...dxc4 16.gxf5 Lxb5 17.Sxd4! Txd4!! 18.Dxh8+ Td8 19.Dxh7 c3!! 20.bxc3 Da2 und jetzt hätte Weiß den studienartigen Zug 21.c4! finden müssen, um Remis zu erzielen. Andernfalls wären die Drohungen Dxc2, Dd5 oder Dc4 tödlich gewesen. 21...Dxc4 22.Sc3! Txd2!! 23.Kxd2 Dd4+ 24.Kc1 Df4+ 25.Kb2 (auf 25.Kd1 folgt 25...Dd4+) 25...Db4+ 26.Ka2 Dc4+ und Schwarz gibt Dauerschach.

15...Sxb2 16.Le2 Lxb5! 17.Sxd4?

Danach sitzt Schwarz am längeren Hebel und gewinnt die geopferte Figur zurück. Besser war deshalb 17.Dxf7 exf5 und die schwarze Angriffsstellung dürfte den Vorzug verdienen.

Es droht 18...Lxe2 nebst 19...Da6+, aber auch gelegentlich der Bauernvorstoß nach d3.

17...Lxe2 18.Kxe2 Sxd1 19.Le3

Chancenlos für Weiß wäre 19.Sb5 Da6! 20.c4 Sb2 und gegen 21...Sxc4 gibt es keine Parade. Und auch 19.Txd1 Dxd4 20.fxe6 Dg4+ sieht Schwarz als Sieger.

19...Sc3+ 20.Kd3 Dxh1 21.Kxc3

Weiß versucht noch etwas im Trüben zu fischen. Der materielle Nachteil ist aber auf Dauer nicht aufzuwiegen.

21...De1+ 22.Kb2 Db4+ 23.Sb3 Kb8! 24.Lc5 Db5 25.Dxf7 exf5 26.e6 a5! 27.e7 Tc8 28.Ld4

Auf 28.Dxd5 folgt 28...Txc5! 29.Dxc5 Dxc5 30.Sxc5 Te8 mit leichtem Gewinn im Endspiel.

28...Te8 29.Ka3

Weiß gab gleichzeitig auf.

Partie Nr. 40
Unzicker – Uhlmann
Warna 1962

1.e4 e6 2.d4 d5 3.Sc3 Lb4 4.e5 Se7 5.a3 Lxc3+ 6.bxc3 c5 7.Dg4

Das ist garantiert das schärfste Abspiel im Nimzowitsch-System und in der Regel entwickelt sich ein Spiel auf Tod und Leben.

7...Dc7

Nach 7...Dc7 sind Bauernopfer an der Tagesordnung, da Königsangriff das Entscheidende ist. Häufig verbleiben beide Könige in der Grundstellung und kommen nicht zur Rochade. Die schwarze Antwort auf den Damenausfall unterliegt einem Modetrend. Immer wieder werden neue Ideen aufgespürt, so dass sowohl 7...Dc7 als auch 7...0-0 abwechselnd zur Anwendung kommen.

Nicht bewährt hat sich als Antwort 7...Sf5 8.Ld3 h5 9.Df4 Dc7 10.dxc5 Sa6 11.Lxf5 exf5 12.Se2 Sxc5 13.0-0 0-0 14.Sg3 Te8 15.Le3 Se6 16.Dxf5 h4 17.Sh5 Dxc3 18.Tad1 Sf8 19.Dg5 Dxe5 20.Txd5 Dxg5 21.Txg5 Sg6 22.Ld4 h3 23.Lxg7 Te2 24.Ld4 Txc2 25.Te1 Le6 26.Sf4 Te8 27.Sxh3 mit klarem Vorteil, Swidler – Pelletier 2002.

8.Ld3

Dieser Zug kommt momentan sehr selten vor, obwohl er durchaus seine Daseinsberechtigung hat. Die Angriffsspieler bevorzugen 8.Dxg7.

8...cxd4 9.Se2

Das ist die Idee des frühzeitigen Läuferzuges. Auf Kosten eines Bauern soll der weiße König doch zur Rochade kommen. Außerdem sollen beide Läufer größtmögliche Kraft entfalten.

9...dxc3

Eine interessante Möglichkeit dürfte 9...h5 sein, was in der Begegnung Velimirovic – Uhlmann, Vrsac 1973, geschah. Nach 10.Dg7! Tg8 11.Dh6! cxd4 12.Se2 dxc3 entsteht unklares Spiel.

10.Dxg7 Tg8 11.Dxh7

Nach neuesten Erkenntnissen ist 11.Dh6!? besser und dürfte die kritische Variante dieses Abspiels sein.

1) In der Partie Gazik – Uhlmann, Budapest 1987, erreichte Weiß nach 11...Sbc6 12.Lxh7 Th8 13.Lf4! Sf5 14.Dg5! Sce7 15.Lxf5 Sxf5 16.0-0 Ld7 17.Sg3! Vorteil.

2) Präziser wäre deshalb 11...Sd7 12.Lf4 (12.Lxh7 Th8!) 12...Sf8 (12...Sxe5 13.Lxh7 Txg2 14.Df6 S7c6 unklar) mit beiderseitigen Chancen.

11...Sbc6

Nach 11...Sd7 kann Weiß später seinen Springer vorzüglich auf d4 postieren.

12.Lf4!

Das ist immer wieder ein Hauptzug dieser Variante. Weiß will mit Lg3 die Gefahren in der g-Linie bannen und gleichzeitig den Bauern e5 unterstützen.

12...Ld7 13.0-0 0-0-0 14.Dh5

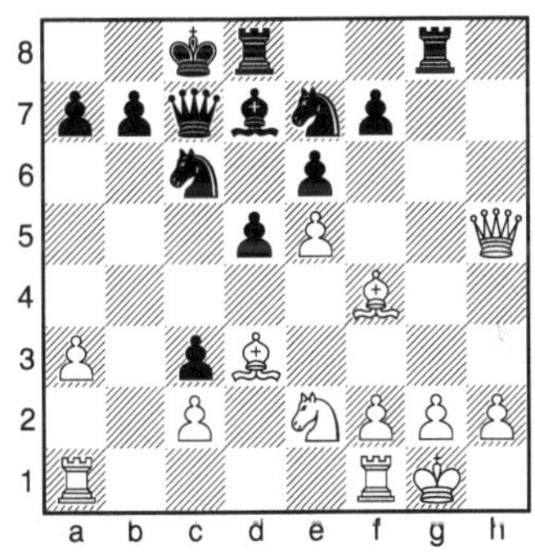

Den Vorzug verdient 14.Lg3 Sxe5 15.Tfe1

1) Aber jetzt nicht 15...Sf5 16.Lxf5 exf5 17.Dh4 mit Vorteil in der Partie Szalanczy – Uhlmann, Budapest 1989.

2) Sondern besser 15...Sec6 16.Sxc3

(16.Sd4? Sxd4 17.Lxe5 Sf3+ mit Figurengewinn)

16...Da5 17.Sb5 Tgh8 18.Dg7

(18.Sd6+ Kc7 19.Dg7 Thg8 20.Df6? Txg3 21.Sb5+ Kb8 22.hxg3 Sxd3! mit Figurengewinn)

18...Thg8 und Weiß muss Zugwiederholung durch 19.Dh7 anstreben. Jetzt wäre 19...Txg3 schlecht wegen 20.hxg3 Sxd3 21.Dxd3 und Weiß hat aufgrund des Qualitätsgewinns das bessere Endspiel.

14...d4 15.Lg3 Le8!

Ein feiner Zwischenzug, der die Drohung f5 aufstellt und zugleich den Bauern d4 nochmals überdeckt. Auf 16.Le4 würde stark 16...Sa5! mit der Doppeldrohung Sc4-d2 und f5 folgen.

16.Df3

Weiß opfert den Bauern e5 in der Hoffnung, auf den schwarzen Feldern genügend Gegenspiel zu erlangen.

16...Sxe5 17.Df6

Präziser ist 17.Df4 S7c6 18.Lh7 Txg3 19.Dxg3 f5 20.Lg8 Lf7 21.Lxf7 Dxf7 mit geringem Vorteil für Schwarz.

17...Lc6!

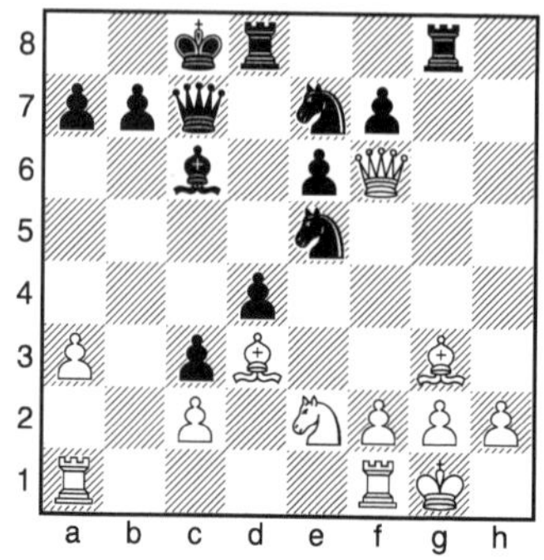

Statt des Textzuges wäre sofort das Qualitätsopfer 17...Txg3 besser gewesen. Nach 18.hxg3 Sd5 19.Dh6 Sxd3 20.cxd3 e5 21.Tfe1 Lb5 22.Sc1 f6 hätte Schwarz das bessere Spiel, weil die beiden Leichtfiguren aggressiver stehen.

18.Tfe1!

1) Natürlich nicht 18.Lxe5 Txg2+ 19.Kh1 Txf2+ 20.Kg1 Tg2+ 21.Kh1 Txe2+ mit leichtem Gewinn.

2) Auf den Zug 17...Lc6 war ich besonders stolz und muss reumütig bekennen, dass ich die mögliche Antwort 18.Lh7!? übersehen habe. Nach 18...Txg3 19.hxg3 Sd5 20.Dh6 wäre die Position vollkommen unklar gewesen.

18...Txg3!

Ein erzwungenes, aber auch sehr starkes Qualitätsopfer, das die stärkste weiße Figur beseitigt.

19.Sxg3

Sicherlich das Beste. Bei 19.hxg3 beraubt sich Weiß seines freien h-Bauern und damit seiner einzigen

Gegenchance, und nach 19.fxg3 Sd5 gefolgt von einem beliebigen Damenzug und 20...Sxd3 21.cxd3 dringt der Springer entscheidend auf e3 ein.

19...Sxd3 20.cxd3 Sg6

Die Stellungsbeurteilung besagt, dass Schwarz dank des gut postierten Läufers auf c6 und der Drohung Sf4 die besseren Chancen hat. Auch der Freibauer auf c3 ist eine Macht.

21.Se2

Das ist notwendig, um Sf4 zu verhindern. Sehr fragwürdig wäre 21.Txe6 wegen 21...Lxg2, oder auch 21...fxe6 22.Dxe6+ Kb8 und nach 23.Dxg6 wäre der Freibauer auf c3 eine gewaltige Macht.

21...Dd7 22.h4

Um nicht kampflos zu verlieren, versucht Unzicker sein Glück mit dem Freibauern in der h-Linie und hofft, die schwarzen Figuren am Angriff hindern zu können.

22...e5 23.h5 Dg4 24.Sg3 Sf4! 25.h6

In beiderseitiger Zeitnot wählt Weiß den verkehrten Weg. Der Freibauer auf h6 soll es richten. Schlecht wäre ebenfalls 25.Df5+ Dxf5 26.Sxf5 Sxd3 mit Gewinn. Demzufolge war es bereits sehr schwer, einen guten Plan zu finden. Der chancenreichste Versuch wäre 25.Txe5 gewesen. Nach 25...Sxd3 26.Te7 hätte Schwarz zwei Varianten zur Auswahl.

1) Nach 26...Df4 (zur Erzwingung von Damentausch) könnte folgen 27.Dxf4!?

(Nach 27.Txf7 Dxf6 28.Txf6 e3 gewinnt Schwarz).

27...Sxf4 28.Txf7 und jetzt müsste man den feinen Zug 28...Sxh5!! finden, der immer noch gute Gewinnchancen geboten hätte; z.B. 29.Sxh5 d3 30.Tf4 b5! 31.Tf5 (31.Tf6 Kb7) 31...Td5 32.Txd5 Lxd5 33.Tc1 d2 34.Txc3+ Lc4! nebst 35...d1D+.

2) Die zweite Möglichkeit wäre 26...c2 gewesen. Hier hätte man aber sehr weit rechnen müssen; z.B. 27.h6

a) Ein Fehler wäre jetzt 27...c1D+ 28.Txc1 Sxc1 29.h7 und gegen 30.h8D gibt es keine Verteidigung mehr.

b) Richtig ist deswegen 27...Dd1+ 28.Txd1 c2xd1D+ 29.Kh2 Dd2! 30.h7 Sxf2 31.Dg7 Dxh6+!! 32.Dxh6 Sg4+ mit Damengewinn.

25...Sxg2

Eine Abwicklung, die mich fasziniert. Wesentlich einfacher war 25...Dg6!, was Damentausch erzwingt. Das entstehende Endspiel wäre leicht gewonnen.

26.h7 Dh3 27.Txe5?

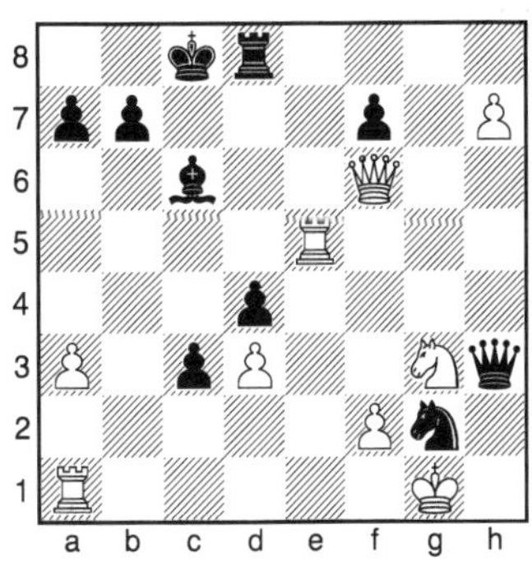

Danach gewinnt Schwarz sofort. In Zeitnot hätte Weiß unbedingt

27.Df5+ versuchen müssen. Folgender studienhafte Gewinnweg hätte sich ergeben können: 27...Dxf5 28.Sxf5 Sxe1!! 29.Se7+ Kb8 30.Sg8 Sf3+ 31.Kf1 e4!!.

Erst dieser stille Zug mit der vernichtenden Freibauernbildung würde zum Gewinn führen.

32.h8D

(nicht 32.dxe4? Lb5+ 33.Kg2 Sh4+ nebst Sg6 mit Gewinn)

32...exd3!

1) 33.Dg7 c2 34.Se7 d2! 35.Saxc6+ Ka8! und gegen d1D oder c1D gibt es keine Verteidigung mehr.

2) 33.Dh7 d2 34.Sf6

(34.Se7 Lb5+ 35.Kg2 c2 36.Dxc2 Se1+!! 37.Txe1 dxe1S+ mit Gewinn)

34...c2 35.Dxc2 Lb5+ 36.Kg2 Se1+!! 37.Txc1 dxe1S+ nebst Sxc2.Schade, dass diese Abwicklung nicht aufs Brett kam, denn mir entging so eine Gelegenheit, eine unsterbliche Partie zu gewinnen.

27...Se3!

Weiß gab auf. Das Matt auf g2 ist nicht mehr zu verhindern. Eine großartige Kampfpartie, in der bis zur letzten Sekunde Mut und äußerste Präzision gefragt waren. Leider ist durch den Fehler 27.Txe5 nicht das fantastische Damenopfer zur Ausführung gekommen.

Partie Nr. 41

Sjasjutkina – E. Pähtz

Tschakwi 2015

1.e4 e6 2.d4 d5 3.Sc3 Lb4 4.e5 Se7 5.a3 Lxc3+ 6.bxc3 c5 7.Dg4

Das ist zweifellos das schärfste Abspiel des Nimzowitsch-Systems.

7...cxd4

Neben dieser Antwort hat natürlich auch 7...0-0 eine Daseinsberechtigung.

8.Dxg7 Tg8 9.Dxh7 Dc7 10.Se2 dxc3 11.f4 Sc6 12.Dd3 d4

Damit vermeidet Schwarz das Abspiel 12...Ld7 13.Sxc3 a6 mit komplizierten Varianten.

13.Sxd4

Danach ist eröffnungstheoretisch kein Vorteil zu erzielen. Gefährlicher ist 13.Sg3.

13...Sxd4 14.Dxd4 Ld7 15.Thg1 Sf5 16.Df2 Dc6

Die Damen haben sich theoretisch gut auf diese Position vorbereitet. Schwach wäre 16...Lc6 wegen 17.g4. Nach dem Textzug würde 17.g4 störend mit 17...De4+ 18.De2 Dd4 19.Lg2 Dc5 20.Df2 Sd4 21.Le4 0-0-0 und chancenreichem Spiel beantwortet; Vachier-Lagrave – Radjabow, Tiflis 2015.

17.Ld3 Dd5 18.Tab1

Auf 18.g4 kann Schwarz gut 18...Sd4 mit der Drohung Sf3+ spielen.

18...Lc6 19.Tb3 0-0-0

In dieser komplizierten Variante hat Schwarz nur Chancen, wenn schnellstens die Entwicklung beendet wird, ohne aufs Material zu schauen.

20.Txc3 Kb8 21.g4

Falls Weiß 21.Dc5 spielt, um die aggressive Dame auf d5 zu tauschen, wäre nach der Abwicklung 21...Txg2 22.Dxd5 Txg1+ 23.Kf2 Lxd5 24.Kxg1 die richtige Fortsetzung 24...Sd4!

(Nach 24...Tg8+ 25.Kf1! Th8 26.Lxf5 exf5 27.h3 hat Weiß Vorteil.)

25.Kf2 Th8 (oder 25.h3 Tg8+) 26.Ke3 Dc6 mit Vorteil für Schwarz.

21...Sd4 22.Tg3 Dh1+ 23.Lf1

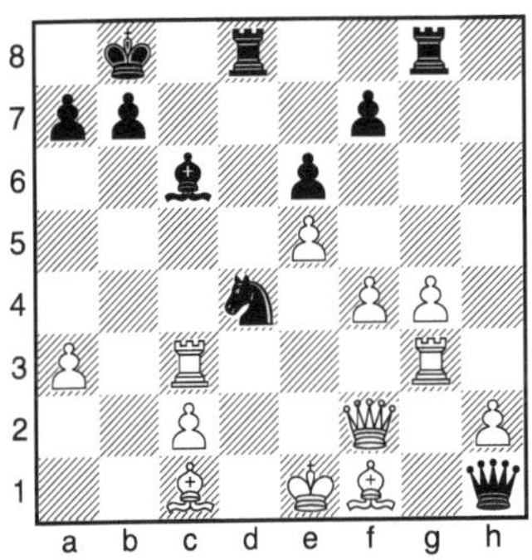

Eine kuriose Stellung: Weiß hat zwei Bauern mehr und zwei Türme auf der dritten Reihe, welche die Bauern verteidigen. Schwarz hat aber die bessere Königsposition, zwei aktive Türme und gut postierte Leichtfiguren auf c6 und d4.

Vorneweg muss man natürlich die taktische Möglichkeit 23...Txg4 prüfen. Diese scheitert an 24.Txg4 Sf3+ 25.Txf3 Lxf3 26.Dg1 Td1+ 27.Kf2 Txc1 28.Dxh1 Lxh1 29.Ld3 mit siegreichem Angriff, Lericzki – Racz, Ungarn 2011. Und dann muss man sich gegen die Drohung 23.Le3 wappnen. E. Pähtz fand die Neuerung 23...Ka8.

23...Ka8!?

Zur richtigen Zeit ein vorbeugender Verteidigungszug, um 24.Le3 mit 24...Sf3+ 25.Txf3 Lxf3 zu beantworten, ohne durch 26.Lxa7+ gestört zu werden.

24.h3

Ein nützlicher Zug, um die Gefährdung der Punkte g4 und h4 zu beseitigen. Leko spielte in dieser Position 24.Lb2 mit der Idee 25.Td3. Auf 25...Lb5 sollte 26.a4 folgen. Allerdings wäre auf 24.Lb2 die Antwort 24...Le4 sehr gefährlich. Die Drohung lautet 25...Lxc2, worauf 26.Txc2 an 26...De4+ 27.Te2 Sc2# scheitert. Somit müsste Weiß nach 24...Le4 mit 25.Tc4 fortfahren und nach 25...Sf3+ 25.Txf3 Lxf3 ums Remis kämpfen. Oder auch 25.Dg1 Sxc2+ 26.Txc2 Dxg1 27.Txg1 Lxc2 mit klarem Vorteil für Schwarz.

24...Td7 25.Td3 Lb5?!

Genauer war 25...Tgd8!, um die Spannung im Zentrum aufrecht zu erhalten. Weiß hätte keinen guten Zug gegen die Drohung 26...Sf3+. So folgt auf 26.Le3 eben 26...Sf3+ 27.Ke2 (27.Kd1 Sh2-+) 27...Sh2! 28.Dg1 (28.Txd7 Txd7 29.Txc6 Dxc6 30.Dxh2 Dxc2+ mit Gewinn) 28...Df3+ 29.Ke1 Sxf1 30.Dxf1 Dxf1 31.Kxf1 Lb5 mit Gewinn.

26.Td2?

Natürlich nicht 26.Txd4? Txd4 27.Dxd4? Dxf1+ 28.Kd2 De2#, aber mit dem Qualitätsopfer 26.Le3 Lxd3

27.cxd3! hätte Weiß durchaus noch guten Widerstand leisten – wenn nicht sogar die besseren Chancen erhalten können.

26...De4+ 27.Kd1 Td8

Das Bild hat sich vollkommen geändert. Alle schwarzen Figuren stehen vorzüglich, und zudem war Weiß wahrscheinlich bereits in Zeitnot.

28.Te3?

Noch ein schwacher Zug, da jetzt wiederholt die Dame auf h1 große Gefahren auslöst.

28...Dh1 29.Te1 Dc6 30.Lg2? Dc3

Die Schlinge um den weißen Hals wird immer enger.

31.De3 Da1

Es ist kurios. Die schwarze Dame, die von h1 nach a1 dirigiert wurde, hat immer neue Fesselungen bewirkt. Es gibt keine Verteidigung mehr.

32.De4 Lc6 33.Dd3 Lxg2 34.Te3 Lf3+ 35.Txf3 Sxf3 36.Dxd7 Txd7 37.Txd7 Kb8 38.Td3 Sh4 39.Kd2 Sg6 40.Kd1 Sxf4 41.Tf3 Dd4+ 42.Ld2 Dg1+ 43.Le1 Sg2

Weiß gab auf. Eine theoretisch wertvolle Partie und bis auf kleine Fehler (25...Lb5?!) ein interessantes Mittelspiel.

Partie Nr. 42
Enders – Uhlmann
Erfurt 1985

1.e4 e6 2.d4 d5 3.Sc3 Lb4 4.e5 Se7 5.a3 Lxc3+ 6.bxc3 c5 7.Dg4 Dc7 8.Kd1?!

Eine Neuerung, die erstmals in der Partie Tosic – Waiser zur Anwendung kam. Die Idee besteht darin, dass Weiß nach 8...cxd4 9.cxd4 das Zentrum intakt halten kann. In der Partie folgte 8...cxd4 9.cxd4 Sf5 10.Sf3 Sc6 11.Ld3 h5 12.Df4 Sce7 13.h4? Ld7 14.a4 Tc8 15.g4?! hxg4 16.Dxg4 Dc3! mit Vorteil.

8...0-0

Dieser Zug dürfte noch besser sein und den Königszug fragwürdig erscheinen lassen.

9.Sf3 f5! 10.exf6 Txf6 11.Ld3

Besser dürfte 11.Lg5 Tf8 12.Ld3 sein. Nach 12...Sbc6 mit der Idee c4 und eventuell e5 verdient aber auch hier die schwarze Position den Vorzug.

11...e5!

Ein starker Zug, wobei die Konsequenzen der anschließenden Fesselung in der Diagonale h2-b8 berechnet werden mussten. Falsch wäre 11...c4 gewesen. Nach 12.Lxh7+ Kxh7 13.Dh5+ Kg8 14.Sg5 Ld7

(Oder 14...Sg6 15.Dh7+ Kf8 16.h4! und Schwarz hat gegen h5 keine Verteidigung.)

15.Dh7+ Kf8 16.Dh8+ Sg8 17.Sh7+ Kf7 18.Sg5+ hat Weiß Dauerschach.

12.Dg3 c4! 13.Le2

1) Jetzt wäre der Zwischenzug 13.dxe5 verdächtig wegen 13...Txf3! 14.Lxh7+ Kxh7 15.Dxf3 Kg8 mit Vorteil.

2) Und auch nach 13.Dxe5 Dxe5 14.dxe5 Txf3 15.gxf3 cxd3 16.cxd3 Lf5 hat Schwarz das bessere Spiel.

13...Sc6! 14.h4

Schwarz braucht weder 14.Sxe5 Sf5 15.Df4 Sfxd4 zu fürchten – noch 14.dxe5 Tg6 15.Df4 (15.Dh4 Tg4 16.Dh3 Td4+ mit Damengewinn) 15...Txg2, denn beide Abspiele wären vorteilhaft für ihn.

14...Tg6 15.Dh2 Da5!

Im richtigen Moment entfernt sich die schwarze Dame aus der Fesselung, wonach Bewegung ins Zentrum kommt. Angesichts der Drohung Dxc3 hat Weiß keine Zeit, auf e5 zu schlagen.

16.h5 Tg4 17.Ld2?!

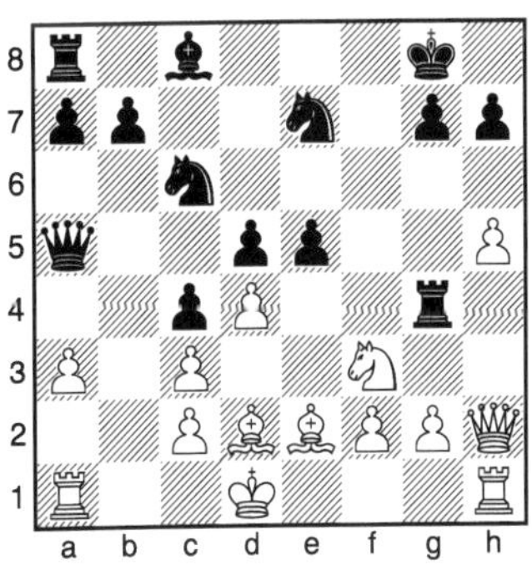

Die kritische Stellung, in der es lebenswichtig ist, den richtigen Plan zu finden. Zum einen ist bedingungsloser Angriff gefragt, zum anderen auch aufmerksame Verteidigung. Der Textzug ist hier fehl am Platze. Es musste unbedingt 17.dxe5 geschehen (nicht 17.Sxe5 wegen Dxc3 nebst Dxd4+ und Dxa1) 17...Dxc3 18.Ta2! Da5! mit Verwicklungen, obwohl Schwarz auch hier besser steht.

17...exd4 18.cxd4

Natürlich nicht 18.Sxd4 Sxd4 19.Lxg4 Lxg4+ 20.f3 Sxf3 mit Gewinn.

18...Da4!

Damit wird eine weitere Schwäche auf c2 anvisiert. Der weiße König kommt nicht mehr zur Ruhe.

19.Lc3 Lf5 20.Ta2 b5!

Und schon wieder taucht mit b5-b4 eine Drohung auf, die Weiß keine Zeit lässt, die Verteidigung zu stabilisieren. Jetzt wäre 21.Sxe5 schlecht wegen 21...Txd4+ 22.Lxd4 Sxd4 und der Bauer c2 ist anschließend nicht mehr zu verteidigen.

21.Se1 Te4 22.g4

Weiß sucht sein Heil in Verwicklungen. Auf 22.f3 gewinnt 22...Te3! 23.Kd2 Txc3 24.Kxc3 b4+.

22..Sxd4! 23.Lxd4 Txd4+ 24.Kc1 Da5 25.f3

Weiß hat keine Zeit für 25.gxf5 wegen des Mattspiels 25...Dd2+ 26.Kb2 c3+ 27.Kb3 Sc6! 28.Dc7 Tb4+!! 29.axb4 Sd4+ 30.Ka3 Dc1+ 31.Tb2 Dxb2#.

25....Da5-d2+ 26.Kc1-b1 c4-c3! 27.Se1-d3

Auf 27.gxf5? entscheidet 27...Dd1+!! 28.Lxd1 Txd1#.

27...Lxd3 28.Lxd3

Hoffnungslos wäre 28.cxd3 De3 und Weiß stünde der Doppeldrohung b4 und Tc8 wehrlos gegenüber.

28...Dxh2 29.Txh2 Tf8! 30.Te2

Es gibt keine Verteidigung mehr. So verliert 30.Tf2 wegen 30...Txg4.

30...Txf3!

Dank des Sargnagels auf c3 geht alles. Jetzt scheitert 31.Txe7 an 31...Tf1+ 32.Lxf1 Td1#.

31.Ta1 Kf7 32.Ka2 Txg4 33.Te1 Sf5 34.Te5

Auch die Abwicklung 34.Lxf5 Txf5 35.Te7+ Kg8! 36.Txa7 h6! bringt keine Erleichterung.

34...Sd4! 35.Txd5?

In Zeitnot versäumt Weiß noch eine minimale Chance, die in 35.Lxh7 bestand. Nach 35...Tf2 36.Txd5 Sxc2 37.Td7+ Kf6 38.Td6+ Kg5 39.Tg6+ Kxh5 40.Th1+ Th4 wäre das Endspiel aber ebenfalls verloren.

35...Txd3!!

Danach zappelt Weiß unweigerlich im Mattnetz.

36.cxd3 Tg2+ 37.Kb1

Oder 37.Ka1 Sb3+ 38.Kb1 Tb2#.

37...Tb2+

Weiß gab auf, ohne sich das Matt nach 38.Kc1 Sb3+ 39.Kd1 Td2# zeigen zu lassen.

Partie Nr. 43

Anand – Curt Hansen

Middelfahrt 2003

1.e4 e6 2.d4 d5 3.Sc3 Lb4 4.e5 Se7 5.a3 Lxc3+ 6.bxc3 Dc7

Dieser frühzeitige Damenzug hat Vor- und Nachteile, weil sich der Damenzug nach a5 in einigen Abspielen als besser erweisen könnte. Der Vorteil besteht jedoch darin, dass man auf 7.Dg4 f5 antworten kann, ohne dass Dxg7 möglich ist.

7.Dg4 f5

1) Weiß hat danach die positionelle Möglichkeit, 8.Dh5+ zu spielen. Nach 8...Df7 9.Dxf7+ Kxf7 10.c4! cxd4 11.exd5 exd5 12.Sf3 Sc6 13.Lb2 Sge7 hat Weiß minimalen Vorteil.

2) Angriffsspieler möchten aber lieber die Dame für taktische Verwicklungen behalten. Demzufolge wird meistens 8.Dg3 gespielt.

3) Dem Damentausch ausweichend folgte in der Partie Horvath – Uhlmann, Debrecen 1988, 8.Dd1?!. Nach 8...b6 9.a4 La6 10.Lb5+ Lxb5 11.axb5 Se7 12.h4 0-0 13.Sh3 h6 14.h5 Sd7 15.Sf4 Tfc8! 16.Th3 Sf8 17.Le3 cxd4 18.cxd4 De8 19.Db1 Tc4! 20.Ta6 Dc8 21.Kd1 Sc6! konnte ich den positionellen Druck am Damenflügel verstärken und die Partie im 31. Zug gewinnen.

8.Dg3 Se7 9.Dxg7 Tg8 10.Dxh7 cxd4 11.Se2 Sbc6 12.Dh5 + Sg6?

Stark in Betracht kommt 12...Kd7!?, denn der König wird von den Springern und der Dame im Zentrum gut verteidigt.

13.Lg5 Dxe5 14.f4 Dg7 15.h4 dxc3 16.Tad1 d4 17.Df3

Die schwarzen Figuren sind harmlos aufgestellt, während Weiß mit seinem Freibauern in der h-Linie ständig Drohungen aufstellen kann. Auch sind die schwarzen Bauern im Zentrum gefährdet.

17...e5 18.Dd5 Se7

Oder 18...Sxf4 19.Sxf4 exf4 20.Lb5 Ld7 21.Kf2 mit Vorteil.

19.Dd6 Ld7 20.Sxc3! Sc8 21.Dc7 dxc3 22.Le2 Th8 23.fxe5 Df7 24.Lc4 Dxc4 25.Dxd7+ Kf8 26.Dxf5 Ke8 27.Dd7+

Schwarz gab auf.

Partie Nr. 44

Bronstein – Uhlmann

Tallinn 1977

1.e4 e6 2.d4 d5 3.Sc3 Lb4 4.e5 Se7 5.a3 Lxc3+ 6.bxc3 c5 7.Dg4 Dc7 8.Dxg7 Tg8 9.Dxh7 cxd4 10.Se2

Nicht ungefährlich ist die Variante 10.Kd1 Sbc6 11.Sf3 dxc3 12.Sg5 Sxe5 13.f4 (13.Lf4 Db6!) 13...Txg5 14.fxg5 Sg6 mit Verwicklungen, die theoretisch immer noch nicht hundertprozentig erforscht sind.

10...Sbc6 11.f4

Ein Fehler wäre 11.cxd4 wegen 11...Sxd4! 12.Sxd4 Dc3+ mit Gewinnposition.

11...Ld7 12.Dd3 dxc3 13.h4

Neben dem Textzug stehen Weiß mehrere Züge zur Verfügung, z.B. 13.Le3, 13.g3, 13.Sxc3 und 13.Dxc3. Die Varianten 13.Sxc3 und 13.Dxc3 genießen einen guten Ruf und sind seinerzeit mehrmals von Karpow angewandt worden.

13.... 0-0-0 14.h5

Nach dem Flügellauf des h-Bauern wäre jetzt die normale Zugfolge 14.Sxc3 schon unklar, weil Schwarz nicht mehr das Tempo a6 einschalten müsste; z.B. 14...Sf5 15.Sb5 Db8 und Weiß hat bereits Sorgen, da sowohl 16...Tg3 als auch 16... Sxe5 droht.

14...f5 15.h6?!

Der Amoklauf des h-Bauern ist ohne Beteiligung der Leichtfiguren nicht aussichtsreich. Er wird jetzt mit Tempogewinn von den schwarzen Türmen angegriffen und droht verloren zu gehen. Die Strategie, mit dem freien h-Bauern für genügend Unruhe zu sorgen, ist damit gescheitert.

15...Tg6 16.h7 Th8 17.Th3 d4!

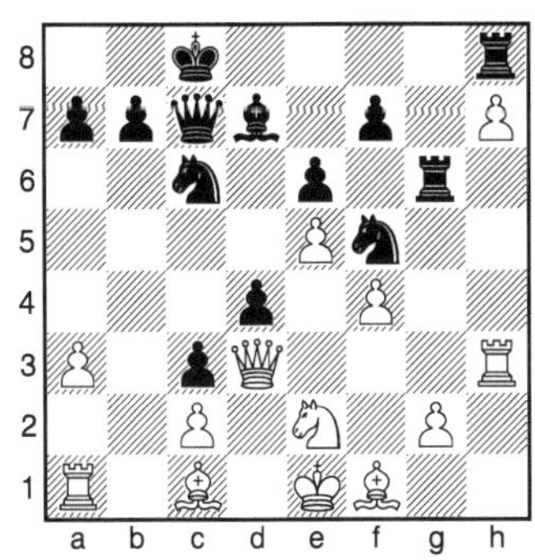

Bis zu dieser Stellung folgte Bronstein einer unlängst gespielten Fernpartie, in der Schwarz schwächer 17...Tg7 spielte und nach 18.Tb1 Le8 19.Sxc3 a6 20.Sxd5 exd5 21.Dxf5 in Nachteil geriet. Als Fazit wäre zu ziehen, dass eine scharfe Variante vor einer Wiederholung immer kritisch untersucht werden muss, da ja niemand gern ins offene Messer läuft.

18.Tab1 Le8!

Danach muss sich Weiß etwas einfallen lassen, da sonst f6 folgt und der Bauer h7 ersatzlos verloren geht.

19.Df3 Dd8!

Dieser feine Zug pariert die Drohung g4 und bereitet durch das Manöver Sh4 den Gewinn des h-Bauern vor.

20.g4 Sh4 21.Dh1

Auf 21.Dg3 folgt 21...Txh7 und dann würde 22.g5 an 22...Sf5 scheitern.

21...Txg4 22.Sg3 Txh7 23.Se4

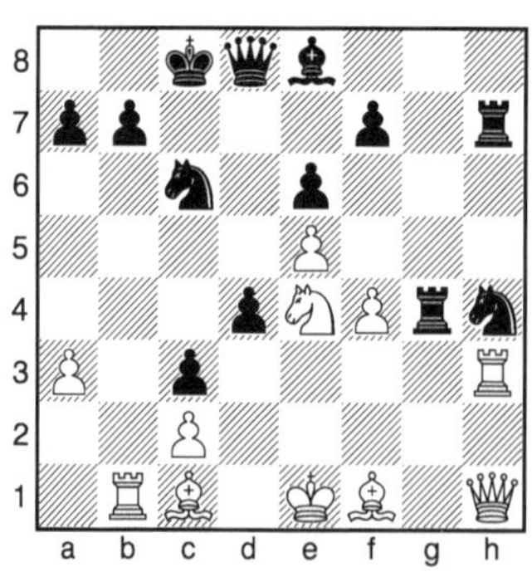

Darauf hatte Weiß seine Hoffnung gesetzt. Es droht sowohl tödlich Sd6+ als auch Sf6.

23...Sxe5!!

Dieses feine Figurenopfer beseitigt die erwähnten Drohungen und bringt entscheidend den Läufer ins Spiel.

24.fxe5

Auf 24.Sd6+ gewinnt 24...Dxd6 25.Dxb7+ Kd8 26.Da8+ Ke7 und der schwarze König ist in Sicherheit.

24...Lc6!

Damit gerät Weiß in eine unheilvolle Fesselung.

25.Ld3

Hoffnungslos wäre ebenfalls 25.Sd6+ Dxd6 26.exd6 Lxh1 27.Txh1 Sf3+ 28.Kf2 Txh1 29.Kxf3 T4g1 und ein Läufer geht verloren.

25.... Kc7!

Ein starker Zug, der das Schach auf d6 ausschaltet und Weiß in einen Agoniezustand versetzt.

26.Kf2 Th5!

Die Schlinge wird zugezogen. Gegen 27...Tf5+ gibt es keine Verteidigung mehr.

27.Tf3 Dg8! 28.Lf4 Sxf3 29.Dxh5

Oder 29.Dxf3 Txf4! 30.Dxf4 Tf5 mit Damengewinn.

29...Txf4 30.Dh6 Sg5+

Weiß gab auf. Der viel zu früh verstorbene David Bronstein war ein sehr guter Freund von mir. In dieser Begegnung hatte er zu schablonenhaft fremde Analysen übernommen und war damit unter die Räder gekommen.

Partie Nr. 45

Lanc – Uhlmann

Bukarest 1979

1.e4 e6 2.d4 d5 3.Sc3 Lb4 4.e5 Se7 5.a3 Lxc3+ 6.bxc3 c5 7.Dg4 Dc7 8.Dxg7 Tg8 9.Dxh7 cxd4 10.Se2 Sbc6 11.f4 Ld7 12.Dd3 dxc3 13.Tab1

Auch dieser Zug ist inhaltsvoll. Er richtet sich vorrangig gegen die lange Rochade und verhindert in einigen Abspielen auch den Zug Db6.

13...Sf5

Von Partie zu Partie gewinnt man neue Erkenntnisse. Früher spielte ich ausschließlich 13...0-0-0. Mit dem frühzeitigen Sf5 sind einige neue Ideen verknüpft.

14.g4

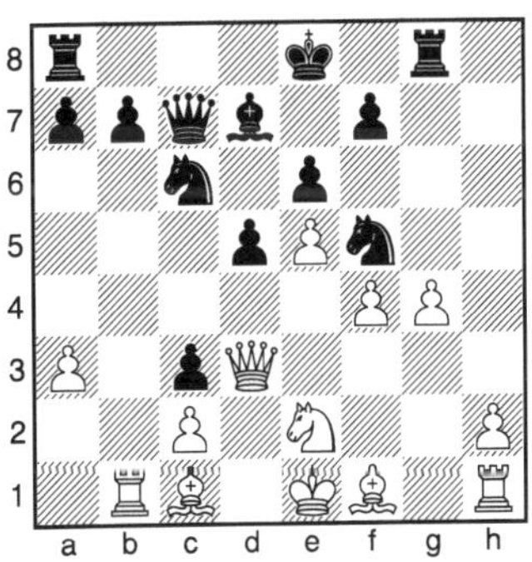

Hier liegt das Problem der Stellung. Bisher galt dieser Zug als vorteilhaft für Weiß. Nach dieser Partie musste man dann neue Überlegungen anstellen.

14...Txg4 15.Lh3 Tg6 16.Lxf5 exf5 17.Sxc3 Se7!

Dieser Zug wurde bisher nicht richtig gewürdigt. Er verteidigt den Bauern d5 und aktiviert den Läufer d7, der auf der Diagonale h1-h8 gute Einsatzmöglichkeiten hat. Von Bedeutung ist auch, dass der Zug 18.Sb5 nicht zu fürchten ist. Es kann sowohl 18...Lxb5 19.Dxb5+ Tc6 20.Dxb7 Dxb7 21.Txb7 Txc2 mit Initiative erfolgen – als auch 18...Da5+ 19.Ld2 Lxb5 20.Txb5 Da6 nebst 0-0-0 mit gutem Spiel.

18.a4

Diese damalige Empfehlung aus der Schach-Enzyklopädie konnte nach der folgenden theoretischen Verbesserung zu den Akten gelegt werden.

18...Dc4! 19.Dxc4

1) 19.Txb7 scheitert an 19...Dxd3 20.cxd3 Lc6! 21.Tc7 d4! 22.Txc6 Txc6 mit klarem Vorteil.

2) Günstig für Schwarz ist auch 19.La3 Tc8! 20.Lxe7 Dxc3+ 21.Dxc3 Txc3, da seine Figuren aktiv ins Kampfgeschehen eingreifen können.

19...dxc4 20.Thf1

Auch auf 20.Sb5 stünde Schwarz das starke Manöver 20...Lc6 21.Tf1 Kd7! zur Verfügung.

20...Lc6 21.Sb5 Kd7!

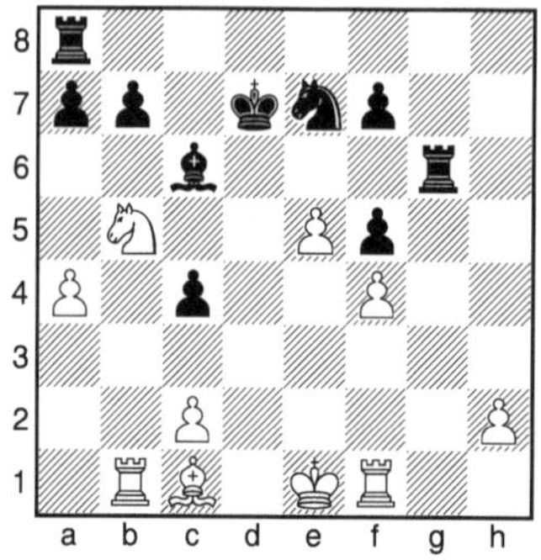

Dieser feine stille Zug verhindert das Springerschach auf d6 und aktiviert den Turm auf a8. Hier zeigt sich wieder einmal, dass keine Stellung schablonenhaft behandelt werden darf.

22.La3

Auf 22.Sd6 folgt 22...Th8 und die schwarzen Türme dringen entscheidend ein.

22...Sd5 23.Tbd1

Es drohte Se3 mit sofortigem Gewinn.

23...Tah8!

Mit jedem Zug eine Drohung aufzustellen ist immer noch ein bewährtes Rezept. Es ist auffällig, dass jede schwarze Figur maximale Wirkung erzielt. Der Zusammenbruch ist somit vorprogrammiert,

24.Sc3 Ke6

Selbst der schwarze König fügt sich harmonisch ins Spielgeschehen ein.

25.Sxd5 Lxd5 26.Tf2 Th3 27.Lb4 c3

Verwehrt dem weißen König die Flucht über d2 und ermöglicht den Einsatz des Läufers auf c4, wobei erste Mattbilder auftauchen. Auch sollen nebenbei die weißen Bauern auf der Farbe des schwarzen Läufers festgelegt werden, was im Endspiel von Bedeutung sein kann.

28.Td3

Noch am besten, denn 28.Td4 verliert wegen 28...Tg1+ 29.Ke2 Tc1.

28...Tg1+ 29.Tf1

Nicht 29.Ke2 Lc4 mit Qualitätsgewinn.

29...Tf1+ 30.Kxf1 Txh2

Bedauerlicherweise geht nicht 30... Lc4 wegen 31.Kg2! Txd3 32.cxd3 c2 33.Ld2 Lxd3 und Weiß hätte aufgrund der ungleichfarbigen Läufer Remischancen.

31.Lxc3

Auf 31.Txc3 gewinnt 31...Th4 nebst Txf4 und Txa4.

31...Txc2 32.Ke1 b6 33.Ld2 Tc4! 34.Ta3 a5!

Die Schwäche a4 und der aktive schwarze König besiegeln schnell die Niederlage.

35.Le3

Auf 35.Tb3 gewinnt 35...Te4+.

35...Tb4 36.Ld2 Tb1+ 37.Kf2 Lc4! 38.Le3 Kd5 39.Ld2 Lb3!

Danach ist der Turm eingeklemmt und Weiß kommt in eine Zugzwangstellung.

40.Ke3 Kc4 41.Ke2 Kd4!

Jetzt ist tödlicher Zugzwang eingetreten. Auf 42.Le1 gewinnt 42...Txe1+! 43.Kxe1 Kc3 44.Ta1 nebst Kb2 – und auf 42.Le3+ Kc3 43.Lxb6 Kb4 geht der Turm verloren.

Weiß gab auf.

Partie Nr. 46

Bogdanovic – Uhlmann

Sarajewo 1963

1.e4 e6 2.d4 d5 3.Sc3 Lb4 4.e5 Se7 5.a3 Lxc3+ 6.bxc3 c5 7.Dg4 Dc7 8.Dxg7 Tg8 9.Dxh7 cxd4 10.Se2 dxc3 11.f4 Sbc6 12.Dd3 Ld7 13.Dxc3 Sf6 14.Ld2?!

Ein zweifelhafter Zug, der Schwarz sofort die Initiative überlässt. Die moderne Theorie empfiehlt 14.Tb1.

1) In der Partie Karpow – Farago, Wijk aan Zee 1988, geschah 14...Tc8 15.Ld2

a) 15...b6 16.g3 Db7 17.Dd3 Sce7 18.Tg1 Tc4 19.g4 Sh4 20.Tg3 Dc8 21.Tb2 Shg6 22.Tf3! und Weiß kam in Vorteil.

b) Besser ist 15...a6! 16.g3 b5 17.Lh3 Db6! 18.Dd3 Sce7 mit gleichen Chancen, Tal – Farago, Wijk aan Zee 1988.

2) 14...d4 15.Dc4 Da5+ 16.Ld2 Dxa3 17.Txb7 Se3 18.Lxe3 dxe3 19.Dc3 Dxc3 20.Sxc3 Sd4 21.Se4 Lc6 mit gleichen Chancen.

14.... Db6!

Damit wird die Gedankenlosigkeit von Weiß sofort bestraft. Die Dame auf b6 steht äußerst attraktiv auf der Diagonale g1-a7 und verhindert außerdem den Einsatz des weißen Turmes auf b1.

15.a4 Tc8 16.a5 Dd8

Damit kann Weiß zwar die Dame zum Rückzug zwingen, jedoch nur auf Kosten von Entwicklungsrückstand. Bei der Stellungsbeurteilung fällt auf, dass alle schwarzen Figuren vorzüglich postiert sind und demzufolge den Angriffsprozess beschleunigen.

17.Dd3 a6

Nicht nur ein Blockadezug, sondern vielmehr wird Sa7 nebst eventuell Lb5 oder Sb5 vorbereitet. Diesem Plan ist nur schwer etwas entgegenzusetzen. Mit dem nächsten Zug hofft Weiß, zumindest den Druck von der c-Linie abzuwenden. Zu groß ist aber der Zeitverlust, um den schwarzen Angriff aufzuhalten.

18.Ta3 Sa7! 19.Tc3 Lb5! 20.Txc8 Dxc8 21.Dc3 Lc4!

Natürlich darf auf keinen Fall die Dame getauscht werden. Im Verbund mit den Leichtfiguren wird diese für den Angriff benötigt.

22.g3 Sb5 23.Db2 Dc6

Mit jedem Zug eine Drohung aufzustellen ist ein bewährtes Rezept. Jetzt scheitert 24.Lg2 an 24...Sh4!. Andererseits ist die Drohung d4 mit der Besetzung der Diagonale h1-h8 zu beachten.

24.Tg1 Th8!

Ein feiner Zug, der wiederum eine Drohung aufstellt und Weiß nicht zur Ruhe kommen lässt.

25.Tg2 d4

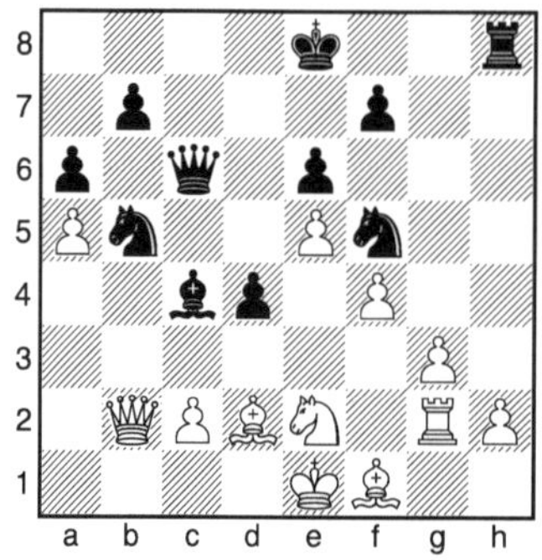

Der schwarze Raumvorteil wird immer größer und die weißen Figuren nähern sich einer Pattsituation. Kein Wunder also, dass der Zusammenbruch unmittelbar bevorsteht.

26.Tf2 Dh1! 27.g4

Das ist wegen der Drohung 27... Txh2 erzwungen. Jetzt ist aber die Zeit reif für die Taktik.

27...Txh2!

Ein Figurenopfer, welches in allen Abspielen klaren Vorteil für Schwarz ergibt.

28.gxf5

Oder 28.Txh2 Dxh2 29.gxf5 Dh4+ mit gleichem Verlauf wie im Text.

28...Txf2 29.Kxf2 Dh2+ 30.Ke1

Auf 30.Lg2 gewinnt 30...d5.

30...Dh4+ 31.Kd1 Df2

Das Damenmanöver ist einfach und stark und garantiert den schnellen Gewinn.

32.Le1 Dxf1 33.Sg3

Nach 33.Sxd4 Sxd4 34.Dxd4 De2+ nebst Dxe1+ gewinnt Schwarz eine Figur.

33...Df3+ 34.Kc1 De3+ 35.Kd1 Sc3+ 36.Lxc3 dxc3 37.Db6 Dd2#

Partie Nr. 47

Hartman – Uhlmann

Budapest 1986

1.e4 e6 2.d4 d5 3.Sc3 Lb4 4.e5 Se7 5.a3 Lxc3+ 6.bxc3 c5 7.Dg4 Dc7 8.Dxg7 Tg8 9.Dxh7 cxd4 10.Se2 dxc3 11.f4 Sbc6 12.Dd3 Ld7 13.Dxc3 Sf6 14.Ld2?!

Nach 23 Jahren kommt erneut dieser Zug zur Anwendung und bewährt sich wiederum nicht. Die logische Fortsetzung ist 14.Tb1.

14...Db6!

Schwarz macht sofort Gebrauch von dem kleinen Lapsus. Tb1 wird verhindert und es droht stark Tc8 nebst Scd4. Nicht zu fürchten ist nach dem Textzug 15.Db3, da Schwarz den geopferten Bauer nach 15...Dxb3 16.cxb3 Scd4 bei gutem Spiel zurückgewinnt.

15.Tc1 Tc8 16.Db3 Dc7!

Jetzt weicht Schwarz natürlich dem Damentausch aus und versucht, Druck in der c-Linie auszuüben.

17.Dd3

Weiß gefällt die Drohung Sa5 nebst Sc4 nicht, weswegen er sofort mit seiner Dame flüchtet. Ein gefährliches Unterfangen, da diese in Zukunft auch auf d3 zum Angriffsobjekt werden kann.

17...a6! 18.Tg1

Riskant wäre 18.c4 dxc4 19.Dxc4 (nicht 19.Txc4 Sxe5 mit Gewinn) 19...Db6 mit der Absicht 20...Sce7 nebst Sd5. Beide Rappen würden im Zentrum das Geschehen bestimmen. Im Remissinne wäre in dieser Variante nach 19.Dxc4 die Folge 19...Sxe5 möglich – mit der Idee 20.Dxc7 Sd3+ 21.Kd1 Sf2+ und Dauerschach.

18...Se7 19.g4 Lb5 20.Dh3 Db6!

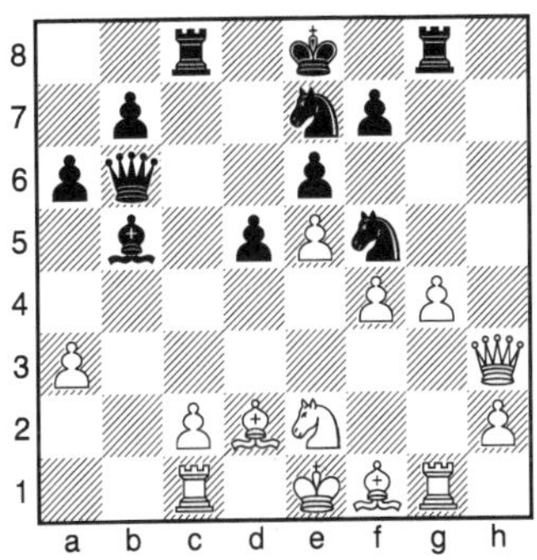

Zum zweiten Mal erscheint die Dame auf b6 und nimmt diesmal günstig mit Tempogewinn Besitz von der Diagonale g1-a7.Die Drohung 21.gxf5 wird entschärft, da der geopferte Bauer nach 21...Txg1 22.Sxg1 Dxg1 23.fxe6 fxe6 24.Le3 Dxf1+ 25.Dxf1 Lxf1 26.Kxf1 Tc3 mit Vorteil zurückgewonnen wird.

21.Tg2 Sd4 22.Sxd4

1) Gutes Spiel erzielt Schwarz nach 22.Le3 Txc2! 23.Lxd4 Txc1+ 24.Kd2

(24.Kf2 Txf1+ 25.Kxf1 Dxd4 mit Gewinn)

24...Dc6! 25.Sxc1 Lxf1 mit klarem Vorteil.

2) Oder 22.De3 Lxe2 23.Lxe2 Txc2 und Schwarz hat ebenfalls Vorteil. So scheitert 24.Kf2 an 24...Txd2! 25.Dxd2 Sb3+ mit Gewinn.

22...Lxf1 23.Kxf1 Dxd4

Die Aufregungen sind etwas abgeklungen. Schwarz hat zwar immer noch einen Bauern weniger, allerdings bei besserem Spiel, da beide Türme auf den halboffenen Linien gewaltige Kraft entfalten. Auch fehlt dem weißen König ein geschütztes Plätzchen.

24.Dd3 Da4 25.Tcb1 b5 26.Lb4

Zwar ist die schwarze Dame zeitweilig abgeklemmt, jedoch tauchen jetzt Sorgen auf der 4. Reihe auf.

26...Tc4! 27.f5

Es ist bereits schwer, den Bauern f4 zu verteidigen. Nach 27.De3 erzielt Schwarz mit 27...a5! 28.Lxe7 Txf4+ 29.Kg1 (29.Ke1 Te4 mit Damengewinn) 29...Tfxg4 klaren Vorteil.

27...Tf4+!

Dieses Zwischenschach garantiert zunächst, dass der Bauer zurückgewonnen wird. Wesentlich bedeutender ist aber, dass der König in die Schusslinie kommt. So verbietet sich 28.Tf2 wegen 28...Tfxg4 – und ebenfalls 28.Kg1 wegen 28...Tfxg4 29.Txg4 Txg4+ 30.Kh1 Sxf5 mit klarem Vorteil, da anschließend die schwarze Dame durch den Vorstoß a6-a5 wieder ins Spiel kommt.

28.Ke2 Sxf5!

Das ist des Pudels Kern.

29.Tbg1 Te4+ 30.Kf2 Se3 31.Te1!

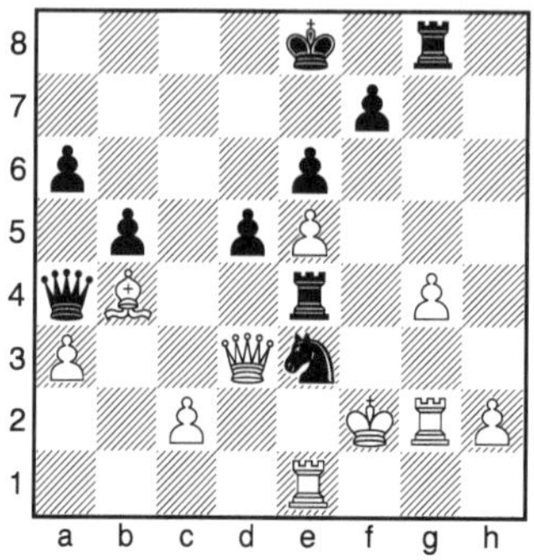

Weiß wehrt sich noch erfindungsreich. Hoffnungslos wäre nämlich das Damenopfer 31.Dxe4 dxe4 32.Kxe3 a5 33.Ld6 Th8 mit der tödlichen Drohung Th3+.

31...Dxc2+

Nach langem Überlegen erschien mir dies als die sicherste Abwicklung.

1) Man hätte durchaus noch fehl greifen können, wenn man 31...Sxg2 32.Txe4 dxe4 gespielt hätte, denn nach 33.Dc3! wäre das Dauerschach nicht vermeidbar.

2) Stark in Betracht kam aber 31...Texg4 32.Txg4 Sxg4+ 33.Kf1 Sxh2+ 34.Kf2 Sg4+ 35.Kf1 Kd7 36.Dh7 Sh6! 37.Dxh6 Dxc2 und Dame und Turm bzw. drei Bauern für die Figur dürften bei der geschwächten Königsstellung reelle Gewinnchancen ergeben.

32.Dxc2 Sxc2 33.Txe4 dxe4 34.Kg3

Oder 34.Ld6 Kd7 35.h4 Sd4 mit Vorteil, weil 36.Ke3 an 36...Sf5+ scheitert.

34...Se3 35.Te2 Sxg4 36.Kf4 f6!

Die einfachste Lösung. Auf sofortiges 36...f5 erhält Weiß mit 37.Tc2 Schwindelchancen.

37.exf6 Sxf6 38.Tc2

Nach 38.Ke5 Kf7 39.h4 Td8! droht verheerend 40...Td5+.

38...Tg4+ 39.Ke5 Kf7 40.Tc7+ Kg6 41.Lf8

Auf 41.Kxe6 folgt 41...e3 nebst Te4+.

41...e3!

Noch ein präziser Zug, da Schwarz den Springer f6 bereits entbehren kann.

42.Tg7+ Kh5! 43.Kxf6 Txg7 44.Kxg7 a5!!

Weiß gab auf, da nach 45.Lc5 e2 46.Lf2 b4 der Bauer unaufhaltsam zur neuen Dame wird.

Partie Nr. 48
Psachis – Uhlmann
Tallinn 1987

1.e4 e6 2.d4 d5 3.Sc3 Lb4 4.e5 Se7 5.a3 Lxc3+ 6.bxc3 c5 7.Dg4 Dc7 8.Dxg7 Tg8 9.Dxh7 cxd4 10.Se2 dxc3 11.f4 Sbc6 12.Dd3 Ld7

Wenig praktische Erfahrungen liegen mit dem Zug 12...d4 vor. Weiß dürfte aber nach 13.Sxd4 Sxd4 14.Dxd4 Ld7 15.Df2!? in Vorteil kommen. Als weniger gut erwies sich 15.a4 Sf5 16.Df2 Dc6 17.Tg1 De4+ 18.De2 Db4 mit unklaren Verwicklungen in der Partie Sokolow – Hulak, Portoroz 1987.

13.Sxc3 a6

Ein Zug, ohne den Schwarz nicht auskommt, denn die Drohung Sb5 und Sd6+ muss ja verhindert werden.

14.Tab1 Tac8

Ein grober Fehler wäre bereits 14...0-0-0 wegen 14...Dxa6, da 15.bxa6 an 15...Lxa6+ scheitert.

In Betracht kommt aber immer noch die alte und neue Fortsetzung 14...Sa5 15.h4 Sf5 16.Th3 0-0-0 17.h5

(Nicht ausreichend ist das Damenopfer 17.Dxf5 exf5 18.Sxd5 Dxc2 19.Tc3 Dxc3 20.Sxc3 Le6 21.Le3 Sb3 22.Sa4 b5 23.Sxc5 Sxc5 24.Lxc5 Tg4 mit Vorteil, Fuchs – Uhlmann, Halle 1967.)

17...Tg4

(Oder 17...Sc4!? 18.Tb4 Lc6 19.Se2 Lb5 20.a4 Sxe5 21.Dc3 Lxe2 22.fxe5 Lxf1 23.Dxc7+ Kxc7 24.Kxf1 d4 mit beiderseitigen Chancen, l lort – Uhlmann, Hastings 1971)

18.Sd1!

(Oder 18.h6 Th8 19.h7 Tg7 20.Tb4 Sc4 mit gutem Spiel für Schwarz, Dueball – Uhlmann 1970)

18...La4 19.Dc3 Dxc3 20.Txc3+ Sc4 21.Sb2 Lc6 22.Sxc4 dxc4 23.Txc4 Kd7!? 24.Tb3 Lxg2 25.Td3+ Ke8 26.Tc7 Lxf1 27.Kxf1 Th4 28.Kg2 Txd3 29.cxd3 Txh5 mit nur geringem Nachteil für Schwarz, Lutz – Uhlmann, Dresden 1998

15.h4!

Die frühzeitige Attacke des h-Bauern ist vor allem deshalb sinnvoll, weil Weiß durch das Manöver Th3 viele Gefahren eindämmen kann, die von den schwarzen Springern im Zentrum ausgehen.

15...f5

Fehlerhaft wäre 15...Sxe5 16.fxe5 Dxc3+ 17.Dxc3 Txc3 18.Txb7 Txc2 19.Lg5! mit Vorteil.

16.Th3 Sce7!

Mit dieser neuen Idee will Schwarz die gegnerischen Königsflügelbauern in ihrem Amoklauf stoppen. Außerdem soll durch den Textzug Unruhe in der c-Linie entstehen und der Läufer auf d7 soll auf der Diagonale h1-a8 zum Einsatz kommen.

17.Ld2

Falls 17.h5, so 17...Sh6 nebst Sef5 mit gutem Spiel.

17...Lc6 18.h5 Sh6 19.Tg3!

Ein interessanter Zug, der den Druck von der g-Linie abwenden und den Vormarsch des g-Bauern vorbereiten soll.

19...Txg3 20.Dxg3 Sf5 21.Dh3!

Falsch wäre 21.Dg5, weil Schwarz stark 21...Kd7 spielen könnte und Weiß wegen der Drohung Tg8 bereits ernste Sorgen hätte.

21...d4 22.Sd1

Nicht gut wäre 22.Se2 Dd8! 23.g4 Se3! mit Vorteil.

22...Dd8!?

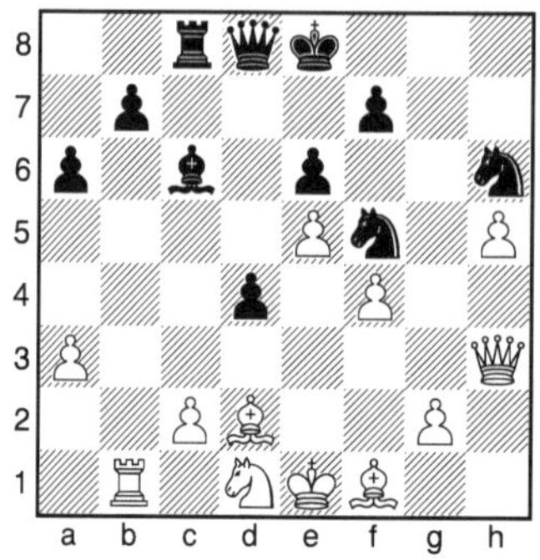

In kritischer Stellung musste Schwarz sich etwas einfallen lassen, um den zu erwartenden Bauernvorstoß g4 zu entkräften. Der Damenzug nach d8 ist dazu das geeignete Mittel, weil er einen neuen Stützpunkt auf h4 schafft.

23.Sf2?!

Weiß setzt nicht konsequent fort und kommt dadurch in Bedrängnis. Richtig war 23.g4!, wonach komplizierte Abspiele entstanden wären, die im Endeffekt etwas günstiger für Weiß zu bewerten sind; z.B. 23.g4 Sh4 24.Tb3!

1) 24...Le4 25.Sf2 Lxc2 26.Tb2 b5 27.f5 Dd5!? 28.Dxh4

(28.Lxh6 Sf3+ 29.Ke2 d3+ 30.Ke3 Sxe5 mit Gewinn)

28...Dxe5+ 29.Le2 d3 30.Sxd3 Lxd3 31.Lxh6 Dxb2 32.Lxd3 mit Vorteil.

2) 24...Ld5!?

a) 25.Td3 Txc2 26.Txd4 Sf3+ 27.Dxf3 Lxf3 28.Txd8+ Kxd8 29.Se3 Tc8

(29...Ta2 30.g5 Sg4 31.Sxg4 Lxg4 32.g6! Lf5 33.g7 Lh7 34.Ld3 Lg8 35.h6 Ta1+ 36.Ke2 Th1 37.f5! mit Gewinn)

30.Le2 Lxe2 31.Kxe2 Kd7 32.g5 Sf5 33.Sxf5 exf5 34.Kf3 Th8 35.h6 Ke6 36.Kg3 Td8 37.Lb4 mit Vorteil.

b) 25.f5 Txc2! 26.Td3 exf5 und nun 27.Lxh6 Da5+ 28.Sc3 Txc3 29.Ld2 Sf3+ 30.Txf3 Tc1+ 31.Ke2 Lxf3+ 32.Dxf3 Db5+ 33.Dd3 Dxd3 34.Kxd3 Txf1 mit Gewinn oder 27.g5 Txd2! 28.Dxh4 Txd3 29.Lxd3 Sg4 30.h6 De7! mit Vorteil.

23...Se3!

Ein weiteres Bauernopfer, das den schwarzen Angriff ankurbelt.

24.Lxe3 dxe3 25.Dxe3 Sf5 26.Dd3?!

In dieser komplizierten Stellung bot mein Gegner Remis an, was ich nach längerem Nachdenken akzeptierte. Zu Unrecht, wie die Analysen beweisen. Nach 26...Dh4! wäre es sehr schwer gewesen, eine sinnvolle Parade zu finden; z.B.

1) 27.Tb4 Td8! 28.Dh3 Td1+! 29.Kxd1

(29.Ke2 Dxh3 30.Sxh3 Tc1 mit der Drohung Sg3+ und Txc2+)

29...Dxf2 und Weiß steht nach 30.Ld3 Lxg2 auf Verlust.

2) Oder 27.g4 Sg3 28.Tb3

(28.De3 Dh2! 29.Tb3 Sxf1 30.Kxf1 Lg2+ 31.Ke2 Txc2+ 32.Kd3 Ta2 mit der vernichtenden Drohung Ld5)

28...Se4 29.De3 Ld5! 30.c4 Lxc4 31.Lxc4

(Nicht 31.Txb7 Lxf1 32.Kf1 Sxf2, denn 33.Dxf2 scheitert an 33...Tc1+ nebst Tc2+ mit Damengewinn.)

31...Txc4 32.Txb7 Tc1+! 33.Ke2

(33.Dxc1 Dxf2+ 34.Kd1 Df3+ 35.Kc2 Dc3+ 36.Kd1 Sf2+ mit Damengewinn)

33...Tc2+ 34.Kd3 Tc3+ 35.Kxe4 Txe3+ 36.Kxe3 Dg3+ 37.Ke2 Dxf4 mit gewonnenem Endspiel.

Kleine Fehler haben manchmal große Folgen. Die Gewinnchance ergab sich aus dem letzten fehlerhaften Zug 26.Dd3, wo Weiß stärker 26.Dd2 spielen konnte. Nach 26...Dh4 27.Tb3 Sg3 28.h6! Td8

(nicht 28...Dh2 29.h7! Sxf1 30.Th3 mit Gewinn)

29.De3 Sxf1 30.Kxf1 Dxh6 mit Ausgleich – oder nach 29.Td3 Txd3 30.Dxd3 Sxf1 31.Kxf1 Dxh6 wäre ein Unentschieden wahrscheinlich.

Partie Nr. 49

Hertneck–Uhlmann

Dresden 1993

1.e4 e6 2.d4 d5 3.Sc3 Lb4 4.e5 Se7 5.a3 Lxc3+ 6.bxc3 c5 7.Dg4 0-0

Nachdem ich gegen die Winawer-Variante viele Jahre den Damenzug 7...Dc7 angewendet habe, entstand in den achtziger Jahren meine neue Vorliebe für den Zug 7...0-0, der zu vollkommen neuen Stellungsbildern führt. Schwarz verhindert mit der Rochade den Einschlag auf g7, muss sich aber in der Regel eines gefährlichen Königsangriffes erwehren.

Ich möchte in diesem Zusammenhang auf das ausgezeichnete Theoriebuch von Kindermann und Dirr verweisen, die allein dieses Abspiel auf 342 Seiten untersuchen. Die Wertigkeit dieses Zuges mit allem Für und Wider wechselt sehr häufig. Alle großen e4-Spieler haben sich gegen die Französisch-Spezialisten stets bemüht, dem Angriff neue Impulse zu verleihen. Bisher wurden aber immer wieder Verteidigungssysteme entdeckt, die dieses komplizierte System spielbar erscheinen lassen. Wenn Schwarz den zu erwartenden Angriff abwehren kann, hat er durch die Bauernstruktur gute Endspielchancen. Die theoretische Bewertung von 7...0-0 ist somit noch nicht abgeschlossen.

Erwähnenswert ist übrigens noch, dass der Zug 7...Sf5 zurzeit keinen guten Ruf hat. In der Partie Swidler – Pelletier 2002 erreichte Weiß nach

8.Ld3 h5 9.Df4 Dc7 10.dxc5 Sa6 11.Lxf5 exf5 12.Se2 Sxc5 13.0-0 0-0 14.Sg3 Te8 15.Le3 Se6 16.Dxf5 h4 17.Sh5 Dxc3 18.Tad1 Sf8 19.Dg5 Dxe5 20.Txd5 Dxg5 21.Txg5 Sg6 21.Ld4 h3 22.Lxg7 Te2 23.Ld4 klaren Vorteil.

8.Ld3 Da5

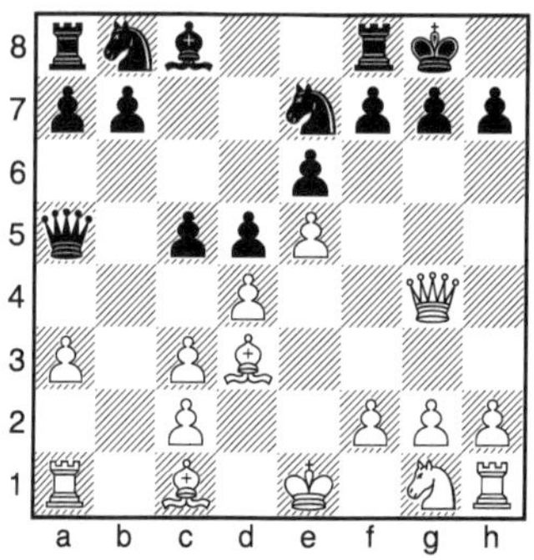

Neben der Hauptvariante 8...Sbc6 hat der Textzug an Bedeutung gewonnen. Er wurde vorrangig von dem russischen Großmeister Rustemow in die Turnierpraxis eingeführt. Die Idee gipfelt darin, dass frühzeitig Druck gegen die Bauern c3 und d4 gemacht werden kann. Weiß hat darauf zwei Antworten, nämlich 9.Ld2 oder 9.Se2, wobei die zweite die bessere ist.

Hier zwei Partien zur erstgenannten Fortsetzung, und zwar zunächst Pedzich – Rustemow, Swidnica 2001. Dort folgte 9.Ld2 und dann 9...Sbc6 10.Dh5 h6 11.Sf3 c4 12.Le2 f6 13.exf6 Txf6 14.Se5 (14.0-0 Ld7 nebst Le8-g6) 14...Sxe5 15.Dxe5 Sc6 16.De3 (Dg3 Ld7 17.0-0 Sxd4!) 16...Da4 17.Ta2 Ld7 18.0-0 Taf8?!

(Präziser dürfte 18...Le8 sein, denn nach 19.Lg4 Lf7 hätte Schwarz den guten Plan Te8 nebst Lg6 zur Hand.)

19.g3?!

(Besser ist sofort 19.Lg4 mit der Idee f3 nebst Le1 und Lg3, oder Lh4.)

19... Le8 20.Lg4 Sd8

(Stärker war laut Psachis sofort 20...Lg6, denn nach 21.Lxe6 Kh8 22.Ld7 (22.Lxd5? Te8) 22...Lxc2 hat Schwarz gutes Spiel.

Nach 9.Ld2 hat Schwarz das kleine Teilziel erreicht, dass dieser Läufer nicht unmittelbar auf g5 oder h6 auftauchen kann. Die aufregende zweite Partie wurde zwischen Schirow und Khalifman in Dos Hermanas 2003 ausgetragen.

10.Sf3 f5 11.exf6 Txf6 12.Dh5 Sf5!?

(12...h6? 13.De8+ Tf8 14.Lh7+ Kxh7 15.Dxf8)

13.g4 c4 14.gxf5 cxd3 15.Tg1 Ld7

(15...Txf5? 16.De8+ Tf8 17.Txg7+! Kxg7 18.Lh6+ Kxh6 19.Dxf8+ Kg6 20.Kd2! nebst Tg1+ mit Gewinn)

16.c4 (16.Dg5 Tf7 17.f6 Dd8!) 16...Dc7 17.Lh6 Le8 18.Dh4 Txh6!

Ein feines Qualitätsopfer, das die unmittelbaren Gefahren am Königsflügel abwendet.

19.Dxh6 dxc4 20.cxd3 cxd3 21.f6 Lg6! 22.Dxg7+

(22.Txg6 hxg6 23.Dxg6 Df7 mit Ausgleich)

22...Dxg7 23.fxg7 Td8 24.Tg4 Lf5 25.Tf4 Se7! 26.Kd2 Sg6 27.Txf5 exf5 28.Tb1 b6 29.Tb5 Se7 30.Te5 Td7

31.Kxd3 Kxg7 und die Partie endete im 44. Zug mit einem Unentschieden.

Die zweite mögliche Erwiderung 9. Se2 ist in taktischer Hinsicht wesentlich giftiger. Der Vorteil dieses Zuges ist, dass die Entwicklung am Königsflügel beschleunigt wird und vor allem der Läufer von c1 aus gefährlich auf g5 auftauchen kann. Die schwarze Drohung 9...c4 kann Weiß ignorieren, weil danach 10.Lxh7+ Kxh7 11.Dh4+ nebst Dxe7 möglich ist.

Wie bereits erwähnt wurde, haben die Autoren Kindermann und Dirr ein ganzes Buch über die Varianten nach 7.Dg4 0-0 geschrieben. Sie können ermessen, dass ich mir jetzt nicht mehr erlauben kann, eine theoretische Wertung dieses komplizierten Abspiels vorzunehmen. Ich möchte die Analysen und die gespielten Partien in meinem Buch so belassen und weiß, dass sicherlich noch viele theoretische Überraschungen bei der Bewertung dieser Variante vorhanden sind. Trotzdem möchte ich Ihnen anhand der wunderbaren Verlustpartie gegen Hertnick zeigen, wie man unter die Räder kommen kann. Analytische Hausarbeit ist danach gefragt, um eine Verbesserung zu finden.

9.Se2 Sbc6?!

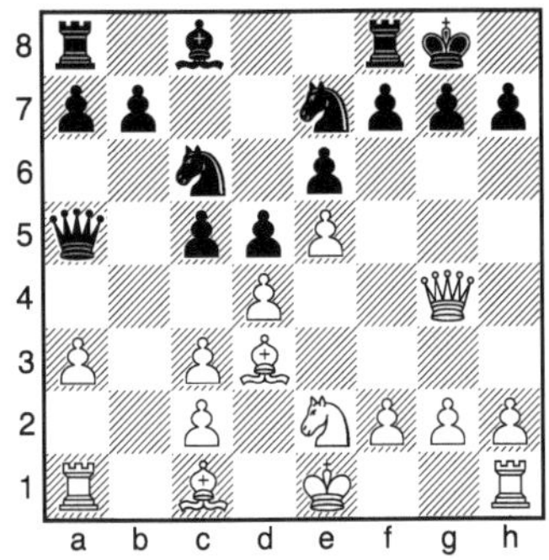

Diesen Zug führte ich routinemäig aus und wurde daraufhin in einer phantastischen Partie besiegt. Ich weiß bis heute noch nicht, wo ich den entscheidenden Fehler gemacht habe. Aber wie immer muss man nach einer Niederlage Lehrgeld bezahlen und eine Veränderung vornehmen. Des Rätsels Lösung besteht in der Zugumstellung mittels 9...cxd4. Wesentlich ist dabei, dass in einigen Abspielen der Springer b8 nach d7 entwickelt werden kann, um die Verteidigung f5 zur Verfügung zu haben. Es könnte folgen:

1) 10.0-0 dxc3 11.Lg5 Sg6 12.f4 Sd7 13.Tf3

(13.Lg6 Db6+ 14.Kh1 fxg6 15.Tab1 Da6 mit Vorteil)

13...f5 14.Dh5 Tf7 15.Th3 Sgf8 16.g4 Sc5 mit klarem Vorteil.

2) 10.Lg5 Sg6 11.f4 Sd7!? 12.Lxg6 fxg6!?

(12...hxg6? 13.h4 f5 14.Dh3 Sc5 15.h5 gxh5 16.Dxh5 Se4 17.Le7 Ld7 18.Dg6 Db5 19.Th7 Tf7 20.Dh5 1-0)

13.Dxe6+

(13.h4 Tf7 14.h5 gxh5 15.Dxh5 Sf8 mit Vorteil; 13.Le7!? Tf5 14.Lb4 Dc7 15.cxd4 unklar)

13...Tf7 14.De8+ (14.Dd6 Sc5!) 14...Tf8 (14...Sf8? 15.e6) 15.De6+ Tf7 Remis, Wach – Kindermann, 2000.

Laut Gdanski könnte folgen 16.0-0 Sb6 17.Dd6 Sc4 18.Db4 Dxb4 19.cxb4 h6 20.Lh4 Se3 21.Sxd4

(21.Tfc1 Lg4 22.Sxd4 Txf4!; 21...Sxc2 22.Txc2 d3)

21...Sxf1 22.Txf1 Lf5 23.e6 Tc7 mit beiderseitigen Chancen.

Kommen wir wieder zur Hauptpartie.

10.Lg5 cxd4

Nicht ausreichend ist 10...Da4 11.f4 c4 12.Lxe7 Sxe7 13.Lxh7+ Kxh7 14.Dh4+ Kg8 15.Dxe7 Dxc2 16.h4 f6 17.exf6 Txf6 18.h5 De4 19.Th4 Dxg2 20.Kd2 Tf7 21.Dd8+ Tf8 22.Dd6 nebst Tg1 mit vernichtendem Angriff.

Ein erneuter Rettungsversuch dieser Variante wurde in der Begegnung Atlas – Moor 2003 unternommen; dort folgte 10...Sg6 11.0-0 Da4 12.f4 c4 13.Lxg6 fxg6 14.Ta2 Ld7 15.h4 Tf5

1) Völlig unklar ist 16.h5!? gxh5 17.Dxh5 h6 18.g4 Tf7 19.Kg2!

(19.Lh4? Le8 20.Dg6 Te7)

19...Le8

(19...hxg5? 20.Th1 Tff8 21.fxg5)

20.Dh3 hxg5 21.f5

a) 21...exf5 22.gxf5 Se7 23.Th1 Txf5 24.e6!? Sg6 25.Dxf5 Sh4+ 26.Txh4 gxh4 27.Sf4 Dc6 28.Ta1 Dd6 29.Th1 De7 30.Dg4 Td8 31.Txh4 Df6 32.Th1 mit besseren Chancen für Weiß.

b) 21...Sd8 22.Th1 Kf8 23.De3 Ke7 24.Dxg5+ Kd7 25.Sf4 Kd7

2) In der Partie folgte 16.Sg3 Le8 17.h5

a) Bei Annahme des Qualitätsopfers hat Schwarz gute Konterchancen; z.B. 17.Sxf5 gxf5 18.Df3

(Ganz falsch wäre 18.Dg3 Lh5 und der weiße Läufer auf g5 hat nur noch die Kraft eines Bauern.)

18...h6

(18...h5!? führt wahrscheinlich zum Remis.)

19.g4 Lg6

(19...hxg5 20.gxf5 exf5 21.Dxd5+ Lf7 22.e6 Lg6 23.fxg5 mit Vorteil)

20.Lf6 gxf6 21.exf6 fxg4 22.Dxg4 Kh7 23.Kh2 Tf8 24.h5 (24.Dxe6 Dc5) 24...Txf6 25.hxg6 Txg6 mit unklaren Chancen (laut Ivanov).

b) In der Partie folgte 17...gxh5 18.Sxh5 Lxh5 19.Dxh5 Da5 20.Dh3 Db6 21.Kh2

(Besser ist 21.g4 Tf7 22.Kg2 mit Vorteil.)

21...Taf8 22.Lf6

Nach diesem Zug zeigte sich Schwarz geschockt und geriet nach 22...Dc7 23.g4 in eine Verluststellung. Er hätte das Figurenopfer aber durchaus mit 22...gxf6 annehmen können; z.B. 23.g4 Txf4! 24.Txf4 Db1! und es ist nicht zu sehen, wie Weiß ohne den Turm a2, der ja verloren geht, den Angriff verstärken kann.

11.f4 dxc3

Für den positionellen Zug 11...b6 hat Schwarz keine Zeit. Nach 12.Lf6 Sg6 13.h4! La6 14.Lxa6 Dxa6 15.h5 gxf6 16.hxg6 fxg617.Dxe6+ ist der Gewinn sicher.

12.0-0 Sg6 13.Dh5 Dc5+ 14.Kh1 Sce7 15.Tf3!

Weiß spielt konsequent auf Angriff und gestattet Schwarz keine Atempause. Gegen die Drohung Th3 gibt es keine Verteidigung mehr.

15...f6 16.exf6 gxf6 17.Th3! Tf7 18.Lxf6!

Mit diesem feinen Figurenopfer wird die schwarze Verteidigungsbastion endgültig zertrümmert.

18...Txf6 19.Dxh7+ Kf8 20.Tg3! Df2 21.h4!

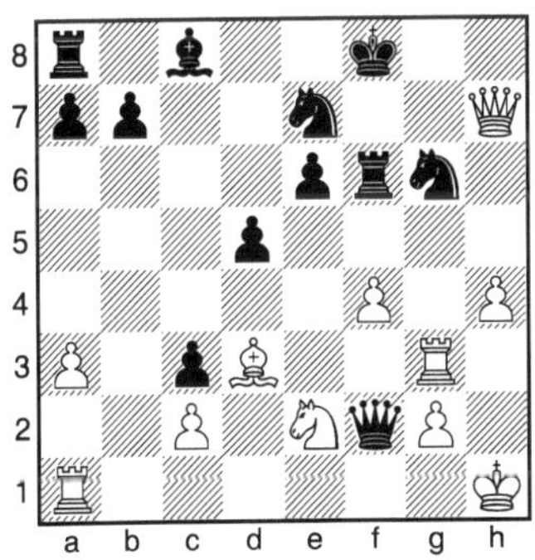

Zu Recht verzichtet Weiß auf das mögliche Dauerschach mittels 21.Dh6+ Kf7 22.Dh7+. Außer dem Textzug kam noch 21.Sg1!? in Betracht. Nach 21...Dxf4 22.Lxg6 Sxg6 23.Txg6 Txg6 24.Dxg6 dürfte Weiß aufgrund der schlechten schwarzen Königsstellung und der rückständigen Entwicklung des Damenflügels ebenfalls in Vorteil sein.

21...Ke8?

Danach ist die Partie verloren. Wie Kindermann in seinem Buch angab, bestand die einzige Überlebenschance in dem originellen Zug 21...e5!?. Nach der weiteren Zugfolge 22.h5 Sxf4 23.Dg7+ Ke8 24.Dxf6 Sxd3! 25.Dh8+ Kd7 ist es sehr schwer, einen Gewinnzug zu finden. Weiß verfügt zwar über einen gefährlichen Freibauern in der h-Linie, aber auch Schwarz kann in einigen Abspielen den c-Bauern zum Einsatz bringen. Die Praxis könnte zeigen, inwieweit noch Rettungschancen für Schwarz existieren.

22.Lxg6+ Sxg6 23.Txg6 Txg6 24.Dxg6+ Kd7 25.Dg7+ Kd6 26.De5+ Ke7 27.Sxc3 Dxh4+ 28.Kg1 Ld7 29.Dg7+

Noch stärker als 29.Sxd5+.

29...Kd6 30.Se4+!!

Eine wunderbare Schlussattacke. Der schwarze König wird in ein Mattnetz getrieben.

30...dxe4

Oder 30... Kc7 31.Sc5 Td8 32.Sxe6+ nebst Sxd8 mit Gewinn.

31.Td1+ Kc5 32.Dd4+

Danach musste ich meinem Gegner zu einem grandiosen Sieg gratulieren. Auch eine Verlustpartie kann durchaus Freude bereiten.

Partie Nr. 50

Cs. Horvath – Uhlmann

Debrecen 1988

1.e4 e6 2.d4 d5 3.Sc3 Lb4 4.e5 c5 5.a3 Lxc3+ 6.bxc3 Dc7

Diesen Zug wendet man gern an, wenn man mit Sicherheit den Damenausfall nach g4 erwarten kann. Schwarz steht dann mittels f7-f5 eine andere Bekämpfungsmethode zur Verfügung.

7.Dg4 f5 8.Dh5+ Df7

Möglich ist auch 8...g6 9.Dd1

1) 9... cxd4 10.cxd4 Dc3+ 11.Ld2 Dxd4 12.Sf3 De4+ 13.Le2 hat Weiß für den geopferten Bauern großen Entwicklungsvorsprung.

2) 9...Sc6 10.Sf3 Ld7 11.a4 und Weiß dürfte nach Ld3 das bessere Spiel haben.

9.Dd1

Schlicht und einfach ist 9.Dxf7+ Kxf7 10.c4! cxd4 11.cxd5 exd5 12.Sf3 Sc6 13.Lb2 Sge7 mit geringem Vorteil für Weiß. Angriffsspieler möchten aber nicht so frühzeitig die Dame tauschen, weil dann die Taktik zu kurz kommt. Diese psychologischen Erwägungen sind bei genauer Kenntnis des Gegners manchmal Gold wert.

9...b6! 10.a4

Ein Routinemanöver, das hier nicht angebracht ist. Den Vorzug verdiente 10.Sh3 oder 10.h4.

10...La6 11.Lb5+ Lxb5 12.axb5

Schwarz ist es gelungen, den weißfeldrigen Angriffsläufer zu tauschen. Der Druck gegen den Bauern a7 ist unbedeutend, da eine schnelle Entwicklung möglich ist und Schwarz sogar am Damenflügel Initiative erzielen kann. Somit steht jetzt schon fest, dass in der weißen Planung ein Fehler vorhanden war.

12...Se7 13.h4 0-0 14.Sh3 h6

Denn 15.Sg5 muss verhindert werden.

15.h5 Sd7 16.Sf4 Tfc8!

Bereitet einen Angriff auf der c-Linie vor und gibt dem Springer das Verteidigungsfeld f8.

17.Th3 Sf8 18.Le3

Wie soll Weiß sinnvoll Angriff und Verteidigung koordinieren? Die schwarze Drohung lautete 18...De8!, wonach der Bauer b5 Angriffsobjekt ist.

18...cxd4 19.cxd4 De8 20.Db1

Auf 20.Dd3 wäre 20...Tc4 sehr stark.

20...Tc4! 21.Ta6 Dc8 22.Kd1

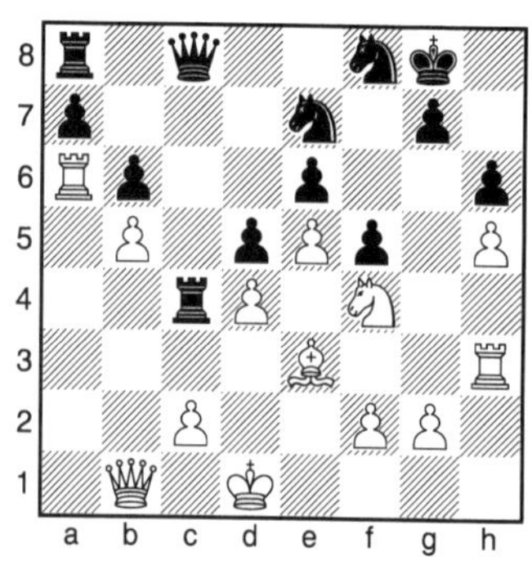

22.Sc6 !!

Mit der Überführung des Springers zum Damenflügel löst Schwarz einen gefährlichen Angriff aus. Weiß muss nun die Blockade des Bauern a7 aufgeben, wonach der Turm a8 schnell ins Kampfgeschehen eingreifen kann.

23.Ta2 Tb4!

Falsch wäre 23...Sxd4, da nach 24.c3! der Springer verloren geht.

24.Tb2 Txb2 25.Dxb2 Sa5 26.Lc1 a6!

Der richtige Moment, um die a-Linie zu öffnen und damit die Reichweite des Turmes zu vergrößern.

27.bxa6 Dxa6 28.Sd3

Notwendig wegen der Drohung Df1+.

28...Sc4 29.Db4 Da1! 30.Tg3 Kf7!

Eine Kleinigkeit, die aber sehr bedeutsam ist. Mit dem Textzug wird das Eindringen der Dame auf e7 verhindert.

31.c3

Bereits in Zeitnot wählt Weiß diesen logischen Zug, der aber an der Grundlinienschwäche scheitert. Eine Verteidigung gab es aber nicht mehr. So verliert 31.Sb2 wegen 31...Dxc1+ 32.Kxc1 Ta1# und 31.Ke2 scheitert an Dxd4.

31...Ta2!

Weiß gab auf. Gegen die tückische Drohung 32...Td2+ nebst Txd3 und Dxc1+ gibt es keine Verteidigung; z.B. 32.Db3 Td2+ 33.Ke1 Txd3! 34.Txd3 Dxc1+ 35.Ke2 (35.Dd1 Sb2!!) 35...Dg5 mit weiterem Materialgewinn.

Partie Nr. 51

Anand – Lputjan

Fide-Weltmeisterschaft

Neu-Delhi 2001

1.e4 e6 2.d4 d5 3.Sc3 Lb4 4.e5 c5 5.a3 Lxc3+ 6.bxc3 Se7 7.Dg4 0-0 8.Ld3 Sbc6 9.Dh5 Sg6 10.Sf3 Dc7 11.Le3

Diesen Zug empfiehlt die Theorie, und es wurden auch gute Resultate damit erzielt. Beide Spieler haben sich sicherlich ausgiebig auf dieses Abspiel vorbereitet. Schlecht wäre 11.Sg5 h6 12.Sxf7 Dxf7 13.Dxg6 Dxg6 14.Lxg6 cxd4 mit gutem Spiel für Schwarz.

11...Sce7

Auch dies gilt als die beste Erwiderung.

12.h4

Die Entwicklung ist vollendet und Weiß beginnt damit, den Angriff am Königsflügel vorzubereiten.

12...Ld7 13.a4 f5 14.exf6

Ein großer Fehler wäre 14.g4? gewesen, da nach 14...Le8 die Dame in Bedrängnis kommt.

14...Txf6 15.0-0 c4

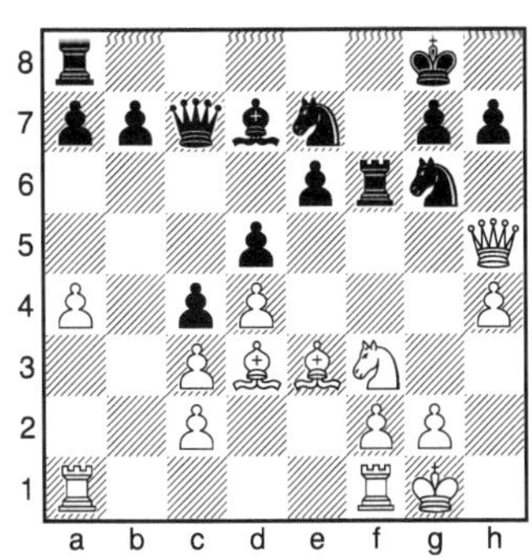

Der Textzug 15...c4 wird ausschließlich gespielt, um den weißfeldrigen Läufer zum Abtausch auf g6 zu zwingen. Ich analysierte diese Position lange, weil es mir missfiel, die Zentrumsspannung aufzulösen. So kam ich auf die Idee 15...h6 vorzuschlagen, um den Punkt g5 unter Kontrolle zu nehmen.

1) Weiß könnte darauf 16.Se5 spielen, worauf Schwarz den guten Zug 16...Le8 zur Verfügung hat und sogar gutes Spiel erhalten würde.

Zu prüfen wäre demzufolge das Läuferopfer 16.Lxh6, oder 16.Dg4. Nach beiden Abspielen erhält Schwarz gutes Spiel.

2) 16.Dg4 Tc8 17.h5 e5 18.Dg3 e4 mit Vorteil für Schwarz.

3) Die zweite Variante wäre das Opfer 16.Lxh6 nach 16...gxh6 17.Dxh6 Df4 18.Dh5 (18.Sg5 Dxh4-+) 18...Kg7! würde Schwarz klaren Vorteil erzielen, da 19...Th8 droht und auf 19.Se5 Sxe5 20.Dh7 Kf8 21.Dh8+ Sg8 22.Lh7 Kf7+ folgt.

16.Lxg6 Sxg6 17.Dg5 e5?!

Ein riskanter Zug, der Weiß die besseren Chancen im Endspiel einräumt. Solider wäre deswegen 17... h6 gewesen. Nach 18.Dg3 Dxg3 19.fxg3 h5 hätte Weiß nur minimalen Vorteil.

18.dxe5 Txf3

Schlecht wäre 18...Tf5? 19.Dg3 Sxe5 20.Kh1!, denn Schwarz kann sich nicht mehr aus der Fesselung in der Diagonale a1-h8 oder h2-b8 befreien. Auf 20...Tc8 oder 20...Te8 folgt jeweils 21.Ld4 mit Qualitätsgewinn.

19.gxf3 Taf8 20.Dg3!?

Ein Computer würde sicherlich den Materialvorteil nach 20.f4 wählen. Schwarz würde darauf mit 20...Le6 nebst Se7-f5 aktives Spiel erhalten, was man nicht unterschätzen sollte.

20...Dxe5 21.Dxe5 Sxe5 22.Tfd1 Sxf3+ 23.Kf1 Tf5 24.Lxa7 Th5

Genauer war sofort 24...Sxh4 25.Tdb1 Tf5 und jetzt scheitert 26.Txb7 an 26...Lh3+.

25.Ke2 Lg4 26.Tb1 Sxh4+ 27.d2

Gefährlich wäre 27.Ke3 Te5+ 28.Kd4 Sf3+ 29.Kc5 d4+! 30.Kxc4 Sd2+ 31.Kxd4 Sf3+ 32.Kxc4 Sd2+ 33.Kb4 Sd2+ 34.Kb4 Sxb1 35.Txb1 und Weiß hätte kaum Gewinnchancen.

27...Sf3+ 28.Kc1 d4! 29.Tb5

Weiß stand vor einer schwierigen Entscheidung.

1) Natürlich nicht 29.cxd4 c3 oder 29.Lxd4 Sxd4 30.cxd4 c3 mit Gewinn.

2) Die Analysen besagen, dass 29.Txb7 eventuell die bessere Wahl war. Nach 29...dxc3 30.Kb1 Lf5 31.Lc5 Sd2+ 32.Ka2 Lxc2 33.Te1 Le4 ist die Position vollkommen unklar.

29...Txb5

Nach 29...Th1+ ist die Position laut Kasparow nicht ausreichend; z.B. 30.Kb2 dxc3+ 31.Ka2 Txa1 31.Kxa1 Se1 33.Txb7 Sxc2+ 34.Kb1 Lf5 36.Ka2 Le4 37.Tb8+ Kf7 38.a5 und der Freibauer auf der a-Linie dürfte schneller sein als sein Kollege auf der h-Linie.

30.axb5 dxc3 31.Lc5 Lf5?

1) Auf 31...h5 folgt 32.Ta7 h4 33.Txb7 h3 34.Ld6 h2 35.Lxh2 Sxh2 36.b6 Lf3 37.Tc7 Sg4 38.Txc4 Se5 39.Txc3 Lg2 40.f3 mit Gewinn.

2) Die beste Verteidigung war jetzt 31...Kf7!, wonach Schwarz gute Remischancen gehabt hätte; z.B. 32.Ta7 Lc8 31.Ta8 Lf5 32.Tb8 Le4 und der Bauer auf b7 kann verteidigt werden.

32.Ta4 Sd2

Jetzt scheitert 32...Le6 an 33.Ta8+ Kf7 34.Tf8+ mit Figurengewinn.

33.Ld4 Le6 34.Ta8+ Kf7 35.Th8 Sf3 36.Lxc3 Sg5 37.f4 Se4 38.Le5 h6 39.Tb8 Ld5 40.f5 Sf6 41.Tc8 h5 42.Tc5 Le4 43.TTc7+ Kg8 44.Lxf6 xf6 45.Kd2

Schwarz gab auf. Eine tolle Partie, die zwar mit kleinen Fehlern behaftet war, in der jedoch jeder Spieler seine Chancen hatte.

Das Nimzowitsch-System mit dem Läuferzug 3...Lb4 bietet natürlich noch eine ganze Reihe anderer Abspiele. Vorrangig muss man sich mit den Zügen 4.Sge2, 4.Ld2, 4.exd5, 4.a3 und 4.Dg4 auseinandersetzen. Alle Abspiele haben ihren individuellen Charakter und erzeugen ganz verschiedene Stellungsbilder. Im positionellen Sinn hat der Zug 4.Sge2 durchaus Berechtigung. Schauen wir uns zu diesem interessanten Thema zwei Partien an.

Partie Nr. 52

Garcia-Martinez – Uhlmann

Leipzig 1983

1.e4 e6 2.d4 d5 3.Sc3 Lb4 4.Sge2

Die Idee dieses Zuges besteht darin, dass nach dem eventuellen Tausch auf c3 der Springer zurückschlagen kann und die Bauernstruktur am Damenflügel somit intakt bleibt. Speziell rumänische Spieler haben sich um diese Variante verdient gemacht.

4...dxe4

Wegen der Fesselung des Springers auf c3 ist dieses Schlagen das richtige Rezept. Die Öffnung des Zentrums erfordert eine vollkommen andere Bekämpfungsmethode als in den übrigen Abspielen der Französischen Verteidigung.

5.a3 Lxc3+

Die Verteidigung des Bauern mit Aufgabe des Läuferpaares hat Vor- und Nachteile. Früher spielte man ausschließlich 5...Le7, aber nach 6.Sxe4 Sc6 7.Lf4 Sf6 8.Dd3 0-0 9.0-0-0 hat Weiß einen kleinen Vorteil, Stoica – Farago 1983.

6.Sxc3 Sc6 7.Lb5

Im Ausgleichssinne kommt auch durchaus 7.d5 in Betracht, und nach 7...exd5 8.Dxd5 Sge7 9.Dxd8+ Sxd8 10.Sxe4 Lf5 11.Ld3 ist die Position ausgeglichen, Janovskaja – Uhlmann, Chemnitz 2002.

7...Sge7 8.Le3?!

Ein kleiner Fehler, der Schwarz sofort die Initiative überlässt. Richtig war 8.Lg5!, um 8...f6 zu provozieren

8...0-0 9.Dd2 e5 10.d5?!

Weiß beurteilt die Lage zu optimistisch. Notwendig war 10.dxe5 Dxd2+ 11.Lxd2

(11.Kxd2 Td8+ 12.Ke2 Lg4+ 13.f3 exf3+ 14.gxf3 Lh5 15.Lg5 Td4 mit Vorteil)

11...Lf5 12.0-0-0!

(12.Lf4 Sg6 13.Lxc6 bxc6 14.Lg3 Tfe8 mit Vorteil)

12...Sxe5 13.The1 mit Ausgleich.

10...Sd4! 11.Lc4

Unbefriedigend ist 11.Lxd4 exd4 12.Dxd4 c6! 13.Lc4 Sf5! und nun:

1) 14.Dd2? e3! 15.fxe3 Dh4+ mit Figurengewinn;

2) 14.Dc5 b6! 15.Dxc6 Ld7 16.Db7 Sd6 mit klarem Vorteil;

3) Und auch 14.De5 Te8 15.Df4 b5! ist klar vorteilhaft für Schwarz.

11...Sf5! 12.0-0-0

Jetzt wiederum würde 12.Sxe4 folgendermaßen scheitern: 12...b5! 13.La2

(oder 13.Lxd4 Sxd4 14.La2 Lf5 15.f3 Lxe4 16.fxe4 Dh4+ nebst Dxe4 mit Gewinn)

13...b7 14.Sc3

(14.c3 Lxd5! 15.Lxd5 Dxd5 16.f3 Sxe3 mit Gewinn)

14...a5 und gegen b4 gibt es keine anständige Verteidigung.

12...Sd6! 13.La2 S4f5!

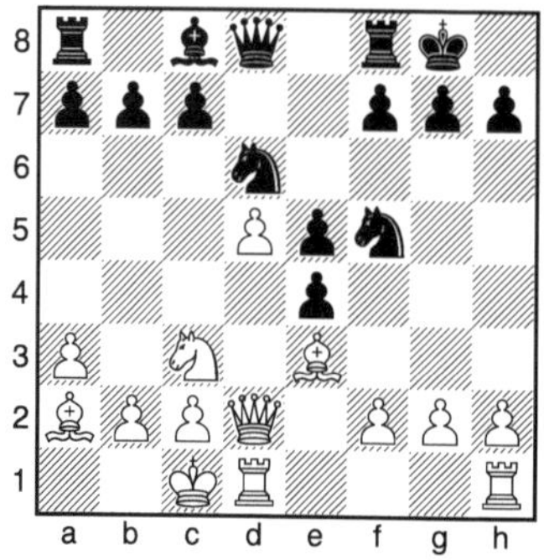

Die Springer haben in den letzten vier Zügen interessante Manöver vollführt und die weiße Spielführung widerlegt. Bei gesicherter Position hat Schwarz seinen Mehrbauern verteidigt.

14.h3 Sxe3 15.Dxe3 f5 16.f4

Noch schlechter wäre 16.f3, da nach 16...f4 und e3 der Raumgewinn noch größer wäre.

16...exf3 17.gxf3

Weiß möchte wenigstens in der halboffenen g-Linie einen Angriff organisieren.

17...Te8 18.Tdg1 f4!

Damit sichert Schwarz seinem Läufer Einsatzmöglichkeiten.

19.De2 Lf5 20.Se4

Das ist mehr oder weniger erzwungen, denn der Vorstoß e4 muss unterbunden werden.

20...Lxe4 21.fxe4 Df6 22.Df3 b5!

Ein wichtiger Zug, der das Manöver c4 nebst eventuell c5 verhindert.

23.Tg4 T7 24.Tf1 Kh8 25.Kd2?

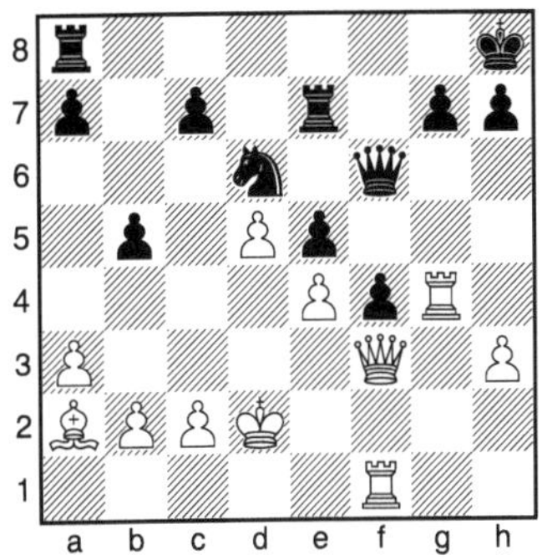

Weiß hat den Sinn des Zuges Kh8 nicht verstanden und rennt voll ins offene Messer. Mit der Öffnung der c- oder d-Linie erfolgt der verheerende Schlussangriff der schweren Figuren.

25...c6! 26.dxc6 Sc4+! 27.Lxc4 bxc4 28.Tfg1 Dxc6 29.Th4?

In hoffnungsloser Stellung noch ein schwerer Fehler, der sofort entscheidet. Aber auch nach 29.Kc1 Tb8 wäre das Ende absehbar. Es droht tödlich Db7 mit Doppelangriff auf b2 und e4.

29...Db6 30.Tb1

Weiß gab gleichzeitig auf, ohne sich den Zug 30...c3+! zeigen zu lassen, da 31.Dxc3 wegen 31...Df2+ einen Turm verliert.

Partie Nr. 53

Kaklin – Uhlmann

Budapest 1986

1.e4 e6 2.d4 d5 3.Sc3 Lb4 4.Sge2 dxd4 5.a3 Lxc3+ 6.Sxc3 Sc6 7.Lb5 Sge7 8.Lg5! f6 9.Le3 0-0 10.Dd2 e5

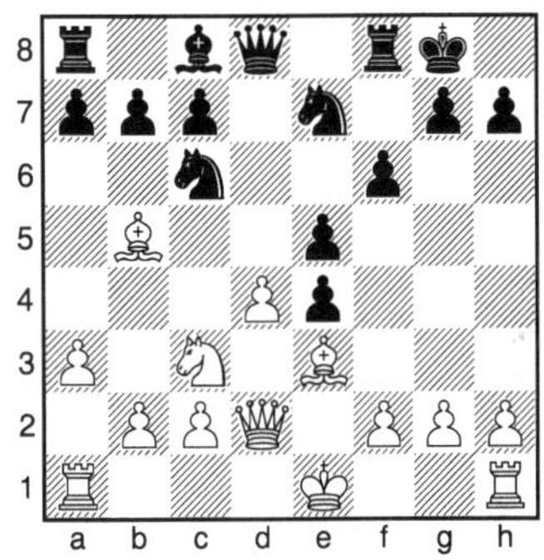

In der Erstausgabe gab ich diesem Zug ein Ausrufezeichen, was aus heutiger Sicht nicht mehr berechtigt ist.

11.dxe5 Dxd2+ 12.Lxd2 f5

Ein Zug, der voll auf Gewinn abzielt, indem die Bauernschwäche e5 anvisiert wird. Gut war aber auch das einfache 12...Sxe5 13.Sxe4 Lf5! mit Endspielvorteil.

13.Lxc6?!

Eine schwierige Entscheidung, das Läuferpaar so früh aufzugeben. Am besten war vielleicht 13.Lc4+ Kh8 14.e6 a6! 15.Lf4 (oder 15.0-0-0 Sg6 mit der Drohung Sd4 und Te8) 15...Sd4 16.0-0-0 Sxe6 17.Lxe6 Lxe6 18.Lxc7 Tac8 mit geringem Endspielvorteil.

13...Sxc6 14.Sd5 Tf7 15.Lc3 Le6 16.0-0-0 Te8

Diese Position hatte Schwarz bei der Abwicklung 12...f5 im Auge. Der Druck auf den Bauern e5 nimmt zu und zwingt Weiß zu einer Schwächung am Königsflügel. Jetzt muss bei jedem Zug der Übergang in ein gutes Endspiel geprüft werden. Von Bedeutung kann dabei sein, dass der schwarze König mehr Spielraum hat.

17.f4 exf3

Ohne diesen Tausch geht es nicht weiter.

18.gxf3 Td7! 19.Se3

Etwas besser war 19.Sf4 Txd1+ 20.Txd1 Kf7.

19...Txd1+ 20.Txd1 f4!

Ein guter Zug, der die Sicherung f4 verhindert. Jetzt wäre 21.Sg2 schlecht wegen 21...Tf8 22.Ld2 Sd4! und Weiß darf nicht mit dem Springer auf f4 schlagen, weil nach 23...Txf4/Lxf4 nebst 24...Se2+ eine Figur verloren geht.

21.Sd5 Lxd5 22.Txd5 Kf7!

Der König wird damit zur dominierenden Figur. Er beherrscht die weißen Felder und droht damit, durch Besetzung des Feldes e6, Material zu gewinnen. Weiß strebt deshalb ein Endspiel mit Läufer gegen Springer an, das aber ebenfalls nachteilig ist.

23.Td7+ Te7 24.e6+ Kxe6 25.Txe7+ Sxe7! 26.Kd2

Erst jetzt erkennt Weiß, dass nach dem geplanten 26.Lxg7 wegen der Folge 26...Sf5 nebst Sh4 der Bauer f3 verloren geht. Deshalb wählte er den Textzug, um Schwarz keinen Freibauern in der f-Linie zu gewähren.

26...Sf5 27.Kd3 g5 28.Le1 c5 29.Lf2 b6 30.b4

Weiß versucht noch ein wenig Aktivität auf den schwarzen Feldern zu entwickeln, um nicht tatenlos zusammengeschoben zu werden.

30...cxb4 31.axb4 Se7

Der Springer soll auch am Damenflügel für Unruhe sorgen. Die Felder d5 oder auch e5 sind dafür bestens geeignet.

32.Ke4

Oder 32.b5 Sg6! 33.Ke4 Se5 mit der Idee Sc4 und a3.

32...Sd5 33.Le1

Jetzt scheitert 33.b5 an Sc3+.

33...Se3 34.c3 a5!

Die Freibauernbildung auf der a-Linie bringt jetzt schnell die Entscheidung.

35.bxa5 bxa5 36.Kd3 Kd5! 37.h4 h6 38.hxg5 hxg5

Und Weiß gab auf, da Schwarz nach 39.Ld2 a4 leicht gewinnt.

Partie Nr. 54
Hausner – Uhlmann
Halle 1982

1.e4 e6 2.d4 d5 3.Sc3 Lb4 4.Ld2

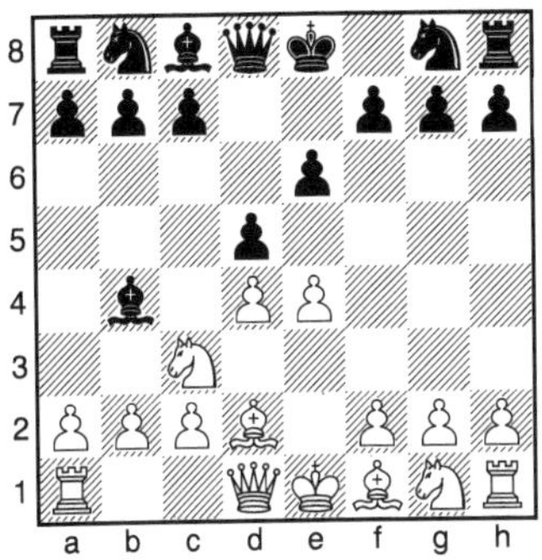

Auch dieser Zug taucht immer mal wieder in der modernen Turnierpraxis auf. Das damit verbundene Bauernopfer ist äußerst gefährlich, da es Weiß Entwicklungsvorsprung garantiert. Das Hauptproblem ist aber meistens für Schwarz, dass man die komplizierten Varianten im Laufe der Jahre nicht immer präzis gespeichert hat. Ich möchte besonders auf zwei weitere kritische Abspiele hinweisen, die jedoch bei richtiger Behandlung relativ harmlos sind.

1) 4.Ld3 dxe4 5.Lxe4 c5 6.Sge2 Sf6 7.Lf3 Sc6 8.a3 Lxc3 9.bxc3 e5!

a) Schlecht wäre nun 10.Lxc6+ bxc6 11.0-0 (11.dxe5 Dxd1+ 12.Kxd1 Sg4 mit Vorteil)

11...exd4 12.cxd4 La6! mit besserem Spiel, da 13.dxc5 an 13...Dxd1 14.Txd1 Lxe2 15.Te1 0-0-0 mit Figurengewinn scheitert.

b) 10.Lg5 cxd4 11.Lxc6+ bxc6 12.cxd4 0-0 13.0-0

(13.dxe5 ergibt nach 13...Da5+ nebst Dxe5 gutes Spiel für Schwarz.)

13...La6! 14.Te1 Lxe2 15.Dxe2 exd4 mit Vorteil für Schwarz, Brauer – Uhlmann, Leutersdorf 2002)

2) Auch das Abspiel 4.Dg4 ist mit Vorsicht zu genießen. Eine Partie, Campora – Rustemow, Dos Hermanas 2003, hat neue Erkenntnisse geliefert. Dort geschah 4...Sf6 5.Dxg7 Tg8 6.Dh6 c5!

(Das ist ein neuer Zug statt des bisher üblichen 6...dxe4.)

7.e5 cxd4 8.a3 Lf8 9.Dxf6 Dxf6 10.exf6 dxc3 11.Se2 Sd7 12.Sxc3 a6 13.Le3 Sxf6 14.Sa4 Sd7 15.0-0-0 b5 16.Sb6 Tb8 17.Sxc8 Txc8 18.f4 Lc5 19.Lxc5 Sxc5 20.g3 Ke7 21.Le2 f5 22.Thg1 Se4 23.Tg2 Kd6 24.Tdg1 Tg6 25.Lh5 Tg7 26.Lf3 a5 27.g4 Tgc7 28.gxf5 exf5 29.Kb1 b4 30.a4?! (30.Td1 Tc4!) 30....Tc4 31.Ld1?! Td4 32.Tg7 Sf2! 33.Lh5 Txf4 34.Txh7 Se4 35.Le2 Tf2 36.Ld3 Sc5 37.Lb5 Se4 38.Ld3 Ke5 39.h4 b3! 40.c3 (40.cxb3 Kd4!) 40...Td2 41.La6

(Nach 41.Lxe4 dxe4 hat Schwarz zwei übermächtige Freibauern und außerdem droht noch Tcd8.)

41...Tg8!! 0:1

4...dxe4 5.Dg4 Dxd4 6.0-0-0

Außer diesem gefährlichsten Ansatz wurde auch 6.Sge2 und 6.Sf3 ausprobiert, was aber beides zu bequemem Spiel für Schwarz führt.

6...h5! 7.De2

Nichts erreicht Weiß nach 7.Dg3 Ld6 8.Lf4 h4! 9.Dg4 Sf6 10.Dxg7 Lxf4+ 11.Kb1 Th7!! mit Gewinn.

7.... Ld7!

Fehlerhaft wäre 7.... Sf6 8.Lh6! De5 9.Db5+ Dxb5 10.Lxb5+ nebst Lxg7, oder 8...Dc5 9.Lxg7 Dg5+ 10.Dd2 mit Gewinn.

8.f3 Sc6

Schwarz hat keine Zeit für 8...exf3 9.Sxf3, weil dann der Entwicklungsvorsprung tödlich wäre. Durchaus in Betracht kam aber 8...Sf6.

9.fxe4 Db6! 10.a3 Le7

Gut war auch 10...Lxc3 11.Lxc3 Sf6! und Weiß müsste erst beweisen, dass das Bauernopfer Berechtigung hat.

11.Sf3 Sf6 12.De1!

Sofort 12.Sa4 scheiterte an dem Zwischenzug 12...Sd4, während Schwarz jetzt auf die Drohung reagieren muss.

12...a6! 13.h3

Falls 13.Sa4, so 13...Da7 14.Le3 b6 und Schwarz droht sowohl Sxe4 als auch Sg4.

13...Da7

Eine vorbeugende Maßnahme gegen den Springerausfall nach a4. Jetzt muss Weiß sich etwas einfallen lassen, denn nach langer Rochade droht Schwarz, den Mehrbauern mit Vorteil zu verteidigen.

14.Dg3 0-0-0 15.Ld3

Tödlich wäre 15.Dxg7 Tdg8 16.Dxf7 Th7 mit Damenfang.

15...h4! 16.De1 Sh5!

Schwarz opfert seinen Mehrbauern zurück und erhält dafür klaren strategischen Vorteil, denn die schwarzen Felder werden zu Angriffsobjekten.

17.Sxh4 Ld6! 18.Le3

Nur so kann die Drohung Lg3 entkräftet werden. Aber genau auf diesen Zug hat Schwarz spekuliert, da nach dem folgenden Scheinopfer eine Verflachung auftritt und weiße Bauernschwächen verbleiben.

18...Dxe3+! 19.Dxe3 Lf4 20.Dxf4 Sxf4 21.Sf3 f6!

Damit kommt ein weiteres wichtiges strategisches Merkmal zum Tragen. Nach dem anschließenden Zug e5 wird der sogenannte „schlechte französische Läufer“ zum Helden des Tages, da er die weißen Bauern auf lange Sicht angreifen kann.

22.Td2 Le8 23.Tf1 e5 24.Sd5

Sonst folgt Lf7 oder Lh5 mit klarem Stellungsvorteil.

24...Sxd5 25.exd5 Se7

Natürlich nicht 25...Txd5 26.Lf5+ mit Gewinn.

26.c4

Das ist erzwungen, denn 26.Le4 verliert nach 26...f5 und e4 eine Figur.

26...c6!

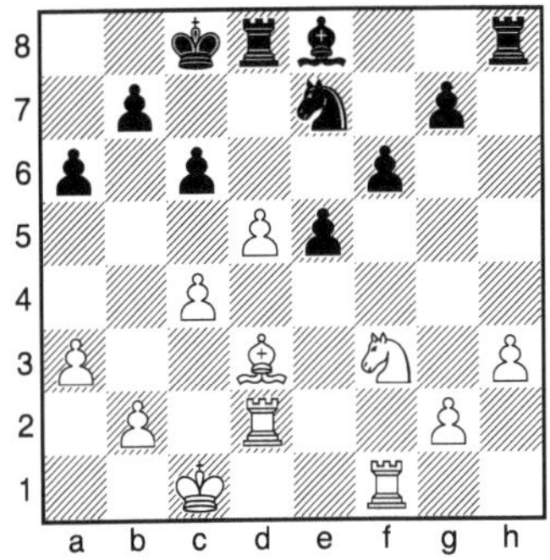

Dies erzwingt die Öffnung der d-Linie und erweitert wesentlich die Reichweite des Läufers. Weiß hat keine Zeit, den Bauern d5 indirekt zu stützen, weil dieser nach 27.Tfd1 cxd5 28.cxd5 Lf7 29.Lc4 Td6 nebst Thd8 trotzdem verlorengeht.

27.dxc6 Lxc6 28.Lc2 Kc7 29.Txd8 Txd8 30.Td1 Th8!

Ein Turm wird benötigt, um die Bauernmajorität ausspielen zu können.

31.Tf1 b5!

Ein weiterer Zug von Bedeutung. Das Feld d5 soll für den Springer freigekämpft werden.

32.cxb5 Lxb5 33.Tf2 Sd5 34.h4 Sf4 35.g3?

Ein Fehler, welcher die Gewinnführung vereinfacht. Eine gute Verteidigung war aber kaum noch zu finden, denn es drohte ja tödlich Lc6.

35...Se2+ 36.Kd2 Sxg3 37.Tg2 Sh5 38.Ke3 Td8 39.Le4 Td1 40.Lc2 Tf1! 41.Le4 Tc1 42.Ld5 Td1 43.Lf7

Falls Weiß wieder 43.Le4 spielt, gewinnt 43...Ld7 und gegen f5 gibt es keine Verteidigung.

43...Td3+ 44.Kf2 Sf4!

Gut war auch 44...Txf3+ 45.Kxf3 Lc6+ nebst Lxg2 mit gewonnenem Endspiel.

45.Txg7 Td7! 46.b3

Es drohte Lc4 mit Gewinn.

46...Lc6! 47.h5

Die einzige Möglichkeit, um Qualitätsverlust zu vermeiden, denn es drohte Ld5.

47...Sxh5 48.Th7 Sf4 49.Lg8 Txh7

Auch 49...Ld5 50.Txd7 Kxd7 51.Lxd5 Sxd5 sollte gewinnen.

50.Lxh7 Sh3+! 51.Kg3 Lxf3 52.Kxh3 Kd6 53.Kg3

Auf 53.Ld3 gewinnt 53...Lb7 nebst e4 und Ke5 – und auf 53.b4 folgt 53...e4 54.Kg3

(54.a4 e3 55.Kg3 Lb7 nebst Ke5 und f5-f4+)

54...Ke5 55.a4 Le2! 56.Kf2 Lc4 mit leichtem Gewinn.

53...Lb7 54.Lf5 Kd5 55.b4 Kc4! 56.Le6+ Kd3! 57.a4 e4 58.Kf4

Auf 58.Kf2 gewinnt 58...Kd2.

58.... e3 59.Lf5+

Auch das bessere 59.Lg4 verliert wegen 59...Kd2 60.b5 a5 61.b6 e2 62.Lxe2 Kxe2 63.Kf5 Kd3 64.Kxf6 Kc4 65.Ke5 Kb4 66.Kd4 Kxa4 67.Kc3 Ka3 68.Kc2 Ka2 69.Kc3 Le4! und Weiß muss den schwarzen König nach b2 entweichen lassen, wonach der a-Bauer zur Dame geht.

59...Kd2 60.Lg4 Lc8!

Weiß gab auf, da jetzt auch noch der f-Bauer auf dem Brett bleibt.

Partie Nr. 55

Hausmann – Uhlmann

Weimar 1998

1.e4 e6 2.d4 d5 3.Sc3 Lb4 4.exd5

Dieser harmlose Bauerntausch ist durchaus giftig und erfreut sich großer Beliebtheit.

4...exd5 5.Ld3 c6

Eine ruhige Bekämpfungsmethode, die aber durchaus Gefahren beinhaltet. Am häufigsten spielt man 5...Sc6 6.a3 Lxc3+ 7.bxc3 Se7 8.Df3 mit etwas weißer Initiative. Der Plan besteht darin, mit dem Manöver Se2-g3-h5 sowie mit Hilfe des Läuferpaars einen gefährlichen Königsangriff einzuleiten. Aber auch das Manöver a4 nebst La3 kommt häufig vor.

6.Df3

Nur mit diesem Damenzug ist Spannung zu erzeugen. Bei dieser Variante ist es immer wichtig, das Manöver Se7 nebst Lf5 auszuschließen.

6...Df6 7.Lf4 Se7 8.Sge2

Dieser ruhige Zug ist zu tadeln, denn er gibt Schwarz bequemen Ausgleich. Nur mit 8.Dg3! kann Weiß auf Vorteil hoffen. In der Partie Müller – Uhlmann, Magdeburg 1999, war der folgende artistische Verlauf zu erleben: 8...Sd7 9.a3 Sg6 10.Lg5 De6+ 11.Kd2 Lxc3+ 12.bxc3 Sf6 13.f3

(Es ist fraglich, ob 13.Te1 Se4+ 14.Lxe4 dxe4 15.f3 f5 Vorteil für Weiß ergibt.)

13...0-0 14.Te1 Sh5! 15.Dc7 Dd7 16.Dxd7 Lxd7 17.Se2 h6 18.Le3 Sh4! 19.Thg1 und jetzt hätte Schwarz (statt 19...Tfe8) mit 19...Lf5 mühelosen Ausgleich herstellen können.

8...Sg6 9.De3+ De6 10.0-0 0-0 11.a3 La5

Stark in Betracht kam auch 11...Sxf4.

12.Dg3?!

Im Ausgleichssinne sollte Weiß 12.Dxe6 Lxe6 13.Ld2 spielen. Jetzt hingegen erhält Schwarz nach dem Tausch auf f4 ein starkes Läuferpaar.

12...Sxf4 13.Sxf4 Dh6 14.Df3 Lc7 15.Se2 Sd7 16.Dh5?!

Weiß gestattet sich den Luxus, unter Tempoverlust die Damen zu tauschen. Nichts ist gefährlicher, als wenn ein schwächerer Spieler glaubt, dass seine besten Remischancen in der Vereinfachung liegen müssten. Die kleinen Fehler in punkto Tempoverlust summieren sich und können schlagartig zu entscheidendem Nachteil führen. Statt des fragwürdigen Textzuges war 16.Tfe1 Sf6 17.h3 angebracht.

16...Dxh5 17.Sxh5 g6 18.Sg3

Besser war 18.Shf4, da der Springer auf g3 keine gute Perspektive hat. Der folgende Bauernsturm erzeugt konsequenterweise Bauernschwächen am Königsflügel.

18...h5 19.Te1 h4 20.Sf1 h3 21.Sg3

Weiß steht bereits vor einer schwierigen Entscheidung. Soll er 21.hxg3 oder 21.g3 spielen. In beiden Abspielen erhält Schwarz gutes Spiel.

1) 21.hxg3 Sf6 22.Kg2 Kg7 23.S1g3 Th8 24.Sg1 Ld7 und gegen die Drohung Th4 nebst Tah8 gibt es keine gute Verteidigung.

2) Aber auch 21.g3 ist nicht befriedigend. Schwarz erhält nach 21...Sf6 und Ld7 gutes Spiel, weil der weiße Springer an Bewegungsarmut krankt.

21...Sf6 22.Te7?! Ld6 23.Te2 Lg4 24.f3 Ld7 25.c4

Es ist bereits sehr schwer, einen guten Plan für Weiß zu finden, während Schwarz das starke Manöver Kg7 nebst Th8-h4 zur Verfügung hat. Man kann jetzt bereits davon ausgehen, dass Schwarz klaren Vorteil hat.

25...hxg2 26.Kxg2 Kg7 27.c5 Lc7 28.b4 Th8 29.a4

Weiß hat die tödliche Gefahr nicht erkannt. Aber auch nach 29.Td1 Th4 30.Lc2 Tah8 gibt es auf der h-Linie kaum noch eine gute Verteidigung.

29...Th4 30.b5 Txd4

Damit sind die Würfel zugunsten von Schwarz gefallen. Der Rest ist Sache der Technik.

31.Td2 Te8 32.bxc6 Lxc6 33.Lb5 Txd2+ 34.Sxd2 Te3!

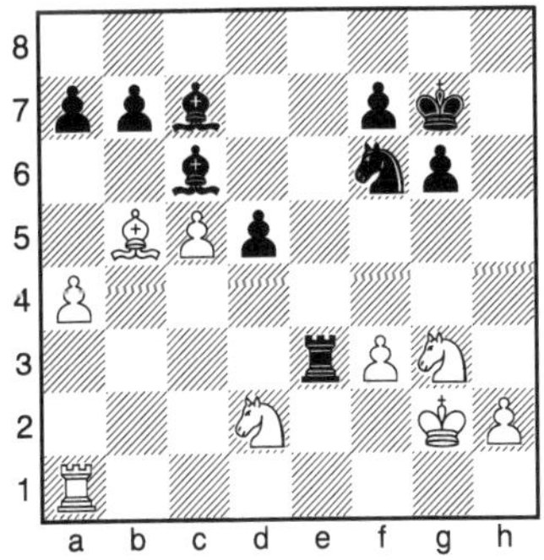

Ein tückischer Zug, der nicht nur 35...Tc3 droht, sondern auch einen eleganten Schlagabtausch vorbereitet.

35.Tb1 Lxg3!

Das war die geplante feine Antwort. Weiterer Materialverlust ist danach nicht mehr vermeidbar.

36.Kxg3

Jetzt scheitert 36.hxg3 an 36...Lxb5 37.Txb5 Te2+ mit Figurengewinn.

36...Se4+ 37.Sxe4

Erzwungen, da 37.Kf4 an 37...Sxd2 scheitert.

37...dxe4 38.Lxc6 Txf3+ 39.Kg2 bxc6 40.Tb7 a5 41.Te7

Hoffnungslos ist 41.Ta7 Tc3 42.Txa5 f5 43.Ta7+ Kf6 44.a5 Txc5 45.a6 Ta5 46.Ta8 f4 47.a7 Kg5 mit Gewinn.

41...Tf4 42.Kg3 g5 43.Te8 e3 44.Txe3 Txa4

Weiß gab auf.

Partie Nr. 56

Schmittdiel – Uhlmann

Deutschland 1992

1.e4 e6 2.d4 d5 3.Sc3 Lb4 4.exd5

Dieser sofortige Bauerntausch ist durchaus nicht auf ein frühzeitiges Remis orientiert. Die Idee besteht darin, nach 5.Ld3 und 6.a3 die weiße Dame nach f3 zu entwickeln einen Angriff am Königsflügel einzuleiten. Außerdem soll in ferner Zukunft unbedingt die Entwicklung des schwarzen Läufers c8 erschwert werden. Vorrangig soll die Kontrolle über den Punkt f5 erhalten bleiben.

4...exd5 5.Ld3 Sc6

Wie schon erwähnt haben auch die Züge 5...c6 oder 5...Se7 Daseinsberechtigung. Bei der Kommentierung dieser Partie fällt mir spontan der Zug 5...Df6 ein. Dazu fehlen jedoch praktische Beispiele.

6.a3 La5

Normalerweise wird 6...Lxc3+ gespielt. Der Läuferrückzug nach a5 war bisher wenig in der Turnierpraxis zu finden, hat aber den Vorteil, dass ausanalysierte Varianten vermieden werden.

7.Sge2 Sge7 8.0-0 0-0 9.Sa4

Das dürfte kaum das richtige Rezept sein. Der alte Spruch „Springer am Rande bringt Schande“ dürfte hier berechtigt sein. Durch den Textzug gehen einige Tempi verloren, die Schwarz nutzen kann, um seinen Läufer c8 günstig auf f5 zu platzieren.

9...Lf5 10.Sc5

Nur nach der Folge 10.b4 Lb6 11.c3 oder 11.Le3 wäre der Springerausfall nach a4 berechtigt.

10...Dc8 11.Lg5 Lb6 12.b4

Schon ein kleines Eingeständnis. Der weiße Springer hat dreimal gezogen, ohne dem Tausch zu entkommen. Als kleines Manko entsteht ein Doppelbauer auf der c-Linie.

12...Lxc5 13.dxc5 Te8 14.Te1 Lxd3 15.Dxd3 Se5!

Die schwarzen Springer sind äußerst agil und beherrschen das Zentrum. In Zukunft kann das Feld c4 für einen Springer angepeilt werden.

16.Dc3 f6 17.Lf4 Sg6 18.Lg3 c6 19.Sd4 Dd7 20.Te2 Sc4

Natürlich ist zwischenzeitlich der Kampf um die offene e-Linie ein zentrales Thema. Aber schon hier schwebte mir folgender Gedanke vor: Wenn es (nach doppeltem Turmtausch in der e-Linie) gelingen sollte, den weißen Springer von d4 zu vertreiben, würde sich ein Endspiel mit einem guten Springer gegen einen passiven Läufer ergeben.

21.Tae1 Txe2 22.Txe2 Te8 23.f3 Txe2 24.Sxe2 Se7 25.Sd4 Sf5

Damit hat Schwarz ein wichtiges Teilziel erreicht und positionell ist seine Stellung etwas besser. Denn der Springer auf c4 ist unvertreibbar und kann Druck auf die Bauern a3 und c2 ausüben. Außerdem hat die schwarze Dame mehr Bewegungsfreiheit und ihr bietet sich in Zukunft das Feld f5 an.

26.Lf2 Sxd4 27.Lxd4 Df5 28.a4

Weiß möchte sich seiner Bauernschwäche a3 entledigen. Ein guter Plan war aber schon schwierig zu finden. Auf 28.De1 folgt 28...Kf7 und alle Einbruchsfelder auf der e-Linie werden kontrolliert.

28...Df4!

Damit wird weiterer Raumgewinn erzielt und die Drohung Dc1+ ist nicht mehr zu verhindern.

29.b5 Dc1+ 30.Kf2 Sa3!

Danach kan Schwarz schon die ersten Früchte ernten, denn Bauernverlust ist nicht mehr zu vermeiden.

31.bxc6 bxc6 32.Kg3

Das Eingeständnis der verfehlten Strategie.

32...Sxc2 33.Lf2 Dg5+ 34.Kh3 Dh5+ 35.Kg3 De5+

Weiß gab auf. Eine streng positionelle Partie, in der die kleinen Sünden sehr hart bestraft wurden.

Partie Nr. 57

Eley – Uhlmann

Hastings 1973

1.e4 e6 2.d4 d5 3.Sc3 Lb4 4.exd5 exd5 5.Ld3 Sc6 6.Sge2

Besser 6.a3 Lxc3+ 7.bxc3 Sge7 8.Df3!, um das Manöver Lf5 zu erschweren.

6...Sge7 7.0-0 0-0 8.Sg3?

Danach erhält Schwarz bereits die Initiative. Richtig ist 8.a3 oder 8.Lf4.

8..f5!

Stellt die Drohung 9...Sxd4 auf, die bisher an Lxh7+ scheiterte. Außerdem muss Weiß immer auf f4 und f3 achten.

9.Sce2 Ld6 10.Sh5

Weiß möchte gern mit einem Springer oder Läufer das Feld f4 besetzen. Das kostet sehr viel Zeit, weswegen im Ausgleichssinne 10.f4 besser war.

10...De8 11.Sf4

Von den bisherigen elf Zügen haben sechs die Springer bestritten. Das kann in der Eröffnung nicht gut gehen.

11...h6 12.Lb5

Weiß unterschätzt den möglichen Bauernsturm am Königsflügel. Nötig war deshalb 12.g3, um einigermaßen gegenzuhalten und das Feld g2 für den Rückzug des Springers zur Verfügung zu haben; z.B. 12...g5 13.Sg2 f4! 14.gxf4 Dh5! mit besserer Stellung.

12...g5 13.Lxc6 Dxc6 14.Sd3 f4 !

Aus der Abtauschvariante ist eine scharfe Position entstanden. Aufgrund der kleinen Eröffnungssünden leidet Weiß unter Raumnot. Seine Leichtfiguren haben keine guten Felder für sinnvolle Einsätze.

15.f3 Sf5 16.Se5 Db6! 17.Sg4 Ld7 18.a4 Tae8 19.Dd3 Kg7

Es drohte 20.Sxh6+ Sxh6 21.Dg6+.

20.Ld2 Sh4!

Nachdem alle schwarzen Figuren eine ideale Aufstellung gefunden haben, reift die Entscheidung in der e-Linie heran. Die Drohung Lf5 zwingt Weiß zu a5, was zu einer Entwertung der Bauernstruktur führt.

21.a5 Db5! 22.Sc3

Nur so ist Materialverlust zu vermeiden.

22...Dxd3 23.cxd3 c6 24.Sa4 Lf5 25.Sc5 Tf7!

Besser als der Bauerngewinn 25...Lxc5 26.dxc5 Lxd3 27.Lc3+, wonach Weiß wieder Luft bekommen würde.

26.Tae1 Txe1 27.Lxe1!

Weiß verteidigt sich umsichtig. Falsch wäre 27.Txe1, da Schwarz nach 27...Lxg4 28.fxg4 f3 zumindest einen Bauern gewinnt.

27...Sg6 28.Lc3 h5 29.Sf2 g4

Die Raumnot wird immer größer.

30.fxg4 hxg4 31.Te1 g3 32.hxg3 fxg3 33.Sh1

Traurige Notwendigkeit. Aber 33.Sh3 Lxh3 34.gxh3 Sh4 ist ebenfalls hoffnungslos, da nach 35.Tf1 (35.Se6+ Kf6!) 36...Te7 der Turm auf der zweiten Reihe eindringt.

33...b6! 34.Se6+

Nach 34.axb6 axb6 35.Sa4 Lxd3 36.Sxb6 Lf4! gibt es gegen Le3+ und Tf1# keine Verteidigung.

34...Kf6 35.Sd8 Tc7 36.a6

Erzwungen, damit der Springer auf b7 ein Fluchtfeld hat, denn es drohte Le7.

36...Lf4 37.Td1

Weiß ist fast in Zugzwang und muss hilflos zusehen, wie die Schlinge um seinen Hals gelegt wird.

37...Lg4 38.Te1 Tc8!

Danach wird auch der zweite Springer ins Abseits gedrängt. Der schwarze Turm bringt jetzt schnell die Entscheidung.

39.Sb7 Th8 40.Lb4 Th2! 41.Sd8

Auch 41.Ld6 hätte nicht mehr ausgereicht. Nach 41...Lxd6 42.Sxd6 Sf4! nebst Txg2+ wäre der Sieg in wenigen Zügen perfekt.

41...c5!

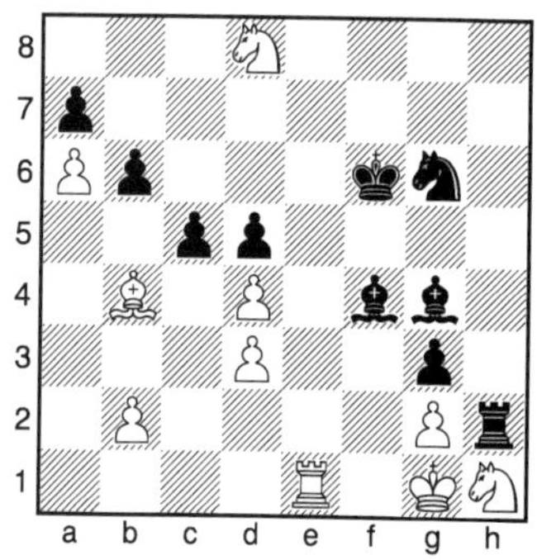

Durch diesen hübschen Sperrzug wird die letzte Schwindelchance von Weiß vereitelt. Schwarz droht jetzt tödlich 42...Sh4, ohne durch Le7+ gestört zu werden.

42.dxc5 Sh4! 43.cxb6 Txg2+ 44.Kf1 Th2!

Aufgegeben, da das Matt nur noch unter größerem Materialverlust zu verhindern ist.

Die Einengungsvariante

1.e4 e6 2.d4 d5 3.e5

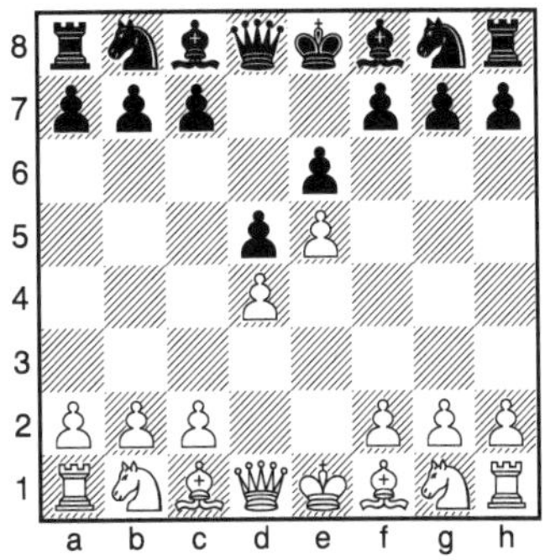

Dieser Aufbau ist auch unter dem Namen „Vorstoßvariante" bekannt. Weiß gibt bereits im dritten Zug zu erkennen, welches Konzept spielbestimmend sein soll. Durch die Bauernkette auf den schwarzen Feldern wird zunächst Raumgewinn erzielt. Außerdem hat der weißfeldrige Läufer die größere Reichweite.

Das Problem für Schwarz liegt darin, schnell Angriffspunkte im Zentrum zu finden. Ein Plan ist aber relativ einfach zur Hand, da sich der Bauernhebel c7-c5 förmlich anbietet. Durch die Züge Sb8-c6 und Dd8-b6 wird der Druck gegen den Punkt d4 verstärkt. Somit sind für beide Seiten keine wesentlichen Variationsmöglichkeiten gegeben. Darin liegt sicher die Ursache, dass die Fortsetzung zur Zeit nur recht wenig angewendet wir. Das bedeutet aber nicht, dass dieses Abspiel in der Hand eines Spezialisten eine gefährliche Waffe sein kann.

Partie Nr. 58

Möhring – Uhlmann

Halle 1982

1.e4 e6 2.d4 d5 3.e5

Die Einengungsvariante ist ein Abspiel mit eher positionellem Charakter. Mit der Festlegung des Zentrums ist ein kleiner Raumgewinn verbunden und die adäquate Bekämpfungsmethode besteht im Einsatz der Bauernhebel c5 und f6.

3...c5 4.c3 Sc6

Eine andere Möglichkeit ist 4...Db6 mit der Idee Ld7 und Lb5.

5.Sf3 Db6 6.Le2

Neben dem Textzug sind noch die Varianten 6.a3 und Ld3 von Bedeutung.

6...cxd4

Stark in Betracht kommt das Abspiel 6...Sh6!?, was in der Begegnung Jonkman – Uhlmann, Chemnitz 1999, angewendet wurde.

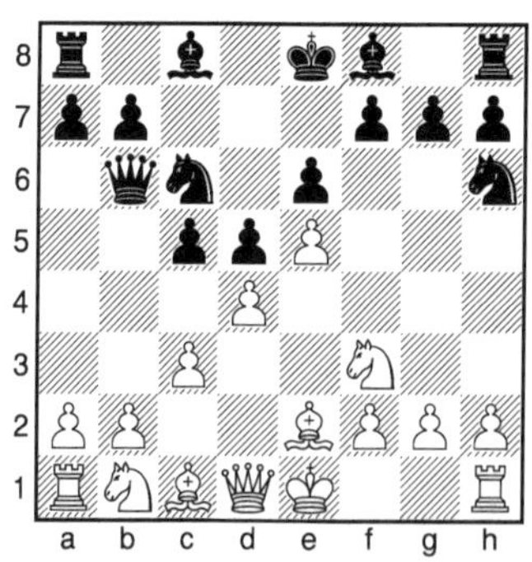

Dieses hat Vor- und Nachteile. Weiß hat die Chance, mittels Lxh6 die Bauernstruktur am Königsflügel zu zerstören. Dafür muss er aber das Läuferpaar aufgeben und hat nicht das ideale Entwicklungsfeld c3 für seinen Springer zur Verfügung.

1) Fehlerhaft wäre nun 7...Dxb2?

a) 8.Le3 Dxa1 9.Dc2 cxd4 10.Sxd4 Sb4?! 11.Lb5+ Ld7 12.Lxd7+ Kxd7 13.cxb4 Lxb4+ 14.Ke2 a5 15.Tc1 Thc8 16.Sc3 mit klarem Vorteil, Drvota – B. Schmidt, Decin 1976.

b) Ungenügend wäre auch die Abwicklung 8.Lc1?! wegen 8...Dxa1 9.Dc2 cxd4 10.0-0 Ld7 11.Sfd2 dxc3 12.Sb3

(12.Sxc3? Sd4 13.Dd3 Dxc3 14.Dxc3 Sxe2+ mit Figurengewinn)

12...Sb4! 13.Sxa1 Sxc2 14.Sxc2 b5! mit Vorteil für Schwarz.

2) Die Partie nahm folgenden interessanten Verlauf: 7...gxh6 8.Dd2 Lg7 9.0-0 0-0 10.Sa3 cxd4 11.cxd4 f6! 12.exf6 Txf6 13.Sc2 a5

Ein wichtiger Zug, um den eventuellen Raumgewinn mittels b4 zu erschweren.

14.g3 Ld7 15.Kg2 Taf8 16.Se3 Le8! 17.Sg4 Txf3!

Ein erzwungenes Qualitätsopfer, das aber sehr chancenreich ist, da ein dynamisches Freibauernpaar im Zentrum entsteht.

18.Lxf3 Sxd4 19.Ld1 e5 20.Te1 e4 21.Se3 Lc6 22.Lg4 Sf3 23.Lxf3

a) 23...exf3+?! 24.Kg1 Dxb2 25.Dxa5 Lc3 26.Dc5 Lxe1 27.Txe1 Te8 mit nur geringem Vorteil.

b) Präziser war erst 23...Dxb2!! 24.Dxa5

(24.Dxb2 exf3+ 25.Kg1 Lxb2 mit klarem Vorteil)

24...Txf3 25.Sg4 h5 26.Tab1 Dc3 27.Dxc3 Lxc3 28.Se3 Lxe1 29.Txe1 d4 mit Gewinn.

7.cxd4 Sh6 8.Sc3

Jetzt wäre 8.Lxh6 fragwürdig wegen des Zwischenzuges 8...Dxb2.Der kleine Unterschied besteht darin, dass nunmehr das Feld b4 von Schwarz genutzt werden kann.

8...Sf5 9.Kf1?!

Weiß hätte sofort 9.Sa4 spielen sollen, um den Druck von dem Bauern d4 abzuwehren. Schwarz hätte zwei gute Antworten zur Verfügung.

1) 9...Lb4+ 10.Ld2 Da5 11.Lc3 b5 12.a3 Lxc3+ 13.Sxc3 b4 14.axb4 Dxb4 15.Lb5+ Ld7 mit bequemem Ausgleich, Dr. Dünhaupt – Rittner, 1974.

2) Die richtige Fortsetzung, um die Spannung aufrecht zu erhalten, dürfte jetzt in 10.Kf1 bestehen, denn nach 10...Dd8 ergibt sich folgendes Bild:

a) Fehlerhaft wäre sofort 11.g4 wegen 11...Sh4 12.Lg5 Ld7 mit gutem Spiel für Schwarz.

b) Nach 11.h4 müsste Schwarz 11...h5 antworten, um 12.g4 zu verhindern. Nach 12.Lg5 f6 13.exf6 gxf6 14.Lf4 Ld6 5.Dd2 Lxf4 16.Dxf4 Dd6 ist die Position ausgeglichen.

c) In diesem Zusammenhang war auch die Partie Camilleri – Uhlmann, Raach 1969, interessant: 11.Lg5 11...Le7 12.Lxe7 Dxe7 13.Dd2 0-0 14.g3 Ld7 15.Sc3 f6 16.g4? Sfxd4! Ein starkes Figurenopfer, welches eine dominierende Macht im Zentrum auslöst. Außerdem ist die entstehende halboffene f-Linie entscheidend.

16.Sxd4 fxe5 17.Sxc6 Lxc6 18.Sd1 Dh4 19.Tc1 d4 20.Txc6 Dh3+ 21.Ke1 bxc6

Obwohl der Materialbestand als ausgeglichen angesehen werden musste, stand Weiß vollkommen auf Verlust und musste im 33. Zug die Waffen strecken.

9...Ld7 10.Sa4

Verfrüht wäre jetzt 10.g4 wegen 10...Sfxd4 11.Sa4 Da5 und Weiß hat keine Zeit zu 12.Sxd4 Sxd4 13.Dxd4 Dxa4 mit großem Vorteil.

10...Dd8 11.Lf4 Le7 12.g4 Sh4 13.Sxh4 Lxh4 14.Sc5 Lc8!

Nach diesem Rückzug bleibt das Läuferpaar erhalten und die mögliche Wendung 15.Sxd7 Dxd7 16.g5 wird verhindert, wonach der Läufer Lh4 ausgesperrt wäre. Außerdem kann der Lc8 in einigen Abspielen nach b7-b6 über a6 ins Spiel gebracht werden.

15.Dd2

Etwas besser war 15.Lg3.

15...f6!

Verhindert wiederum die Aussperrung durch g5 und bereitet eine gefährliche Aktion in der f-Linie vor.

16.Kg2 0-0 17.Lg3 fxe5 18.dxe5 d4!

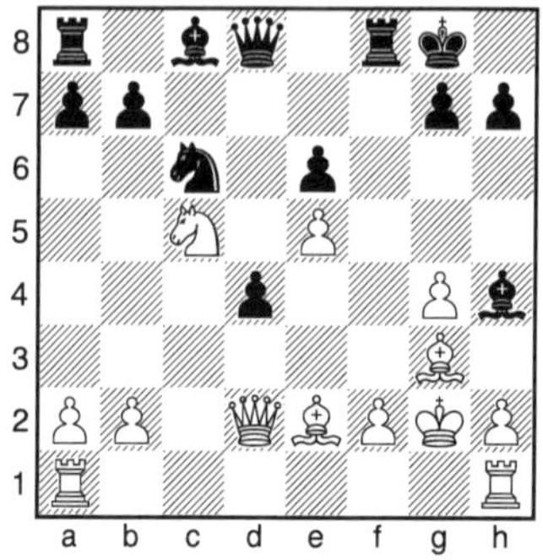

Dieser Vorstoß vergrößert den Raumvorteil und bereitet den Einsatz des Läufers sowie der Dame auf der langen Diagonale a8-h1 vor. Schlecht wäre 18...Lxg3 19.hxg3 Sxe5 20.Th5!, denn Weiß bekäme unwiderstehlichen Angriff in der h-Linie.

19.Lxh4

Eine schwierige Entscheidung, denn auch der optisch gute Zug 19.Lc4 ergibt Vorteil

(Nach sofortigem 19.Sd3 sichert 19...Dd5+ 20.f3 Le7 mit der Idee b6 und Lb7 das bessere Spiel.)

1) Jetzt nur nicht 19...Sxe5? 20.Lxe5 Txf2+ 21.Dxf2 Lxf2 22.Sxe6! Lxe6 23.Lxe6+ Kh8 24.Kxf2 De7 25.The1 mit Vorteil.

2) Korrekt ist 19...Sa5! 20.Lxe6+

20.Sxe6 Sxc4 21.Sxd8 Sxd2 22.Lxh4 Lxg4 mit den Drohungen Txd8 und Lf3+.

20...Lxe6 21.Sxe6 Dd5+

a) 22.Kh3 Lxg3! 23.fxg3 Dxe6 24.Dxa5 Tf2 mit leichtem Gewinn.

b) Nach 22.Kg1 sichert 22...Lxg3 23.hxg3 Sc4 ebenfalls eine Gewinnstellung.

19...Dxh4 20.Sd3

Jetzt wäre 20.f4 verderblich wegen 20...Sxe5 21.fxe5 Df2+ 22.Kh3 Tf3+ mit Damengewinn.

20...b6! 21.f4

Nicht 21.Lf3 Txf3! 22.Kxf3 Lb7 mit vernichtendem Angriff – und falls 21.f3, so 21...La6 mit der Drohung Lxd3 und Sxe5.

21...Lb7 22.Lf3 Sa5 23.h3

Notwendig, da 23.Lxb7 an 23...Dxg4+ und 23.Sf2 an 23...Lxf3+ 24.Kxf3 g5! scheitert.

23...Sc4!

Dieses kecke Pferd dringt verheerend in die geschwächte weiße Königsstellung ein.

24.De2

Auf 24.Df2 wird der Vorteil mittels 24...Se3+ 25.Kg1 De7! ausgebaut.

24...Se3+ 25.Kh2 Tac8!

Verhindert wiederum Lxb7 wegen der Drohung Tc2 mit Damengewinn.

26.Tac1 La6

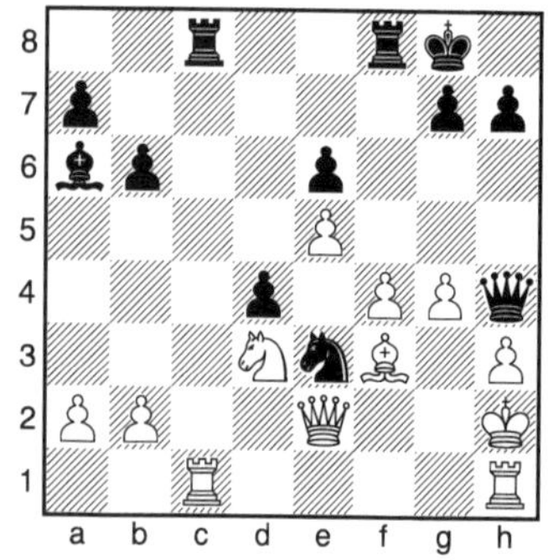

Dieser Läuferzug besiegelt die weiße Niederlage. Der Schutzspringer droht getauscht zu werden, wonach das Feld f4 nicht mehr zu verteidigen ist.

27.Le4

Oder 27.Df2 Dxf2+ 28.Sxf2 Txc1 29.Txc1 Txf4 mit klarem Endspielvorteil, bzw. auch 27...Dh6 28.g5 Dg6 mit Vorteil.

27...Lxd3 28.Lxd3 Sxg4+!

In gewonnener Stellung noch eine schöne Schlusskombination.

29.Dxg4 Df2+ 30.Dg2 Dxf4+ 31.Dg3 Txc1

Weiß gab auf, da 32.Dxf4 an dem Zwischenzug 32...Txh1+ scheitert.

Partie Nr. 59
Przewoznik – Uhlmann
Zakopane 1980

1.e4 e6 2.d4 d5 3.e5 c5 4.c3 Sc6 5.Sf3 Db6 6.a3

Mit dem Partiezug deutet Weiß an, dass er mittels b4 Raumvorteil erzielen möchte. Die Antwort 6...c4 ist deshalb das richtige Gegengift. Der modernere Zug ist 6...Sge7, um weiter Druck aufs Zentrum auszuüben.

6...c4 7.g3

Wie der Partieverlauf zeigt, ist dieser Aufbau etwas langatmig; besser 7.Sbd2.

7...f6!

Diesen Sprengungszug habe ich in die Turnierpraxis eingeführt. Das Problem mit dem rückständigen Bauern e6 kann in der Folge zufriedenstellend gelöst werden. Die alte Methode besteht in dem Manöver Sa5 und Ld7 mit Blockade des Damenflügels. Die Ergebnisse sprechen aber zugunsten von Weiß.

8.exf6 Sxf6 9.Lg2 Ld6 10.0-0 0-0 11.Sbd2

Auf 11.Te1 folgt 11...Se4 12.Sbd2 Sxd2 13.Sxd2 Kh8 und Weiß kann im nächsten Zug nicht den Bauernvorstoß 14...e5 unterbinden. Danach kommen die schwarzen Leichtfiguren mit Tempogewinn ins Spiel.

11...e5!

Mit diesem Befreiungsvorstoß erlangt Schwarz die Initiative. Der Läufer c8 hat vorzügliche Perspektiven. Er kann sowohl auf g4 eine Fesselung herstellen, als auch das Traumfeld d3 ansteuern. Die Bauernschwäche d5 spielt dabei eine untergeordnete Rolle.

12.dxe5 Lxe5!

Die präziseste Art, Stellungsvorteil zu erhalten, denn Weiß muss auf e5 tauschen, wonach der schwarze Springer eine dominierende Position im Zentrum einnimmt. Schlecht wäre nämlich 13.Te1 wegen 13...Lg4 14.h3 Lxg3! mit vernichtendem Angriff.

13.Sxe5? Sxe5 14.De2 Tfe8 15.Sf3 Lg4 16.Dd1

Auf 16.Le3 gewinnt Schwarz mit 16...Sxf3+ 17.Lxf3 Lf3 18.Dxf3 Dxb2 19.Ld4 De2! bei gesicherter Stellung einen Bauern. Trotzdem war es das kleinere Übel.

16...Tad8 17.Le3

Jetzt muss Weiß den Bauern doch opfern, da die Drohung Se4 sonst zu stark wäre.

17...Dxb2 18.Ld4 b6

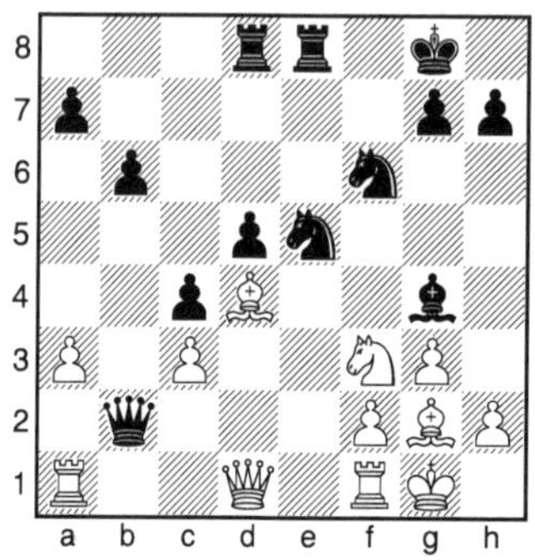

Bei fester Stellung verfügt Schwarz über einen Mehrbauern und kann in ein günstiges Endspiel abwickeln.

19.h3 Sxf3+ 20.Lxf3 Lxf3

Gefährlich wäre 20...Lxh3, da Weiß nach 21.Lxf6 oder auch 21.Te1 noch einige Chancen erhalten würde.

21.Dxf3 De2! 22.Df4 De4 23.Dg5

Weiß muss natürlich den Damentausch vermeiden, um eventuell mit den Schwerfiguren Konterchancen zu erspielen.

23...h6 24.Dd2 Df5 25.Lxf6

Dieser Tausch ist unvermeidlich, da sonst entscheidend Se4 gefolgt wäre.

25...Dxf6 26.Tad1 b5 27.Db2 a6 28.a4

Um wenigstens die Bauernkette zu sprengen. Nach 28.Tfe1 Txe1+ 29.Txe1 d4 30.cxd4 Txd4 gewinnt der Freibauer auf c4.

28...bxa4 29.Ta1 Df3! 30.Txa4 Te2 31.Dc1

Ein Fehler in verlorener Stellung. Auf 31.Db6 folgt 31...Tde8 mit der Drohung Dxc3 und Te1.

31...Tf8 32.Dd1 Txf2

Weiß gab auf.

Partie Nr. 60
Rosen – Uhlmann
Dresden 2001

1.e4 e6 2.d4 d5 3.e5 c5 4.c3 Sc6 5.a3 Db6 6.Sf3 c4 7.g3 f6! 8.exf6 Sxf6 9.Lg2

Keine guten Erfahrungen konnte Weiß 1977 in der Begegnung Casper – Uhlmann mit dem Zug 9.Lh3 sammeln. Nach 9...Ld6 10.0-0 0-0 11.Te1 Se4 12.Sbd2 Sxd2 13.Lxd2 (12.Sxd2 e5!) 13...Dxb2 14.Lxe6+ Lxe6 15.Txe6 Tad8 16.Kg2 Td7 17.Tb1 Dxa3 18.Dc2?? Txf3 war ein Kurzsieg zu verzeichnen.

9...Ld6 10.0-0 0-0 11.De2

Das dürfte etwas besser sein, um den Vorstoß e5 zu unterbinden.

11...Ld7 12.Se5

Damit hat Weiß endgültig den Vorstoß e5 vereitelt. Er möchte gern in aller Ruhe seine Entwicklung am Damenflügel vollenden und anschließend mittels f4 und g4 einen Angriff am Königsflügel vorbereiten. Das ist sicherlich ein gutes Konzept, wogegen Schwarz irgendwie den

Läufer über e8 nach g6 ins Spiel bringen muss.

12...Tae8 13.Sd2 Te7 14.f4 Le8

Damit hat Schwarz die erste Stufe seines Planes verwirklicht. Nach Beseitigung des Springers auf e5 droht er, mit seinem weißfeldrigen Läufer auf einer der Diagonalen h7-b1 oder h5-d1 aktiv zu werden.

15.Lh3 Lxe5

Ein guter Zug, der den Druck gegen den Bauern e6 mindert, so dass (wie schon angekündigt) der weißfeldrige Läufer zum Einsatz gebracht werden kann.

16.fxe5 Sd7 17.Txf8 Sxf8

Betrachten wir das Stellungsbild und schätzen die Position ein. Weiß hat einen passiven Läufer auf c1, der im Endspiel nachteilig sein könnte. Weiterhin krankt er an der Bauernschwäche auf b2.Schwarz hingegen hat demnächst einen äußerst agilen Läufer auf h5 oder g6. Außerdem kann auch der Turm auf der offenen f-Linie zum Einsatz kommen. Demzufolge ergibt sich ein kleines Stellungsplus für Schwarz.

18.Sf3 Lh5 19.Le3 Tf7 20.g4

Verständlich, dass Weiß aktiv werden möchte. Das kleinere Übel wäre aber 20.Lg2 gewesen.

20...Lg6 21.Sg5 Te7 22.Lf1

Weiß möchte auf 22...h6 die Parade 23.Sh3 zur Verfügung haben.

22...Dd8

Nachdem die schwarze Dame ihre Schuldigkeit am Damenflügel getan hat, ist jetzt die richtige Zeit gekommen, zum Königsflügel zu schwenken.

23.h4 h6 24.Sh3 Tf7 25.h5 Ld3 26.Dh2

Verständlich, dass Weiß keine Freude an dem Zug 26.Dg2 hätte, da Schwarz durch 26...Le4 unangenehme Drohungen aufstellen könnte.

26...Dh4

Zum ersten Mal taucht eine handfeste Drohung auf, die nur durch 27.Sf2! pariert werden könnte. Nach 27...Dxh2+ 28.Kxh2 Tf3 29.Sxd3/Lxd3 Txe3 hat Schwarz das bessere Endspiel, weil seine Springer agiler sind. Es besteht die Möglichkeit, mittels Sh7 und Sg5 den Druck zu verstärken. Allerdings wäre es nur ein Minivorteil. Weiß verliert aber die Nerven und begeht einen Fehler.

27.Dg2? Le4 28.Lf2

Das war die gedachte Ausrede. Ihr liegt jedoch ein Berechnungsfehler zugrunde und sie verliert im Endeffekt eine Figur.

28...Lxg2 29.Lxh4 Txf1+

Dieses Zwischenschach hatte Weiß offenbar übersehen.

30.Txf1 Lxh3 31.Tf4 g5!

Dieser wichtige Zwischenzug vermeidet, dass der Läufer auf h3 Probleme bekommt. Jetzt ist guter Rat teuer.

32.hxg6 Sxg6 33.Tf6 Kg7!

Die präziseste Erwiderung. Nach 33...Sxh4 34.Txh6 hatte Weiß noch kleine Remischancen.

34.g5

Noch eine letzter Versuch, aktiv zu werden. Der Antwortzug zerstört aber jegliche Hoffnung.

34...h5 35.Kh2 Lf5

Danach bleibt der Turm lebenslänglich auf f6 eingesperrt. Gegen das Manöver 36...Se7 nebst Sg8 gibt es keine Verteidigung.

36.Le1 Se7

Weiß gab auf.

Partie Nr. 61
Enders – Uhlmann
Eggesin 1978

1.e4 e6 2.d4 d5 3.e5 c5 4.c3 Sc6 5.a3 Db6 6.Sf3 c4 7.Sd2 f6 8.b3

Jetzt ist das Sprengungsmanöver verfrüht, weil Schwarz sofort im Zentrum aktiv werden kann und Raumgewinn erzielt.

8...fxe5! 9.bxc4

Weiß hat keine Zeit für 9.Sxe5, denn nach 9...Sxe5 10.dxe5 Lc5 11.De2 cxb3 12.Tb1 Se7 ist der schwarze Vorteil offensichtlich.

9...e4! 10.Sh4

Auf 10.Sg5 ist 10...Le7 stark. Weiß hat Probleme mit seiner Entwicklung, während Schwarz mit Sf6 und 0-0 normale Züge zur Verfügung stehen.

10...Sf6 11.g3

Wegen der Drohung g7-g5 muss Weiß ein weiteres Tempo verlieren.

11...Le7 12.Tb1 Dc7 13.Le2 0-0 14.0-0 Sa5

Der Angriff auf den geschwächten weißen Damenflügel ist das richtige Rezept.

15.c5 b6 16.Sb3 Sxb3 17.cxb6 axb6 18.Dxb3 La6 !

Ein wertvoller Tempogewinn, der sowohl c4 unterbindet als auch das Schlagen auf b6. Andererseits kann jetzt ein Druckspiel gegen die geschwächten Bauern a3 und c3 eingeleitet werden.

19.Tfe1 Sd7! 20.Sg2?!

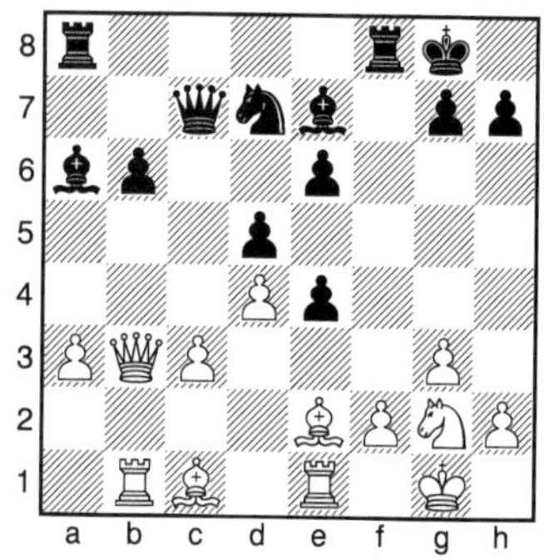

Auf 20.Lg4 hätte Schwarz eine prächtige Kombination zur Verfügung – nämlich: 20...Lxh4 21.Lxe6+ Kh8 22.gxh4 (22.Lxd5 Tae8 23.gxh4 Txf2!! mit Gewinn) 22...Txf2!! 23.Kxf2 Dxh2+ 24.Ke3 Dg3+ 25.Kd2 Dd3#.

20...Tfc8?

Ein strategischer Fehler, der Weiß wieder Chancen einräumt. Richtig war 20...Lxe2 21.Txe2 und jetzt 21...Tfc8 mit Dauerbelagerung der Schwächen c3 und a3.

21.Lg4! Sf8!?

Schwarz muss zu einem Bauernopfer greifen, um die Initiative zu behalten.

22.Dxb6 Dd7! 23.Sf4 Ld6 24.Db2

Ein grober Fehler wäre 24.Sxd5 Tcb8 und der Turm auf b1 geht verloren.

24...Df7

Weiß hat zwar einen Bauern mehr, jedoch ist die Verteidigung äußerst schwierig, da er an den Schwächen a3 und c3 laboriert und außerdem eine schlechte Figurenaufstellung hat.

25.Dd2 Tc6! 26.Kg2 Tac8 27.Le2

Die Rückgabe des Mehrbauern ist noch die beste Verteidigungschance.

27...Lxf4

In Betrachtung kam auch 27...Lxe2 28.Sxe2 Sg6 mit der Idee h5-h4.

28.Dxf4 Lxe2 29.Dxf7+ Kxf7 30.Txe2 Txc3 31.Lf4! Sg6! 32.Ld6

Damit ist es Weiß gelungen, seinen Läufer zu aktivieren. Er ist allerdings weiterhin Angriffen ausgesetzt, so dass Schwarz noch ein kleines Plus hat.

32...T8c4 33.Ta2!?

Eine schwierige Entscheidung. In Betracht kam 33.Lc5 Kf6 und Schwarz droht e5 mit Freibauernbildung.

33...Txd4 34.a4 Tc6 35.a5

Das war die Idee des Zuges 32.Ta2. Mit dem Sturmlauf des a-Bauern soll ein schwarzer Turm gewonnen werden.

35...Txd6 36.a6 Td2!

Dieses feine Ablenkungsmanöver sichert Schwarz Vorteil, da Weiß nicht schnell genug eine Verdopplung auf der siebten Reihe durchführen kann. Schlecht wäre 36...Td8? 37.a7 Ta8 38.Tb8! gewesen.

37.Txd2 Txa6 38.Tb4?

Danach hat Schwarz die Nase wieder vorn. Nötig war 38.f3, um die folgende Unklammerung auszuschalten.

38...Se5 39.Tc2 Kf6 40.Tc8 Sd3 41.Tb7 Ta2 42.Tf8+ Ke5! 43.Kf1

Weiß hat keine Zeit, den Bauern g7 zu schlagen, denn es würde 43...e3 nebst e2 mit Gewinn folgen.

43...Ta1+ 44.Ke2 Se1!

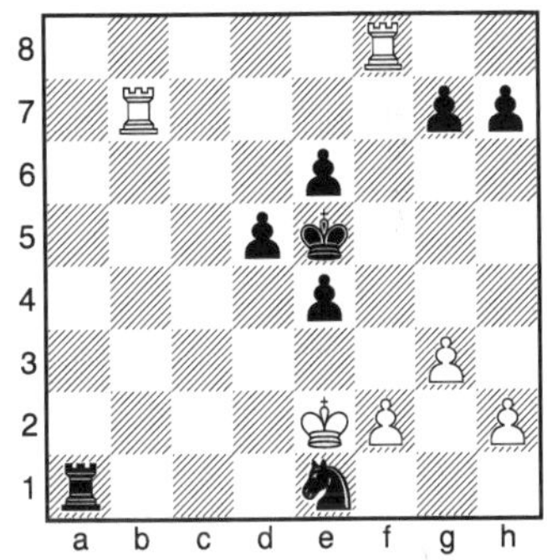

Ein feines Manöver, nach dem zwangsläufig ein gewonnenes Turmendspiel entsteht.

45.Txg7 Sf3 46.Txf3

Traurige Notwendigkeit, denn nur so ist das Matt auf e1 zu verhindern.

46...Ta2+ 47.Ke1 exf3 48.Tf7

Auf 48.Txh7 gewinnt 48...Ke4 49.Tb7 (49.Th4+ Kd3 nebst matt auf a1) 49...Ta1+ 50.Kd2 Tf1 nebst Txf2.

48.... Ta3! 49.Txh7

Auf 49.Tf4 gewinnt 49...d4 gefolgt von Kd5 und e5.

49...Ke4! 50.Tf7 e5 51.h4 Ta1+ 52.Kd2 Tf1

Weiß gab auf.

Partie Nr. 62

Teske – Uhlmann

Nordhausen 1986

1.e4 e6 2.d4 d5 3.e5 c5 4.c3 Sc6 5.Sf3 Db6 6.a3 c4 7.Sbd2 f6 8.Le2!

Die präziseste Abwicklung. Nach Tausch auf e5 und anschließendem Lc5 muss Weiß zur Rochade bereit sein.

8...fxe5 9.Sxe5 Sf6?!

Genauer ist 9...Sxe5 gefolgt von 10.dxe5 Lc5 11.0-0 Se7 12.b4! cxb3 13.Sxb3 0-0.

10.0-0

Besser war 10.f4!, um Weiß ein starkes Zentrum zu sichern und den Springer e5 zu stützen. Und außerdem ist da auch noch der Raumvorteil, T. Pähtz – Uhlmann, Nordhausen 1986.

10...Ld6 11.Sf3

Jetzt scheitert 11.f4 an 11...Sxe5 12.fxe5 Lxe5 mit Bauerngewinn.

11...0-0 12.Dc2 Dc7!

Der Kampf um das Feld e5 bestimmt das beiderseitige Handeln.

13.Lf4 Sh5!

Auf 13...Se4 könnte Weiß nach 14.Sxc6 Lxf4 15.Sce5 den Punkt e5 behaupten.

14.Sxc6

Schlecht wäre 14.Sg5 g6 15.Lxh5 Txf4 16.Lg4 Lxe5 17.Sxe6 De7 oder 17.Lxe6 Lxe6 18.Sxe6 Df7 in beiden Fällen mit Figurengewinn.

14...hxf4 15.Se5 Ld7 16.Tfe1

Den Vorzug verdiente 16.g3, um sofort den lästigen Springer zu befragen.

16...Tf5 17.Lf1 Sg6!

Ein starker Zug, der Schwarz die Kontrolle über den Punkt e5 ermöglicht. Der entstehende Doppelbauer spielt keine Rolle, da Weiß keine Zeit hat, den Druck nach Verdoppelung der Türme auf der f-Linie zu mindern.

18.Sxg6 hxg6 19.Te3 Taf8! 20.Tae1 Db6!

Ein vorbeugender Zug, um 21.Se5 zu unterbinden. Nach 21...Lxe5 22.Txe5 folgt 22...Txf2 23.Dxf2 Txf2 24.Kxf2 Dxb2+ mit klarem Vorteil.

21.T3e2

Weiß hat keine Zeit für 21.T1e2 wegen 21...Lf4 mit Qualitätsgewinn.

21...g5!

Jetzt wird sogar der Doppelbauer zu einer Macht.

22.Se5

In Ermangelung eines besseren Zuges sucht Weiß sein Heil in dem Textzug. Mit der Schließung der e-Linie beraubt er sich jedoch jeglichen Gegenspiels.

22...Lxe5! 23.dxe5 Le8!

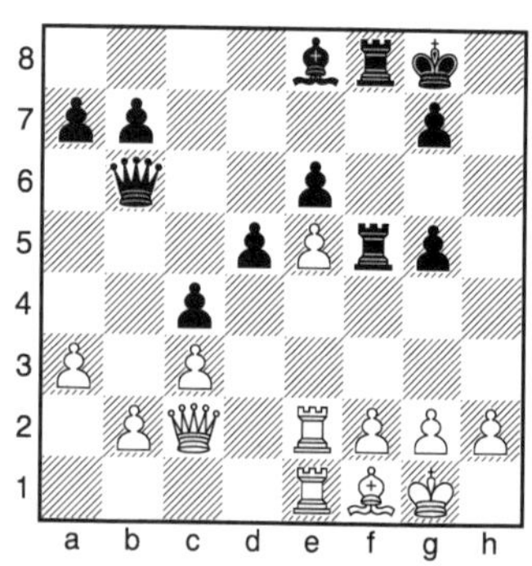

Damit ist der Wunsch von Schwarz Wirklichkeit geworden. Das Sorgenkind, der französische Läufer, avanciert zum Helden des Tages. Der Raumvorteil, der Druck auf den Bauern f2 und auch der Einsatz des Läufers auf der Diagonale h7-b1 bestimmen das weitere Geschehen. Die Position ist klar besser für Schwarz einzuschätzen.

24.h3 Lg6 25.Dd2 Tf4 26.g3

Die Drohung Ld3 zwingt zur Schwächung.

26...Tf3 27.Lg2

Tödlich wäre 27.Dxg5 wegen 27...Txf2 mit Gewinn.

27...Txg3! 28.Kh2 Td3 29.Dxg5 Le4

Danach wird der Schutzläufer getauscht und die Schwerfiguren drohen, entscheidend einzudringen.

30.f4

Noch am besten, damit der Turm f8 nicht auf f2 oder f3 eindringen kann; z.B. 30.Lxe4 dxe4 31.Tg1 Txf2+ 32.Txf2 Dxf2+ 33.Tg2 Df7 mit Bauerngewinn.

30...Lf5!

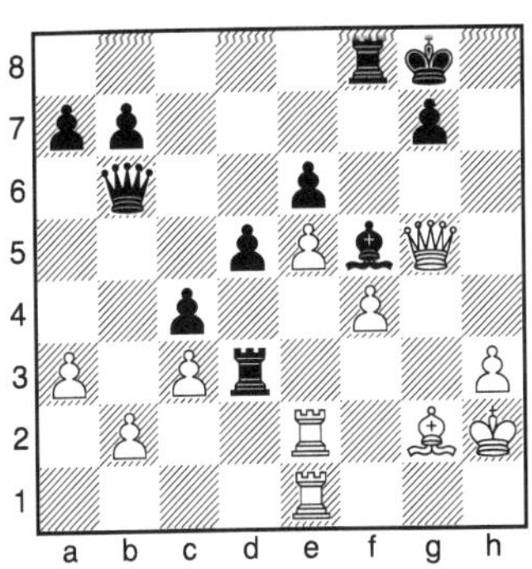

Für das Endspiel wurde eine neue Schwäche auf f4 markiert. Der Läufer auf f5 dominiert jetzt, zumal er auch noch Druck auf den Bauern h3 ausübt.

31.Tg1 Dd8

Neben dem Textzug, der zwecks Ausschluss von Schwindelchancen gegen g7 Damentausch anbietet, war auch 31...Tf7 stark.

32.Dxd8 Td8 33.Tgf1 d4!

Das Bild hat sich vollkommen gewandelt. Als strategisches Merkmal spielt jetzt die offene d-Linie in Verbindung mit der Bauernmajorität am Damenflügel die Hauptrolle.

34.cxd4 Txd4 35.Tf3

Weiß widersteht der Verlockung 35.Lxb7, denn nach 35...Th3+ 36.Kg1 (nicht 36.Kg2 Tb3 mit der tödlichen Drohung Lh3+) 36...Th4 37.Tef2 Ld3 geht der Bauer f4 verloren.

35...b5 36.Kg3 a5 37.Txd3 Txd3+ 38.Kf2 b4! 39.axb4 axb4 40.Le4

1) Auf 40.Te3 folgt 40...Txe3 41.Kxe3 c3 42.bxc3 b3!

2) oder 40.Tc2 c3 41.bxc3 b3! 42.Tb2 Txc3 43.Ke2 Lxh3 jeweils mit Gewinn.

40...Txh3

Nach präzisem Positionskampf wurde somit Materialgewinn erreicht. Aufgrund der aktiven Turmposition ist jedes Endspiel gewonnen.

41.Lxf5 exf5 42.Td2

Auf 42.e6 gewinnt ebenfalls 42... Th2+.

42...Th2+

Die Abwicklung in ein Bauernendspiel ist die einfachste Lösung.

43.Ke3 Txd2 44.Kxd2 Kf7 45.Ke3 g5!!

Diesen Geistesblitz mit der Bildung eines Freibauern, der unaufhaltsam zur Dame geht, musste man noch haben.

46.fxg5 f4+!

Weiß gab auf, da nach 47.Kxf4 c3 48.bxc3 b3! eine neue Dame entsteht.

Partie Nr. 63

Badestein – Uhlmann

Berlin 1973

1.e4 e6 2.d4 d5 3.e5 c5 4.c3 Sc6 5.Sf3 Db6 6.Ld3

Dieses Bauernopfer ist in der geübten Hand eines Angriffsspielers eine durchaus gefährliche Waffe.

6...cxd4 7.cxd4 Ld7 8.0-0 Sxd4

Diese Stellung wurde angestrebt. Der Entwicklungsvorsprung und die Nutzung der offenen Linien mit Angriff auf die schwarze Dame bilden das Leitmotiv. In der Regel entsteht ein Spiel auf Leben und Tod.

9.Sxd4 Dxd4 10.Sc3 a6!

Lebensgefährlich ist das Verspeisen des zweiten Bauern auf e5. Nach 10...Dxe5 11.Te1 Db8 12.Sxd5 ist der Angriff einen Bauer wert.

11.De2 Se7

Neben dem Textzug stehen noch folgende Abspiele zur Debatte.

1) 11...Tc8

a) In der Partie Cuartas – Mecking 1977, hatte Schwarz nach 12.Td1 Lc5 13.Lc2 (13.Lxa6? Dxf2+) 13...Dh4 14.g3 De7 etwas Vorteil.

b) In der Partie Padewski – Darga, Siegen 1970, erreichte Schwarz nach 12.Kh1 Lc5 13.Lg5 (13.f4 Sh6!) 13...h6 14.Ld2 Se7 15.Tac1 Dh4 16.f4 Sf5 17.Lxf5 exf5 18.b4 La7 19.Sxd5 0-0 Ausgleich. Bei diesem Abspiel hat man allerdings den Eindruck, dass Weiß durch 15.f4 einen gefährlichen Angriff einleiten kann.

2) Auch gegen den frühzeitigen Zug 11...Db6 muss man gesundes Misstrauen haben.

Weiß spielt 12.Kh1 und nach dem anschließenden f4 hat Schwarz Probleme, welche Figurenaufstellung er wählen soll. Der Entwicklungsvorsprung kompensiert den

Minusbauern. Demzufolge ist der Textzug die logischste Erwiderung.

12.Kh1 Sc6 13.f4 Sb4

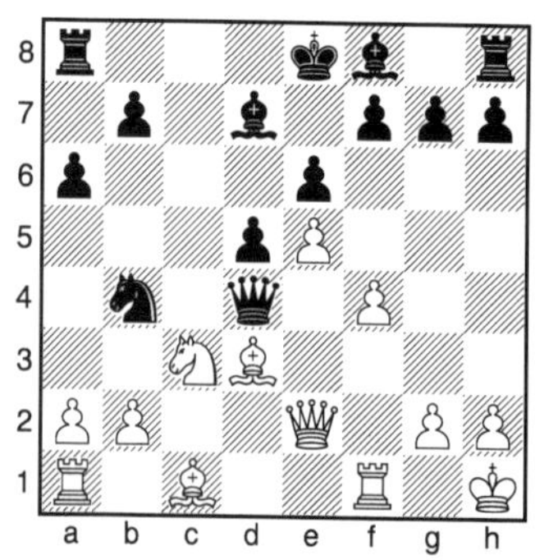

Durchaus in Betracht kommt 13...Lc5 mit der Folge 14.Ld2 Sb4 15.Lb1 Dc4 und nun:

1) 16.Dxc4 dxc4 17.Se4 Le7 18.Sd6+ Lxd6 19.exd6 Sd5 mit gutem Spiel;

2) 16.Dd1 Sd3 17.b3 Dd4! mit Vorteil;

3) 16.Df3 Dd4 17.De2 Dc4 mit Ausgleich.

14.Tfd1 Sxd3

Neben dem Tausch auf d3 war durchaus 14...Lc5 spielbar.

1) Denn Schwarz braucht sich nicht vor der Abwicklung 15.Lxa6 zu fürchten; z.B. 15...Df2 16.Dxf2 Lxf2 17.Lb5 (17.Lxb7? Ta7 mit Figurengewinn) 17...Lxb5 18.Sxb5 Kd7 19.Sd6 f6 mit gutem Spiel für Schwarz.

2) Eine reizvolle Variante wäre 15.Lb5 Df2 16.Lxd7+ Kxd7 17.Dg4 Sd3!! mit der tödlichen Drohung 18...Dg1+ 19.Txg1 Sf2#, bzw. 18.h3 Dc2 und das Familienschach auf f2 gewinnt mindestens die Qualität.

15.Txd3 Dc4 16.Le3?!

Möglicherweise war im Angriffssinne 16.b3 besser. Nach 16...Dc7 17.Lb2 kann der Bauernvorstoß f5 dem weißen Angriff eventuell neue Impulse verleihen

16...Lb4

Jetzt stimmt wieder alles für Schwarz, denn mit Tempogewinn kann die Entwicklung beendet werden.

17.b3

Nicht 17.a3 Lxc3 18.bxc3 Lb5 mit Qualitätsgewinn.

17...Dc7 18.Tac1 Tac8! 19.Sa4 Dxc1+

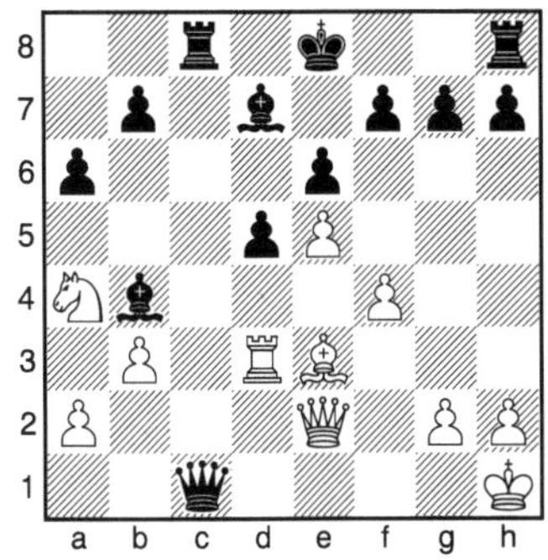

Ein feines Damenopfer, das den Vorteil vergrößert. Das Läuferpaar ist jetzt eine gewaltige Kraft und bestimmt das Spielgeschehen. Der verbleibende weiße Springer führt dagegen ein Schattendasein und kann selbst in Verbindung mit der Dame keinerlei Aktivität ausüben.

20.Lxc1 Txc1+ 21.Td1 Txd1+ 22.Dxd1 0-0 23.Sb6 Lc6 24.Dd4 Le7 25.h3 f6 26.f5

Weiß möchte nicht tatenlos zusehen, wie langsam aber sicher die beiden Läufer und der Turm ins Spiel finden. Der Freibauer auf d5 könnte dann ganz schnell ins Laufen kommen.

26...Ld8!

Diese taktische Finesse lässt den Zug 26.f5 fragwürdig erscheinen.

1) Jetzt scheitert 27.exf6 an 27...e5 28.Dc5 Lxb6 29.Dxb6 Txf6 und einer der beiden Freibauern macht das Rennen.

2) Verlieren würde auch 27.Sc8 exf5 28.e6 Te8 29.De3 Lc7 30.Sb6 f4

31.Dd4 Txe6 32.Sxd5 Te1+ 33.Kh2 f3+! 34.Sxc7 fxg2 und Weiß kann lediglich noch ein Racheschach geben.

27.fxe6 fxe5 28.Dc5

Verlieren würde 28.Dxe5 Lxb6 29.e7 Te8 30.De6+ Kh8 31.Df7 Lc5 nebst Lxe7.

28...Lxb6 !

Die Zeit ist reif, sich vom Läuferpaar zu trennen. Die beiden Freibauern sind jetzt das Pfand für den Sieg.

29.Dxb6 Te8! 30.e7 Txe7 31.Dd8+ Te8 32.Dd6 e4 33.Kg1 e3 34.Kf1 Lb5+!

Noch eine Feinheit. Schwarz nutzt die Schwäche der ersten Reihe für ein Mattspiel aus und liebäugelt auch mit der Fesselung in der e-Linie.

35.Ke1 Tf8! 36.Dxd5+

36.De6+ Kh8 37.Dxe3 Te8 führt zum Damengewinn.

36...Kh8 37.Kd1 h6!

Selbst für ein Luftloch hat Schwarz noch Zeit.

38.De5 e2+ 39.Kd2 T8+

Weiß gab auf.

Der „Königsindische Angriff“

1.e4 e6 2.d3

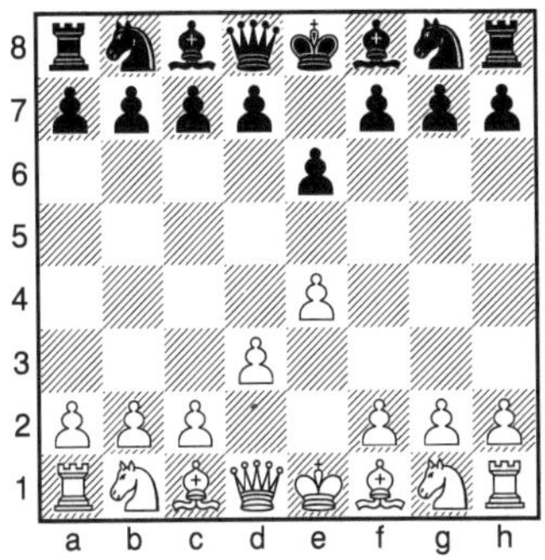

Dieser Aufbau wird als „Königsindisches System“ bzw. „Königsindischer Angriff“ bezeichnet, denn Weiß strebt mit vertauschten Farben Strukturen mit königsindischem Charakter an. Nach der Flankierung des weißen Läufers bleibt die Stellung auf lange Sicht geschlossen und es entsteht ein schwerblütiger Positionskampf. Die Chancen von Weiß liegen im Angriff am Königsflügel, während Schwarz bedingungslos die Initiative am Damenflügel suchen muss. Dieser Aufbau wird gern gegen Französisch-Spezialisten angewendet, um sie aus dem Konzept zu bringen.

Partie Nr. 64
Sawon – Uhlmann
Skopje 1968

1.e4 e6 2.d3

Mit diesem kleinen Schritt des d-Bauern bekundet Weiß, dass er nicht beabsichtigt, das Zentrum unmittelbar auszuweiten. Die Strategie besteht darin, die Entwicklung langsam zu beenden, wobei wenig Material getauscht werden soll.

2...d5 3.Sd2

Aktuell erfreut sich auch der Zug 3.De2 großer Beliebtheit. So haben z.B. die Großmeister Glek und Morosewitsch diesen Zug schon mehrfach gewählt. Er beruht auf einer neuen Idee. Weiß will nach e4-e5 eventuell frühzeitig c2-c4 spielen, um damit Raumvorteil zu erlangen. Schwarz muss dem Rechnung tragen, wobei die richtige Reihenfolge der Züge von großer Bedeutung ist; z.B. 3...Sf6 4.Sf3

1) Eine interessante Zugfolge sahen wir in der Partie Beschukow – Hoffmann, nämlich 4...dxe4 5.dxe4 b6 6.e5 La6 7.c4 Sfd7 8.De4 Lb4+ 9.Sbd2 Sc5! 10.De3 (10.Dxa8 Lb7 11.Da7 Sc6 gewinnt die Dame) 10...Lb7 11.a3 Lxd2+ 12.Lxd2 a5 mit verteilten Chancen.

2) 4...Le7 5.g3 0-0 6.Lg2 c5

Präziser ist 6...b5!?, was in der Begegnung Glek – Kortschnoi, Linz 1997, geschah. Damit wird der weiße Bauernzug c4 erschwert, und man kommt wir wieder in das Fahrwasser, das ich persönlich bevorzuge.

7.0-0 Sc6 8.e5 Sd7 9.c4!

Damit wird das schwarze Gegenspiel am Damenflügel erschwert.

9...d4

(Nur mittels 9...dxc4 erhält Schwarz Gegenspiel; z.B. 10.dxc4 Dc7 11.Lf4 Sd4 12.Sxd4 cxd4 13.h4 Td8 14.Sd2 Sf8 15.h5 Ld7 16.Se4 mit nur leichtem Vorteil für Weiß, Fogarasi – Groszpeter 1998.)

10.h4 Dc7 11.Lf4 mit positionellem Vorteil, Beschakow – Drosdowski.

3...Sf6 4.Sgf3 c5 5.g3 Sc6 6.Lg2 Le7 7.0-0 0-0 8.Tfe1 b5

Dieser Bauernvorstoß ist ein Gegengewicht zum absehbaren weißen Angriff am Königsflügel. Diese Methode wurde von mir erfolgreich angewandt und beruht auf Raumgewinn am Damenflügel und möglicher Linienöffnung. Wem es zuerst gelingt, seine Türme zum Einsatz zu bringen, der hat bei der geschlossenen Bauernformation einen Vorteil.

9.e5 Sfd7 10.Sf1 a5 11.h4 b4 12.f4 La6 13.Se3

Präziser ist 13.S1h2.

13...a4 14.c4

Eine neue Idee, die sich aber nicht bewährt, denn die mögliche Linienöffnung kommt nur Schwarz zugute. Besser war deshalb 14.Sg4 nebst h5-h6.

14...bxc3 15.bxc3 d4!?

Eine Entscheidung, die viel Mut erfordert. Schwarz öffnet bewusst die lange Diagonale h1-h8, um den Springern Raum zu verschaffen. Ein mögliches Qualitätsopfer musste schon hier einkalkuliert werden.

16.cxd4 cxd4 17.Sc4 Sc5 18.Sg5 Sb4!

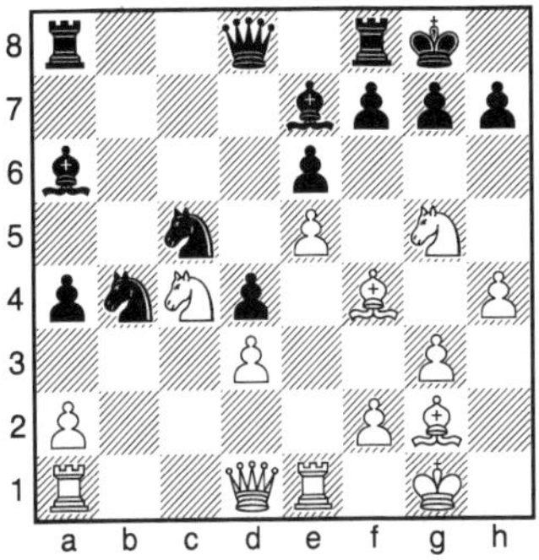

Diese Einladung, den Turm auf a8 zu verspeisen, war bereits bei d4 geplant. Die Bauernschwäche d3 und die Gefahren auf der Diagonale h1-a8 sind ein ausreichendes Äquivalent für das Qualitätsopfer.

19.Lxa8

Der Angriff 19.Dh5 bringt nach 19...h6 nichts ein; z.B. 20.Se4 Scxd3 21.Lxh6 g6! 22.Dg4 Lxc4 23.h5 Sxe5 mit Behauptung der Mehrfigur.

19...Dxa8 20.Dh5 Lxg5

Auch jetzt kam 20..h6 in Betracht.

21.Lxg5 Sxd3 22.Lf6

Weiß sucht sein Heil im Königsangriff, denn eine andere Möglichkeit ist kaum zu sehen.

22...gxf6

Das ist am besten, denn gefährlich wäre 22...Sxe1 23.Txe1! Se4 24.Dg4 mit unwiderstehlichem Angriff.

23.exf6 Kh8 24.Sd6?

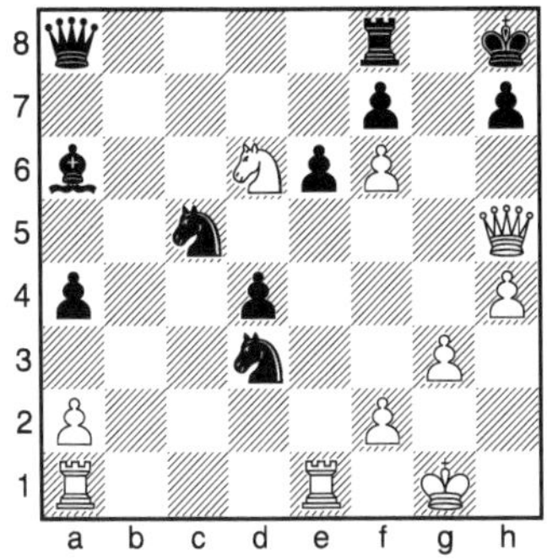

Weiß hat keine Verteidigung mehr.

1) Auf 24.Se5 folgt 24...Sf4!! 25.gxf4 Tg8+ 26.Sg4 Df3 mit Gewinn.

2) Und auch 24.Te5 Tg8! 25.Dxf7 (25.Tg5 Lxg4-+) 25...Df3 26.Tf4 Lb7–+ führt zu demselben Resultat.

24...Sf4!!

Ein vernichtender Zug, der übrigens auch auf 24.Se5 gefolgt wäre – nämlich 24...Sf4!! 25.gxf4 Tg8+ 26.Sg4 Df3 mit Gewinn.

25.Sxf7+ Txf7 26.gxf4 Txf6 27.De5 Sd7 28.Dxd4 Dg8+ 29.Kh2 Dg4! 30.Te3

Auf 30.Dxd7 folgt 30...Dxh4+ 31.Kg2 Dg4+ und Th6#.

30...e5!

Nach diesem schönen Schlusszug gab Weiß auf.

Partie Nr. 65

Browne – Uhlmann

Amsterdam 1972

1.e4 e6 2.d3 d5 3.Sd2 Sf6 4.Sgf3 c5 5.g3 Sc6 6.Lg2 Le7 7.0-0 0-0 8.Tfe1 b5 9.e5 Sfd7 10.Sf1 a5 11.h4 b4 12.Lf4 La6 13.Sg5

Ein interessanter Springerausfall, den erstmals Bronstein gegen mich 1971 in Moskau zur Anwendung brachte. Er erfordert größte Aufmerksamkeit. Die Drohung lautet 14.Dh5, um h7-h6 zu provozieren. Nach Sh3 nebst Sh2-g4 liegt dann ständig das Figurenopfer auf h6 in der Luft.

13...De8!

Dieser ungewöhnliche prophylaktische Zug entschärft die Drohung Dh5, wie wir sehen werden.

14.Dh5

Weiß hat die schwarze Verteidigungsidee nicht verstanden, die jetzt jeglichen Dampf aus der Stellung nimmt. Besser ist das von Bronstein gespielte 14.Dg4, worauf 14...Kh8 folgen muss.

14...Lxg5 15.Dxg5

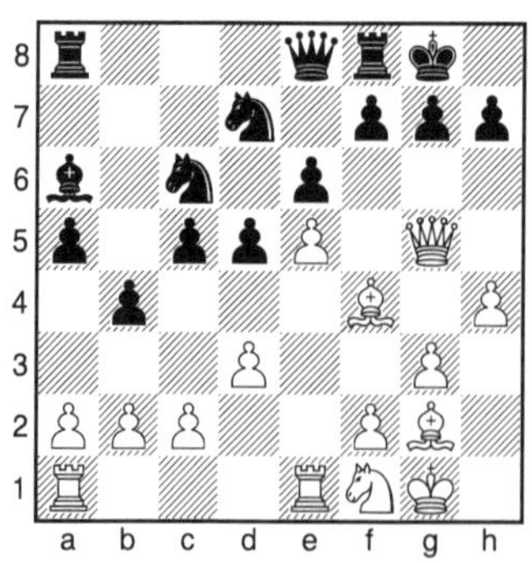

Erst jetzt erkennt Weiß, dass nach dem geplanten 15.hxg5 die Vollbremsung 15...f5! folgt, denn ohne Damen würden jegliche Angriffsoperationen am Königsflügel erlöschen. Der Läufer auf f4 wäre durch die Bauernstruktur nur ein Statist, während Schwarz am Damenflügel zum Zuge kommen würde.

15...a4 16.Se3 Kh8 17.Tad1 h6!

Geschickt nutzt Schwarz die Schwäche des Bauern e5 aus, um mit dem folgenden Manöver das Endspiel anzustreben.

18.Dh5 f5! 19.Dxe8

Der Damentausch ist erzwungen, denn nach 19.De2 ist der Bauer e5 gefährdet. Weiterhin wäre Tg8 mit der Drohung g5 denkbar. Positionell würde sich der Zug 19...Sb6 anbieten, um nach a3 das Springerfeld auf d4 zu besetzen.

19...Taxe8 20.Sc4

Weiß möchte durch diese taktische Möglichkeit seine Springerposition verbessern, da 20...dxc4 an 21.Lxc6 scheitert. In der Tat wäre das Unterfangen verheißungsvoll, wenn der Springer auf d6 eindringen könnte. Schwarz hat aber eine gute Antwort in petto und degradiert die weißen Läufer mit einem feinen Qualitätsopfer auf lange Zeit zu Statisten.

20...Sd4! 21.Sd6 Sxc2 22.Sxe8 Txe8!

Nicht 22...Sxe1 wegen 23.Sc7 mit Figurengewinn.

23.Te2 b3!

Damit wird der Springer auf c2 verankert, was Schwarz ermöglicht, in aller Ruhe den Angriff am Damenflügel auszudehnen.

24.axb3 axb3 25.Ted2 Lb5 26.Tc1 Ta8

Der eine schwarze Turm entfaltet größere Aktivität als beide weißen Türme zusammen.

27.Lf3 Ta2 28.Ld1

Falls 28.Tb1, so 28...Sb6 und Sa4 mit weiterem Materialgewinn.

28...La4 29.Tb1

Die Rückgabe der Qualität bringt auch keine Erleichterung; z.B. 29.Lxc2 bxc2 30.T1xc2 Lxc2 31.Txc2 Kg8 32.h5 Ta4 und Weiß steht der schwarzen Königswanderung nach b5 wehrlos gegenüber.

29...Kg8 30.g4

Um wenigstens etwas Gegenspiel und Raum für die Läufer zu erhalten.

30...fxg4 31.Lxg4 Kf7 32.Kg2 Lb5! 33.Lg3

Nicht 33.Ld1 wegen 33...Lxd3! 34.Txd3 Se1+ mit Gewinn.

33...Sb6

Der Einsatz des zweiten Springers bringt die Entscheidung.

34.Ld1?

Dieser Zug erleichtert zwar die Gewinnführung, auf der anderen Seite ist aber gegen Sa4 sowieso keine Verteidigung zu sehen.

34...Lxd3! 35.Txd3 Se1+ 36.Kf1 Sxd3 37.Lxb3 Txb2

Damit ist die Partie entschieden, denn gegen die beiden Freibauern gibt es keine Verteidigung.

38.Txb2 Sxb2 39.Ke2 c4 40.Lc2 d4 41.e4 d3+ 42.Kd2 Sa4 43.Ke3 Sc5 44.Lf3 Sb3

Weiß gab auf.

Partie Nr. 66

Lau – Uhlmann

Potsdam 1988

1.e4 e6 2.d3 d5 3.Sd2 Sf6 4.Sgf3 c5 5.g3 Sc6 6.Lg2 Le7 7.0-0 0-0 8.Tfe1 b5 9.e5 Sfd7 10.Sf1 a5 11.h4 La6 12.Sh2 b4 13.Sg4 Sd4!?

Das war seinerzeit eine Neuerung, die sich erst noch bestätigen musste. Bis dahin spielte ich immer 13...a4.

14.c3

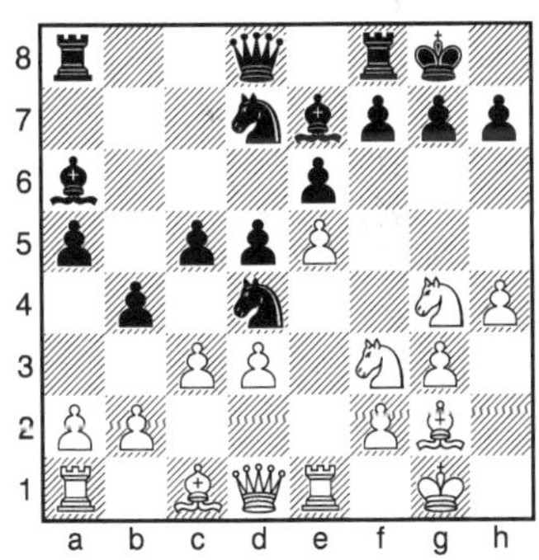

Danach hat der Textzug seine Daseinsberechtigung. Die kritische Variante dürfte in 14.Sxd4 bestehen; z.B. 14...cxd4 15.b3!? Dc7 16.Lb2 h5!? 17.Sh2 Sxe5 18.Dxh5

(Besser ist 18.Lxd4 c6 19.Lb2 g6 mit gleichem Spiel.)

18...Dxc2 19.Lxd4 Sxd3 20.Dg4 e5 21.Txe5 Sxe5 22.Lxe5 Dh7! und Schwarz hat nach 23.Lxd5 Tad8 die besseren Chancen.

14...Sxf3+ 15.Lxf3 Tab8 16.Lf4 a4! 17.Dd2

Günstig für Schwarz wäre 17.Dxa4 Lxd3.

17..a3!

Linienöffnung ist wichtig, damit zur rechten Zeit am Damenflügel für Unruhe gesorgt werden kann.

18.b3

Das ist notwendig, denn auf 18.cxb4 ergibt 18...axb2 – und auf 18.bxa3 bxc3 gutes Spiel für Schwarz.

18...bxc3 19.Dxc3 Tb4!?

Auch 19...c4!? kam in Betracht; z.B. 20.dxc4 Lb4 21.De3! (21.Dc2 Lxe1 22.Txe1 dxc4 23.bxc4 Dc7 mit Vorteil) 21...Lxe1 22.Txe1 dxc4 23.bxc4 Db6 24.Dxa3 Lxc4 mit etwas Vorteil.

20.Tad1 Lxh4! 21.Lc1!

Damit wird Materialverlust vermieden.

21...Le7 22.Lxa3 Lb7

Indirekt verbietet sich danach das Schlagen auf b4.Stark in Betracht kam aber 22...Td4 23.Dc2 Db8

1) 24.De2 Ld8! 25.Lb2 La5 26.Tf1

(Nach 26.Lxd4 cxd4! 27.Tf1 h5 28.Sh2 g6! erobert Schwarz den Bauern e5 bei anhaltendem Angriff.)

26...h5 27.Sh2 g6!

2) 24.Lb2 h5 25.Sh2 Sxe5 26.Lxd4 cxd4 27.Lxh5 Lb4! 28.Tf1 (28.Te2 Tc8 29.Db1 Tc3 mit Vorteil) 28...Tc8 29.Db1 Tc3 30.Le2 La3 und Schwarz hat für die Qualität vorzügliches Spiel.

23.Dc2

Nicht 23.Lxb4 wegen 23...d4! 24.La5 Db8! nebst Lxf3 mit Vorteil.

23...d4?!

Zu optimistisch. Besser war 23...Tb6 24.Kg2 Da8! 25.Lc1 d4! 26.Lxb7 (26.Le4? Lxe4+ 27.Txe4 h5! 28.Sh2 Sxe5 mit Vorteil) 26...Dxb7+ 27.f3 Ta8 mit gutem Spiel.

24.Le4! Tb6 25.Lc1 Lxe4

Auch hier verdiente 25...Da8 den Vorzug.

26.Txe4 Ta6 27.De2 Te8

Das Feld wird geräumt, damit der Springer über f8 und g6 eventuell Verteidigungsfunktionen übernehmen kann. Möglicherweise war aber wieder 27...Da8 genauer.

28.Kg2 Sf8 29.Th1 Sg6 30.Th5! Da8! 31.a3

Dieses Tempo muss Weiß noch verlieren, denn nach dem verfrühten 31.Lh6 Txa2 32.Df3 Tf8 würde der weiße Angriff stagnieren.

31...Tb6!

Diese kleinen Nadelstiche gegen die geschwächten Bauern b3 und a3 sind von lebenswichtiger Bedeutung. Jetzt würde 32.Dd1 an 32...Teb8 33.Dh1 Txb3 34.Txh7 Lf8! 35.f3 Txd3 36.Sf2 Tc3 scheitern.

Nicht jedoch 34...Txd3 35.Txg7+ Kg7 (35...Kf8 ist unklar) 36.Dh6+ Kg8 37.Sf6+ Lxf6 38.exf6 Dxe4+ 39.Kh2, denn das Matt auf g7 ist nicht mehr zu decken.

32.Kh2! Txb3 33.h6

Damit der Angriff nicht erlahmt, opfert Weiß eine Figur.

33...Da6!?

Wahrscheinlich konnte man das Läuferopfer annehmen; z.B. 33...gxh6 34.Dd2

(Nach 34.Sxh6+ Kg7 35.Sg4 Th8! 36.Dd2 Kf8! entzieht sich der König der Gefahrenzone.)

34...Lg5 35.Sxh6+ (35.Txg5 hxg5 36.Dxg5 Kf8!) 35...Lxh6 36.Dxh6 Txd3 37.Tf4 Sxf4 38.gxf4 De4! 39.Tg5+ Dg6! und Schwarz gewinnt.

34.Lxg7! Dxd3!

Keine Zeit hat Schwarz für 34...Kxg7 35.Dd2, denn diesmal wäre das Schach auf h6 tödlich.

35.Dxd3

Nicht 35.De1 wegen 35...Tb1.

35...Txd3 36.Lf6

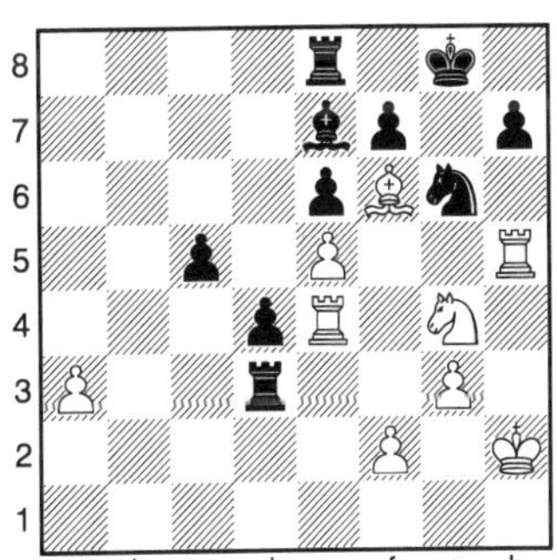

In Zeitnot findet Weiß nicht den rettenden Zug 36.Sf6+ mit der möglichen Folge 36...Lxf6 37.exf6!

(37.Lxf6? c4 38.Teh4 Sxh4 39.Txh4 c3 40.Tg4+ Kf8 41.Tg7 Tc8 42.Txh7 Ke8 mit Gewinn)

37...c4 38.Teh4!!

(38.Te1 c3 39.Kg2 c2 40.Teh1 Td1! würde verlieren.)

38...Sxh4 39.Txh4 c3 40.Lh6! c2 41.Tg4+ Kh8 42.Lg7+ mit Dauerschach.

36...Lf8! 37.Te1 Tf3! 38.Kg2 Tff5 39.Th3 h5!

Damit kann Schwarz alle Mattgefahren von der h-Linie abwehren. Wesentlich ist, dass ein Turm getauscht wird.

40.Teh1 c4!

Natürlich nicht 40...hxg4 wegen 41.Th8+ nebst matt.

41.Txh5 Txh5 42.Txh5 c3 43.Kf3 d3 44.Lg5

1) Auf 44.Ke3 folgt 44...c2 45.Th1 Lxa3 46.Kd2 Tc8 mit Gewinn.

2) Oder 44.Th1 Tc8 45.Lg5 Lg7 46.Ke3 (46.Sf6+ Kf8) 46...d2 47.Sf6+ Kf8 48.Sd7+ Ke8 49.Sf6+ Lxf6 50.Lxf6 Tc4! 51.Kd3 Te4!! 52.Td1 Te1 53.Kc2 Kd7 54.a4 Kc6 mit Gewinn.

44...Lg7! 45.Ke3

Jetzt scheitert 45.Sf6+ an 45...Lxf6 46.exf6 (46.Lxf6 c2 47.Lg5 Sxe5+) 46...Se5+ 47.Ke3 d2 mit Gewinn.

45...d2 46.Ke2 Tc8 47.Th1 Sxe5 48.Sf6+ Kf8! 49.Sh7+ Ke8 50.Sf6+ Lxf6

Nachdem der König ein Fluchtfeld auf d7 hat, ist dieser Tausch entscheidend.

51.Lxf6 Tc5! 52.f4

Hoffnungslos wäre auch 52.Lxe5 Txe5+ 53.Kd1 Kd7 nebst Königsmarsch nach d3.

52...Sf3!!

Nach diesem eleganten Schlusszug streckte Weiß die Waffen. Eine aufregende Kampfpartie, in der Tod und Leben eng beieinander lagen.

Partie Nr. 67

Enders – Uhlmann

Jüterbog 1985

1.e4 e6 2.d3 d5 3.Sd2 Sf6 4.Sgf3 b6

Diese Abweichung von meinem theoretischen Standardprogramm erzielt sogleich psychologische Wirkung.

5.e5

Das ist in diesem frühen Stadium sehr verpflichtend. Aussichtsreicher ist 5.c3 oder 5.De2.

5...Sfd7 6.g3

Ein schablonenhafter Zug, der Schwarz bereits in Vorteil bringt. Notwendig war 6.d4, um den Bauern e5 zu stützen. Nach 6...c5 7.c3 f6 8.exf6 Dxf6 9.Sb3 Lb7 10.Lg5 Df7 11.Lb5 Lc6 12.Le2 sind die Chancen gleich, Wasjukow – Bagirow 1967.

6...c5 7.c3

Der natürliche Entwicklungszug 7.Lg2 scheitert an 7...Sc6 8.De2 Dc7 mit Gewinn des Bauern e5.

7...Sc6 8.d4 f6! 9.exf6

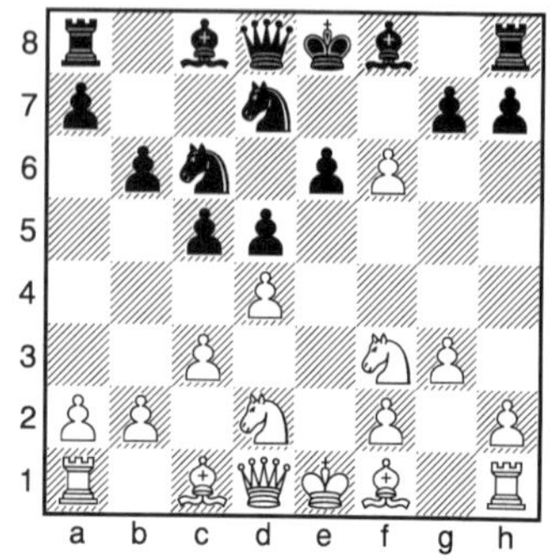

Wesentlich giftiger war 9.Lh3, wonach Schwarz das folgende tolle Manöver hätte finden müssen: 9...cxd4 10.cxd4 fxe5 11.Lxe6 Sc5!! 12.Lxc8 Sd3+ 13.Kf1

(13.Ke2? Dxc8! 14.Kxd3 Sb4+ 15.Ke3 Sc2+ 16.Kd3 e4+ mit Gewinn)

13...Dxc8! 14.Sxe5

(14.De2 Dh3+ 15.Kg1 Df5 mit klarem Vorteil)

14...Dh3+ 15.Ke2 Sdxe5 16.dxe5 Lc5! 17.Sf3 Dg4 und gegen die Doppeldrohung Sd4+ und Sxe5 gibt es keine Verteidigung.

9...Dxf6 10.Lh3 cxd4 11.0-0

Weiß bringt im Interesse der schnellen Rochade ein Bauernopfer, welches jedoch nicht vollwertig ist. Falls 11.cxd4, so 11...La6! mit der Drohung Sb4 und Sxd4; z.B. 12.Da4 Sb4 13.Se5 b5! 14.Sxd7 bxa4 15.Sxf6+ gxf6 mit Gewinnstellung.

11... dxc3 12.bxc3 Sc5!

Mit diesem gesunden Zug verteidigt Schwarz seinen Mehrbauern.

13.La3 Le7 14.c4 0-0 15.De2 dxc4!

Ein klarer Zug, der die Spannung im Zentrum aufhebt und die Stellung übersichtlich hält. Danach kommt der Läufer c8 zur größten Kraftentfaltung.

16.Lg2 La6! 17.Lxc5

Es drohte tödlich c3.

17...Lxc5 18.Se4 De7 19.Sfg5

Weiß versucht noch etwas im Trüben zu fischen. Das Endspiel mit Rückgewinn eines Bauern nach 19.Sxc5 Dxc5 20.Dxe6+ Kh8 21.Sg5 Dxg5 22.Lxc6 Tad8 wäre hoffnungslos.

19...Sd4 20.Dg4 Tae8 21.Tfd1 c3! 22.Sxc3 Txf2!

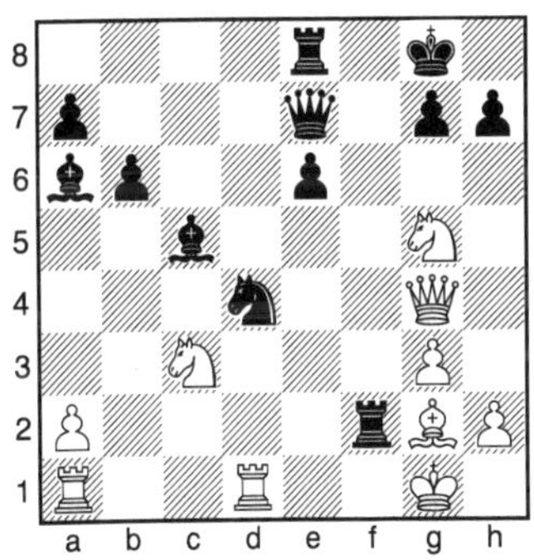

Damit wird Weiß aus allen Träumen gerissen. denn sein König wird mit Tempogewinn ins Freie beordert.

23.Kxf2 Sc2+ 24.Kf3

Oder 24.Kf1 Se3+ mit Damengewinn.

24...Tf8+ 25.Ke4 Db7+ 26.Ke5 Dc7+ 27.Ke4

Auf 27.Kxe6 folgt 27...Te8+ 28.Kf5 Se3#.

27...Tf5!!

Der krönende Abschluss der Kombination. Das Matt auf e5 ist nur unter großen Materialopfern abwendbar.

28.Td5

Oder 28.Dxf5 exf5+ 29.Kxf5 Se3+ mit Gewinn.

28...exd5+ 29.Kxf5 g6+

Weiß gab auf, da im nächsten Zug das Matt erfolgt. Eine seltene Königsjagd und ein Matt auf vollem Brett.

Die Abtauschvariante

1.e4 e6 2.d4 d5 3.exd5 exd5

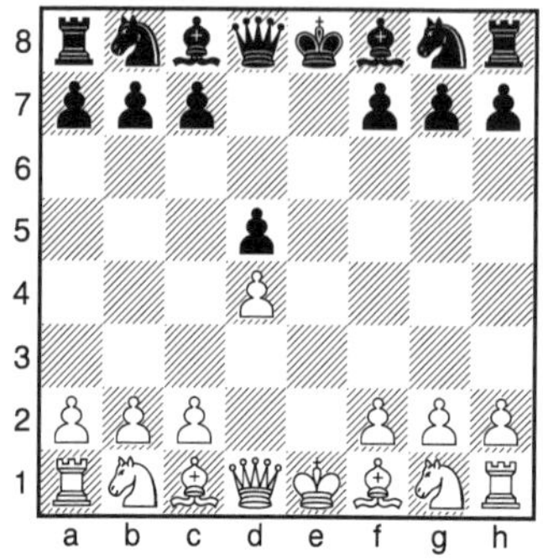

Dieser Aufbau tendiert stark zum Unentschieden. Der Grund dafür liegt in der frühzeitigen Auflösung der Zentrumsspannung. Es ist ein symmetrisches und starres Bauerngerippe entstanden, welches in der Folge kaum verändert werden kann. Demzufolge bestimmen die Leichtfiguren das Spielgeschehen. Besondere Aufmerksamkeit verdienen die Läufer, weil sie auf den langen Diagonalen mehrere Aufstellungsmöglichkeiten haben. Da Weiß seine Figuren einen Zug früher postieren muss, hat Schwarz die Chance, bei der Springeraufstellung jegliche Symmetrie zu vermeiden. Eine weitere Möglichkeit, um Spannungsherde zu erzeugen, liegt in den entgegengesetzten Rochaden. Man sollte sich vor der Illusion hüten, dass die Abtauschvariante ein absolut sicherer Garant für ein Remis ist. Wie meine kleine Partieauswahl zeigt, kann auch ein minimaler Vorteil zum Sieg genutzt werden.

Partie Nr. 68
Silva – Uhlmann
Tel Aviv 1964

1.e4 e6 2.d4 d5 3.exd5

Mit dem Abtausch des Zentrumsbauern wird zunächst jegliche Dynamik aus dem Spiel genommen. Dieses Verfahren wird angewendet, um ein schnelles Unentschieden zu erreichen. Speziell, wenn es von schwächeren Spielern angewandt wird, sollte man sich hüten, daraus zu schlussfolgern, dass ein Remis garantiert ist. Schwarz kann kleine Variationen bei der Leichtfigurenaufstellung vornehmen, die doch zum Kampf führen.

3...exd5 4.Sf3 Ld6 5.Ld3 Sc6 6.c3 Sge7

Hiermit wird die Symmetrie aufgehoben. Schwarz schickt sich an, durch 7...Lg4 oder 7...Lf5 Spannungsherde zu schaffen.

7.0-0 Lg4 8.Sbd2 Dd7 9.Te1f6 10.Sf1 0-0-0

Durch die entgegengesetzten Rochaden ist ein vollwertiges Spiel entstanden. Jetzt heißt die Parole für Weiß Angriff durch die Bauern am Damenflügel – und für Schwarz am Königsflügel.

11.b4 g5 12.a4 Sg6

Ein starker Zug, dem mehrere Ideen zugrunde liegen. Zunächst droht Sh4 und gegebenenfalls (wie der Text zeigt) ist auch Sf4 möglich. Weiterhin kann der zweite Springer über e7 zum Königsflügel dirigiert werden und schließlich kann auch die offene e-Linie in Besitz genommen werden.

13.Se3 Sf4! 14.Lc2

Jetzt scheitert 14.Sxg4 an 14...Dxg4 15.Lf1? Sh3+ 16.Kh1 Sxf2+.

14...Se7 15.b5 Lh5

Ein tückischer Zug, der nicht etwa den Läufer vor dem Abtausch bewahren soll, sondern der den Vorstoß g4-g3 vorbereitet. Linienöffnung ist von Bedeutung, denn danach können die Türme zum Einsatz kommen.

16.La3

Weiß möchte zumindest den Angriffsläufer auf d6 tauschen. Schlecht wäre 16.h3, da bereits das Opfer 16...Sxh3+ 17.gxh3 Dxh3 siegreich wäre.

16...Lxa3 17.Txa3 g4! 18.Sh4 g3

Damit erzielt Schwarz Raumgewinn und lässt Weiß keine Zeit für Angriffsoperationen am Damenflügel. Die entstehende halboffene g-Linie löst neue Gefahren aus.

19.Dd2 gxh2+ 20.Kh1

Ein Fehler wäre 20.Kxh2 Sxg2!! 21.Kxg2 (21.Sxg2 Dd6+ nebst Dxa3) 21...Thg8+ mit leichtem Gewinn.

20...Lg6!

Nachdem der Läufer seine Schuldigkeit bei der Linienöffnung getan hat, wird er jetzt zum Tausch angeboten. Weiß steht vor der schwierigen Entscheidung, einen guten Plan zu finden. Der Tausch auf g6 verbietet sich wegen hxg6, und ein Ausweichen des Läufers von c2 würde den Punkt d3 entscheidend schwächen. Weiß findet zwar noch eine schlaue Lösung, jedoch verbleibt ein geringer Vorteil für Schwarz.

21.Lf5!

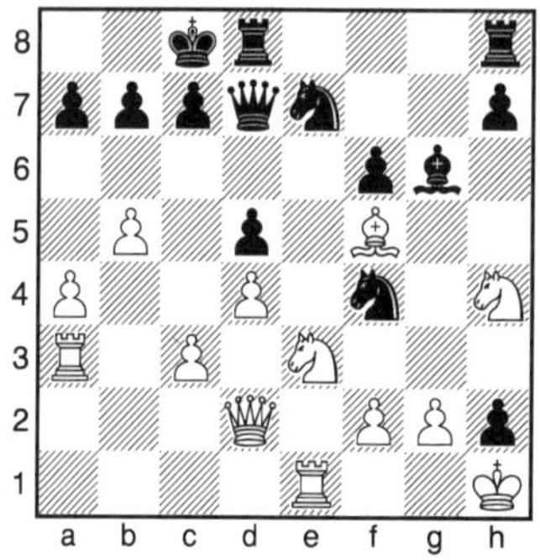

Diese taktische Finesse führt zum Generalabtausch der Leichtfiguren. Das entstehende Endspiel ist etwas günstiger für Schwarz, da der Turm auf a3 nicht schnell genug ins Spielgeschehen eingreifen kann.

21...Lxf5

Weniger gut wäre 21...Sxf5 22.Sexf5 Lxf5 23.Dxf4 und Weiß hätte sogar die besseren Chancen.

22.Sxf5 Sxf5 23.Dxf4 Sxh4 24.Dxh4 Df5!

Diese gute Damenposition zwingt Weiß fast zum Damentausch. Es droht 25...Tde8 mit Eindringen in der e-Linie. Außerdem ist auch der Bauer f2 schutzbedürftig.

25.Dh3 Dxh3 26.gxh3 Thg8!

Im entstandenen Doppelturmendspiel tauchen neue Gefahren auf. Das eine Tempo, das Weiß zum Schlagen des Bauern h2 benötigt, ist eminent wichtig, weil es zur Verdoppelung auf der g-Linie führt.

27.Kxh2 Tg6 28.Ta1

Nicht gerade sympathisch, aber doch erwägenswert war 28.Tg1. Nach 28...Te8 würde dann der Turm auf e2 oder e1 eindringen und über kurz oder lang den Bauern c3 oder a4 erobern. Bekanntlich sind aber die Verteidigungschancen im einfachen Turmendspiel selbst bei einem Mehrbauern am besten.

28...Tdg8! 29.Tg1?

Nun glaubte Weiß wohl, alle Gefahren gebannt zu haben – ein großer Irrtum, da das entstehende Bauernendspiel durch die Freibauernbildung am Damenflügel verloren ist. Es musste unbedingt 29.Te7 geschehen.

29...Txg1! 30.Txg1 Txg1 31.Kxg1 Kd7 32.Kg2 6!

Jetzt ist guter Rat teuer. Auf 33.bxc6+ entscheidet 33...Kxc6 34.Kf3 a5! 35.Ke3 b5! 36.axb5+ Kxb5 37.Kd3 a4 38.Kc2 Kc4 39.Kb2 a3 mit Gewinn.

33.Kf3 cxb5 34.axb5 Kc7! 35.Kf4 Kb6 36.Kf5 Kxb5 37.Kxf6 a5

Weiß gab auf, da der a-Bauer zwei Züge eher zur neuen Dame wird.

Partie Nr. 69

Velimirovic – Uhlmann

Skopje 1976

1.e4 e6 2.c4 d5 3.exd5 exd5 4.d4

Nach einer kleinen Zugumstellung sind wir ebenfalls bei der Abtauschvariante gelandet. Durch den Bauernhebel c4 kommt sofort Bewegung in die Stellung und Remisabwicklungen rücken in weite Ferne.

4...Sf6 5.Sc3 Le7

Auf keinen Fall darf Schwarz zu früh auf c4 tauschen, weil nach dem Tempogewinn Lxc4 der Angriffsdruck gegen den Punkt f7 Vorteil ergeben würde.

6.Sf3 0-0 7.Le3 c6! 8.Ld3 dxc4!

Im richtigen Moment geschieht der Tausch. Der weißfeldrige Läufer muss zweimal ziehen und Schwarz kann durch die Zugfolge Sbd7 und Sb6 nebst Sd5 die Diagonale a2-g8 schließen.

9.Lxc4 Sbd7 10.0-0 Sb6 11.Lb3 Sbd5

Danach hat Schwarz eine feste Position und kann in aller Ruhe die Entwicklung vollenden.

12.Se5 Le6! 13.Lg5

Damit gibt Weiß schon zu erkennen, dass er keinen richtigen Plan hat. Das zweimalige Ziehen des Läufers ist bereits ein Plus für Schwarz.

13...Te8 14.Te1 Da5!

Schwarz stellt mit dem Damenzug schon die ersten Drohungen auf. Außerdem wird das Feld d8 für den Einsatz des Turmes a8 freigemacht.

15.Df3 Tad8 16.Tad1

Keine Erleichterung bringt die Fortsetzung 16.Lxf6 Lxf6 17.Sxd5 Lxd5 18.Lxd5 Txd5 und Weiß hat keine Zeit, sich zu entfesseln, weil der Turm auf e1 zweimal angegriffen ist.

16...Lb4!?

Dieser überraschende Schwenk des Läufers beruht auf einem taktischen Witz, den Weiß nicht gebührend würdigt.

17.Sxd5

Damit geht Weiß in die Falle. Notwendig war 17.Ld2 oder 17.Td3.

17...Lxd5 18.Lxd5 Dxd5! 19.Lxf6

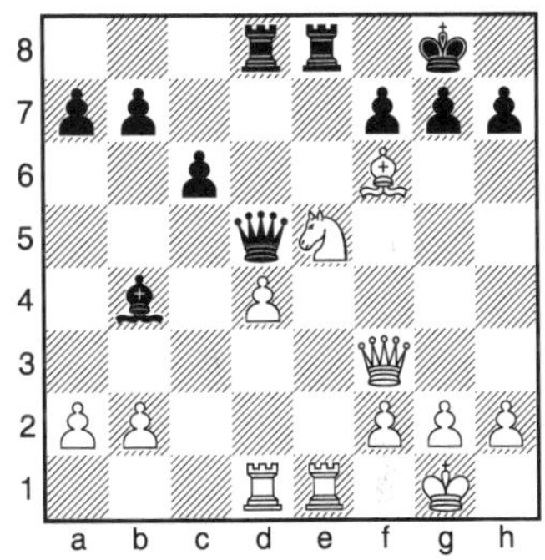

Das sollte die Widerlegung der schwarzen Kombination sein. Weiß rechnete nur mit der Möglichkeit 18...Dxf3 19.Sxf3 Txe1+ 20.Sxe1 gxf6 21.Sc2, wonach ein besseres Endspiel entstehen würde. Schwarz hat aber wesentlich weiter gerechnet, so dass Weiß nach dem nächsten Zug aus allen Wolken fällt.

19...gxf6!

Eine Feinheit, deren Pointe erst im nächsten Zug sichtbar wird. Der Textzug zwingt zum Schlagen auf f6, da 20.Dxd5 Txd5 die Qualität verliert. Auch 20.Dg4+ scheitert an 20...Kf8 21.Dh4 fxe5 22.Dh6+ Ke7! 23.dxe5 Lxe1! 24.Df6+ Kd7 25.Txd5+ cxd5 und Schwarz hat zwei Türme und einen Läufer für die Dame, was zum Gewinn ausreichend sein dürfte.

20.Dxf6 Td6!!

Das ist die eigentliche Pointe der ganzen Kombination. Weiß hatte nur mit 20...Lxe1 gerechnet, wonach 21.Dg5+ ihm gute Angriffschancen eingeräumt hätte.

21.Sd7

1) Das Problem besteht darin, dass 21.Dg5+ an 21...Tg6! scheitert. Die Kreuzfesselung würde sofort den Gewinn garantieren, da 22.Sxg6 an 22...Txe1+ 23.Txe1 Dxg5 scheitert und ansonsten die Dame nicht ausweichen kann, weil auf g2 matt droht.

2) Relativ am besten war noch 21.Df4 Lxe1 22.Txe1 f6! 23.Dg3+ Kf8! mit weiterem Materialgewinn.

21...Lxe1

Weiß gab auf.

Partie Nr. 70
Böhnisch – Uhlmann
Leipzig 1989

1.e4 e6 2.d4 d5 3.exd5 exd5 4.Sf3 Sf6 5.Lg5

Genauer ist 5.Ld3, denn die Fesselung des Springers durch den frühzeitigen Läuferausfall nach g5 macht nur dann Sinn, wenn Schwarz schon Ld6 gezogen hat.

5...Le7! 6.Ld3 h6 7.Lh4 Sh5!

Mit diesem Manöver strebt der Springer das Idealfeld f4 an und das Eröffnungsproblem wird zugunsten von Schwarz gelöst.

8.De2 Sf4! 9.Lb5+

Eine weitere kleine Eröffnungssünde, die Schwarz bereits die Initiative einbringt. Richtig war 9.Lxe7 mit dem gleichen Textablauf, jedoch ohne das Mehrtempo c6.

9...c6 10.Dxe7+ Dxe7+ 11.Lxe7 Kxe7

Unklar wäre 11...Sxg2+ 12.Kf1 Lh3 13.Ld6 cxb5 14.Sc3!.

12.Lf1 The8!

Zwingt den weißen König zum Verbleib im Zentrum und verhindert eine harmonische Figurenaufstellung.

13.Sc3 Kd6+

Allerdings kann ein zentralisierter König im Endspiel auch zu einer mächtigen Figur werden.

14.Kd2 Lf5 15.Tae1 Sd7 16.g3

Ohne diesen Zug kommt Weiß nicht aus. Jetzt allerdings tauchen Gefahren auf der Diagonale h1-a8 auf.

Außerdem neigt der Bauer d4 zur Schwäche.

16...Se6 17.Lg2

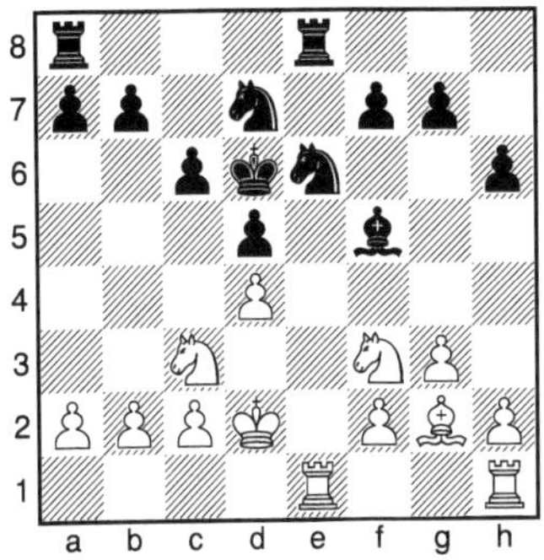

Ein Fehler wäre 17.Ld3 wegen folgender Abwicklung: 17...Lg4 18.Se5 Sxd4!! 19.Sxg4

(Nicht 19.Sxf7+ Kc7, denn dann droht auch der Springer f7 verloren zu gehen.)

19...Sf3+ 20.Kd1 Sxe1 21.Txe1 Txe1+ 22.Kxe1 d4!. Wegen der Drohung h5 muss Weiß 23.Se4+ spielen und nach 23...Ke7 ist Figurenverlust nicht mehr zu vermeiden, da sowohl h5 als auch f5 droht.

17...Sf6 18.Sd1

Die Raumnot wird immer größer. Erneut scheiterte 18.Sxe5 an 18...Sxd4 und Angriff auf c2. Es droht aber auch 18...Lg4 und 18...Le4, wonach der Bauer d4 hängt.

18...Le4! 19.c3

Damit hat Weiß mühsam Materialverlust vermieden. Sorgen bleiben aber trotzdem, wie der nächste Zug zeigt. Der neuralgische Punkt ist jetzt d3.

19...c5! 20.dxc5+ Sxc5 21.b4

Ein Zug, den man sicherlich nicht gern macht. Die stille Drohung lautete aber 21...Lb1! und der Bauer a2 wäre verloren, da 22.a3 an 22...Sb3# scheitert. Verlieren würde auch 21.Sh4 g5! bzw. 21.Se3 Sd3 mit Materialgewinn.

21...Sd7 22.Kc1 a5!

Im richtigen Moment folgt der Angriff am Damenflügel. Durch die Öffnung der a-Linie kommt der weiße König nicht mehr zur Ruhe.

23.Kb2 Sg4!

Auf sofortiges 23...Sb6 wäre noch 24.Se3 möglich gewesen.

24.Thg1

24.h3 verliert wegen 24...Sge5; z.B. 25.Sxe5 Lxg2 26.Sxf7+ (nicht 26.Thg1 Sxe5 nebst Sd3+) 26...Kc7 27.Thg1 Lf3 und gegen Lh5 bzw. Lxd1 nebst Te7 gibt es keine Verteidigung, denn auf 28.Se3 gewinnt Tf8.

24...Sb6 25.h3 Sc4+ 26.Ka1

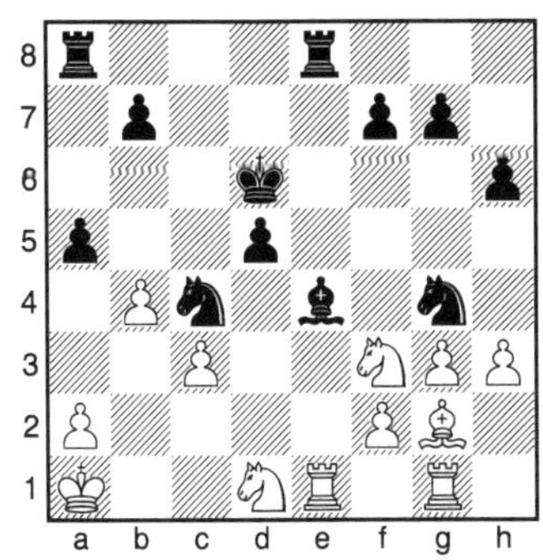

Traurige Notwendigkeit, denn 26.Kb3 scheitert an 26...a4# und auf

26.Kc1 gewinnt sowohl 26...Sge5 als auch 26...axb4. Materialverlust wäre nicht mehr vermeidbar.

26...axb4!

Ein Figurenopfer, das sofort die Entscheidung herbeiführt.

27.hxg4

Ein Bilderbuchmatt wäre nach 27.cxb4 Txa2+!! 28.Kxa2 Ta8+ 29.Kb3 Ta3 möglich gewesen.

27...b3 28.Te2 Ld3!

Auch 28...Lc2 29.Txc2 bxc2 30.Sb2 Te2 31.Sd3 Ta3 32.Sd4 Td2 hätte wegen der Mattdrohung auf d1 gewonnen.

29.Tb2

Da 29.Txe8 an 29...Txa2# scheitert, ist dies die einzige Verteidigung, um nicht gleich aufgeben zu müssen.

29...Sxb2 30.Kxb2 Txa2+ 31.Kxb3 Lc4+

Weiß gab auf, da nach 32.Kb4 Tea8 das Matt unabwendbar ist.

Partie Nr. 71

A. Zude – Uhlmann

Frankfurt 1990

1.e4 e6 2.d4 d5 3.exd5 exd5 4.Sf3 Sc6 5.Lb5 Ld6 6.0-0 Sge7 7.c4?!

Diesen Zug kann man nicht zur Nachahmung empfehlen, denn Weiß verliert ein Tempo und erhält auf d4 einen isolierten Bauern.

7...dxc4 8.Lxc4 0-0 9.h3

Dazu ist Weiß schon verpflichtet, da sonst Lg4 sehr störend wäre.

9...Lf5 10.Sc3 a6

Ein guter Zug, der Sb5 verhindert und gegebenenfalls durch b5 Raumnahme am Damenflügel ermöglicht.

11.Te1 Lg6

Auch dieser Zug ist sehr nachhaltig. zum einen wird der Punkt f7 überdeckt, damit Te8 geschehen kann, und zum anderen kann man je nach Situation Lh5 oder auch Sf5 in Erwägung ziehen.

12.Lg5 h6 13.Lh4 Te8 14.a3

Ein Fehler wäre 14.Se5 Lxe5 15.dxe5 Dxd1 16.Taxd1 Sf5 mit Materi-algewinn.

14...Dd7 15.g4

Eine riskante Verteidigung, um Sf5 zu verhindern, denn der Königsflügel wird durch den Textzug arg geschwächt. Es war aber bereits sehr schwer, einen Plan zu entwickeln. Auch jetzt scheitert 15.Se5 an 15...Lxe5 16.dxe5 Dxd1 17.Taxd1 Sf5!, wonach Bauernverlust nicht mehr zu vermeiden ist.

15...b5 16.Lb3 Tad8 17.Dd2

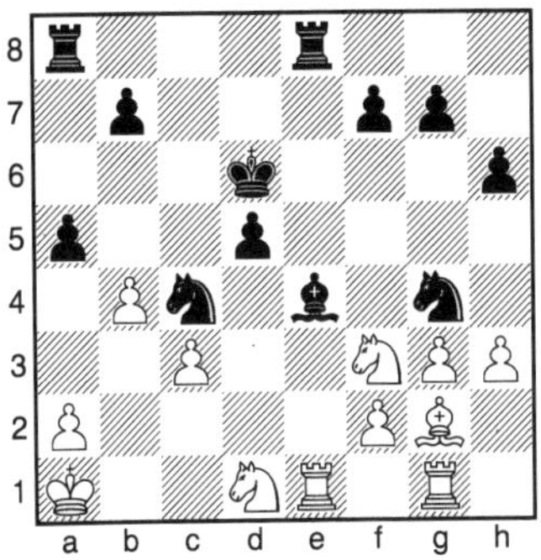

Wiederum scheitert 17.Se5 an 17...Lxe5 18.dxe5 mit den Abspielen:

1) 18...Dc8! 19.Sd5

(Oder 19.Ld5 Sxd5! 20.Sxd5 De6! 21.Lxd8 Txd8 22.Sxc7 Txd1 23.Sxe6 Txa1 24.Txa1 fxe6 mit klarem Vorteil.)

19...Txd5!! 20.Lxd5 Td8 21.Lxe7

(Nach 21.Lxf7+ Lxf7 22.Dc1 Td3 hat Schwarz vernichtenden Angriff.)

21...Sxe7 22.Lb7! Txd1 23.Lxc8 Txa1 24.Txa1 Sxc8 25.Tc1 Sb6 26.f4 Le4 27.Txc7 Sc4 mit Vorteil;

2) Schwarz könnte aber auch mit 18.... Sd4! 19.Sd5 (19.e6 Dc6 mit Vorteil) 19...c5! ein interessantes Qualitätsopfer bringen, das nach 20.Sxe7+ Txe7 21.Lxe7 Dxe7 ebenfalls Vorteil ergibt, da die Doppeldrohung c4 und Sc2 nicht zu parieren ist.

17...Sa5 18.La2 Sc4

Ein gutes Manöver, weil nach Tausch auf c4 die weißen Felder stark geschwächt sind. Der Stützpunkt auf d3 ist auch nicht zu verachten.

19.Lxc4 bxc4 20.Tad1 h5!

Jetzt ist die Zeit reif, den Königsflügel zu knacken. Da sich 21.gxh5 wegen 21...Lxh5 verbietet, kam neben dem Textzug nur 21.Lxe7 in Frage, um Materialverlust zu vermeiden. Nach z.B. 21...Txe7 22.Txe7 Dxe7 hat Schwarz klaren Vorteil, weil die beiden Läufer das ganze Brett beherrschen.

21.Se5 Lxe5 22.Txe5 f6! 23.Tc5 hxg4

Im höheren Sinne ist die Partie damit entschieden. Angesichts der geschwächten weißen Felder kann der ungeschützte König nur noch auf ein Wunder hoffen.

24.Df4 gxh3 25.Txc7 Df5!

In Positionen mit Materialvorteil ist jegliches Tauschangebot vorteilhaft für den Stärkeren.

26.Lg3 Dh5 27.Kh2

Sofort verlieren würde 27.Txc4 Sd5! 28.Dd2 Df3 mit undeckbarem Matt auf g2.

27...Ld3 28.Tg1 Sg6 29.Dd2 Txd4

Die Stellung ist aufgabereif. Weiß versucht noch einige Schwindeleien, die aber hoffnungslos sind.

30.Txc4 Txc4 31.Dxd3 Tc8 32.Dxa6 Df3! 33.Da7

Nicht 33.Kxh3? Sf4+ 34.Kh2 Dh5+ nebst matt.

33...Td8!

Gegen das Eindringen des Turmes auf der zweiten Reihe gibt es keine Verteidigung mehr.

34.Dc7 Td2 35.Dc4+ Kh7 36.Df1 Sf4! 37.Lh4 g5 38.Db1+ Dd3

Das ist am einfachsten.

39.Dxd3+ Sxd3 40.Lg3 Sxf2 41.Lxf2 Txf2+

Weiß gab auf.

Partie Nr. 72
Varga – Uhlmann
Eger 1986

1.e4 e6 2.d4 d5 3.exd5 exd5 4.c4

Mit dem Textzug signalisiert Weiß, dass er nicht auf Ausgleich bedacht ist. Durch den frühzeitigen Bauernzug nach c4 ändert sich die Bauernstruktur. Der entstehende Isolani auf d4 kann stark sein, kann aber auch zur Schwäche neigen, wie der Partieverlauf zeigt.

4...Sf6 5.Sf3 Le7 6.Sc3 0-0 7.Le2 c6 8.0-0 dxc4

Jetzt ist zum Schlagen auf c4 der richtige Zeitpunkt, da Weiß den weißfeldrigen Läufer zum zweiten mal bewegen muss.

9.Lxc4 Lg4

Diese Fesselung ist in dieser Art Stellung meistens ein guter Plan, da der raumgreifende Springerzug nach e5 unterbunden wird.

10.Le3 Sbd7 11.h3 Lh5 12.a4

Genauer war sofort 12.Le2, um auf 12...Sb6 die Antwort 13.Se5 zur Hand zu haben.

12...Sb6 13.Le2

Weniger gut wäre 13.Lb3, weil sich der weiße Springer nach 13...Sbd5 nicht aus der Fesselung befreien kann.

13...Sbd5 14.Lg5 h6 15.Ld2

Das weiße Konzept ist vollkommen gescheitert. In den vorangegangenen 15 Zügen haben die weißen Läufer allein sechsmal gezogen und nichts erreicht.

15...Ld6 16.a5 Tfe8 17.Tfe1 Lc7!

Ein giftiger Zug. Schwarz möchte gelegentlich Dd6 und Tad8 spielen, wonach Gefahren in der Diagonale h2-b8 entstehen und auch der Isolani auf d4 attackiert werden kann.

18.a6 b5 19.Tac1 Sf4!

Der Raumvorteil wird immer größer. Das größte Problem von Weiß ist aber, dass er keinen vernünftigen Plan hat. Somit ist ein Kurzschluss schon vorprogrammiert.

20.Lf1 Dd6!

Danach taucht schon die erste handfeste Drohung auf, die in 21...Sxh3+ 22.gxh3 Lxf3 23.Dxf3 Dh2# besteht. Somit ist der Textzug g4 erzwungen, der allerdings den weißen Schutzwall um den König entscheidend schwächt.

21.g4 Txe1 22.Dxe1 Te8 23.Le3

Auch nach 23.Dd1 Lg6 wäre die Stellung hoffnungslos verloren. Übereilt wäre allerdings das Figurenopfer 23...Sxg4 24.hxg4 Lxg4 25.Lxf4 Dxf4 26.Lg2, denn es ist kein forcierter Gewinnweg zu finden.

23...Lg6 24.Se5

Ein letzter Versuch, um die Diagonale h2-b8 zu schließen. Mit dem folgenden Qualitätsopfer zerstört Schwarz aber die letzten weißen Hoffnungen.

24...Txe5!!

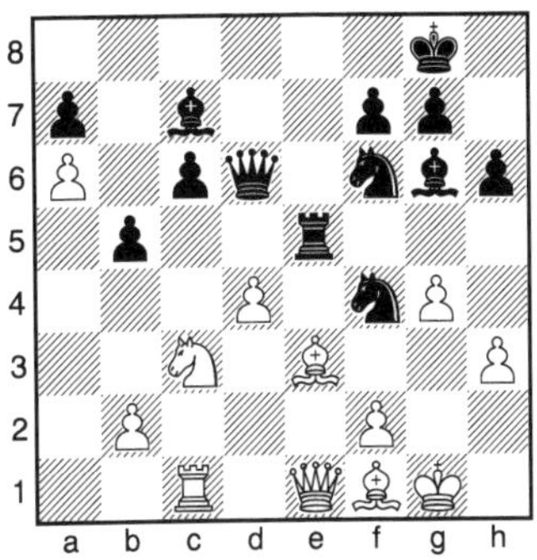

Mittels des Qualitätsopfers wird die letzte Barriere auf der Diagonale h2-b8 beseitigt. Weiß steht danach der Mattdrohung auf h2 wehrlos gegenüber.

25.dxe5 Dxe5 26.Lxf4

Was sonst? Auf 26.Lxa7 gewinnt 26...Se2+ 27.Kg2 (27.Lxe2 Dh2+ 28.Kf1 Dh1#) 27...Dh2+ 28.Kf3 Sg1+ 29.Ke3 Df4#.

26...Dxf4 27.Lg2 Ld3

Weiß gab auf.

Sonstige Abspiele

Dieses Kapitel umfasst nur wenige Partien, die aber alle theoretisch von Bedeutung sind. Wesentlich in der Französischen Verteidigung ist, dass man niemals schablonenhaftes Denken aufkommen lässt. Bei jeder Eröffnungsnuance und bei jedem neuen Zug muss ein stellungsgerechter Plan gefasst werden. Nur so ist es möglich, tief in die Position einzudringen, ihre Besonderheiten zu erkennen und damit die Chance zu erhalten, eine hohe Gewinnquote zu erzielen.

Partie Nr. 73

Kovacs – Uhlmann

Sarajevo 1969

1.e4 e6 2.De2

Dieser frühzeitige Damenzug in Verbindung mit dem Bauernzug 3.f4 erzeugt zwar neue Stellungsbilder, ist aber trotzdem nicht empfehlenswert. Die Dame sollte erst dann zum Einsatz kommen, wenn ein konkretes Ziel vorhanden ist.

2...c5 3.f4 Sc6 4.Sf3 Le7 5.g3

Hier wird ein erster Nachteil der Aufstellung sichtbar. Der Läufer muss mit Tempoverlust flankiert werden, ohne dass ein wesentlicher Druck auf der Diagonale h1-a8 ausgeübt werden kann.

5...d5! 6.d3

Falls 6.e5, so 6...Sh6 und der Springer findet anschließend auf f5 ein vorzügliches Feld.

6...Sf6 7.Lg2 0-0 8.0-0 b5!

Ein bewährtes Rezept aus dem Abspiel 1.e4 e6 2.d3. Allerdings ist durch den Zug f4 insofern ein wesentlicher Unterschied entstanden, als die Diagonale c1-h6 unterbrochen ist und dadurch die weißen Angriffschancen gemindert sind.

9.e5 Sd7 10.c3 Sb6 11.d4?

Damit kommt der Anziehende den Wünschen des Gegners entgegen. Das Problem der Stellung liegt in der Linienöffnung am Damenflügel.

11...b4! 12.dxc5 Lxc5+ 13.Kh1

Das kleinere Übel war noch 13.Le3, obwohl Schwarz nach 13...Lxe3+ 14.Dxe3 La6 15.Tc1 (oder 15.Td1) 15...Sc4 16.Df2 Db6 in Vorteil käme.

13...a5 14.Tfd1

Der vermeintliche Figurengewinn 14.Db5 würde nach 14...De7! 15.Dxc6 Lb7 16.Db5 La6 17.Dc6 Tfc8 die Dame einbüen. Wenn man die Position und den Entwicklungsstand betrachtet, kann man schon jetzt einschätzen, dass die Katastrophe in wenigen Zügen eintreten muss.

14...La6 15.De1 bxc3 16.Sxc3

Weiß kann nur zwischen verschiedenen Übeln wählen. Nach 16.bxc3 würde zwar das unmittelbare Eindringen mittels Sb4 verhindert, jedoch die Bauernstellung erheblich geschwächt.

16...Sb4 17.Se4

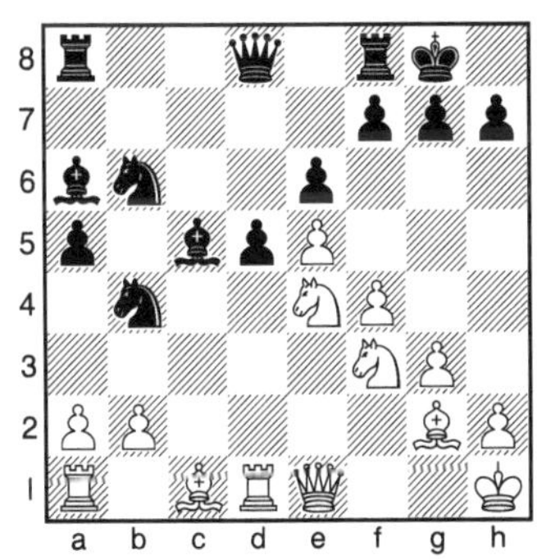

Weiß hofft auf den Rückzug des Läufers, wonach er sich wieder konsolidieren könnte. Er wird jedoch durch ein schönes Damenopfer überrascht, wonach alle Leichtfiguren ins weiße Lager einbrechen.

17...dxe4!! 18.Txd8 Txd8 19.Le3

Da sich 19.Dxe4 wegen 19...Td1+

verbietet und auch 19.Sd2 wegen 19...Sc2 nebst Sxa1 glatt verliert, ist dies der einzig spielbare Zug.

19...Lxe3

Auf das verlockende 19...Sc2 hatte Weiß nach 20.Lxc5 exf3 21.Dxa5 fxg2+ 22.Kxg2 noch kleine Schwindelchancen.

20.Dxe3 exf3 21.Dxf3 Td2! 22.a3 Sd5 23.b4 a4 24.Tc1 Tc8

Die einfachste Art, den Gewinn zu sichern, weil die Grundlinienschwäche nicht zu reparieren ist.

25.Txc8+ Sxc8 26.h4 Se7

Gegen die Heranführung des zweiten Springers gibt es keine Parade mehr.

27.Lf1 Lxf1 28.Dxf1 Sf5 29.Df3

Nach 29.Dc1 Sxg3+ nebst Se2+ wäre die Dame verloren gegangen.

29...h5 30.Kg1 Tb2 31.Dd3 Se3 32.Dd8+ Kh7 33.Da8 Tg2+ 34.Dxg2 Sxg2 35.Kxg2 Sd4

Weiß gab auf.

Partie Nr. 74
Lendwai – Uhlmann
Graz 1991

1.e4 e6 2.De2 c5 3.f4 Sc6 4.Sf3 Le7 5.Sc3 d5 6.d3 Sf6 7.e5 Sd7 8.g3

In Betracht kommt 8.a4, um den folgenden Bauernvorstoß zu erschweren.

8...b5!

Zur rechten Zeit erfolgt diese Raumnahme am Damenflügel, die in ferner Zukunft Linienöffnung garantiert. Nicht zu fürchten war 9.Sxb5 wegen 9...Da5+ 10.Sc3 d4 mit Figurengewinn.

9.Lg2 Db6 10.0-0 b4!

Ein wichtiger Zwischenzug, damit nach dem anschließenden 11...c4+ der Läufereinsatz auf a6 optimale Wirkung entfalten kann.

11.Sd1 c4+ 12.Le3 Lc5

Wesentlich ist, dass Weiß auf keinen Fall günstig zu d4 kommen darf, damit die Diagonale h1-a7 nicht blockiert wird.

13.Kh1 La6!

Jetzt hat Weiß schon ein ernsthaftes Problem. Wie soll er den Druck gegen den Bauern d3 abschwächen? Im Hintergrund steht auch die Dame auf e2 und der Turm auf f1 gefährdet.

14.Lxc5 c5xd3

Ein wichtiger Zwischentausch, um den Druck gegen den Punkt d3 zu erhöhen.

15.cxd3 Sxc5

Es ist klar zu erkennen, dass Schwarz die Eröffnungsprobleme zu seinen

Gunsten gelöst hat. Weiß hat keinerlei Angriff am Königsflügel, der Läufer auf g2 ist inaktiv und beide Springer müssen schon Verteidigungsaufgaben für die Punkte d3 und d4 übernehmen. Schwarz wird nach der Rochade schnell in den Besitz der offenen c-Linie kommen, wonach Gefahren auf der ersten und zweiten Reihe auftauchen.

16.Sf2 0-0 17.b3

Besser war 17.Tfc1, um sich vorausschauend mit Lf1 und Dd2 zu verteidigen.

17...Tac8 18.Tac1 Se7 19.Tfe1 Tc7

Ein guter und einfacher Plan. Gegen die Verdoppelung auf der c-Linie gibt es keine befriedigende Verteidigung.

20.Dd2 Tfc8 21.g4 h6

Die Stellung ist so gut, dass man sich noch ein Luftloch machen kann, da Weiß keinen sinnvollen Zug zur Verfügung hat. In Betracht kam aber auch jetzt schon 21...Sxb3 22.axb3 Txc1 23.Txc1 Txc1+ 24.Dxc1 Dxf2 25.Dc7 Sg6 mit klarem Vorteil.

22.h3 Sxb3

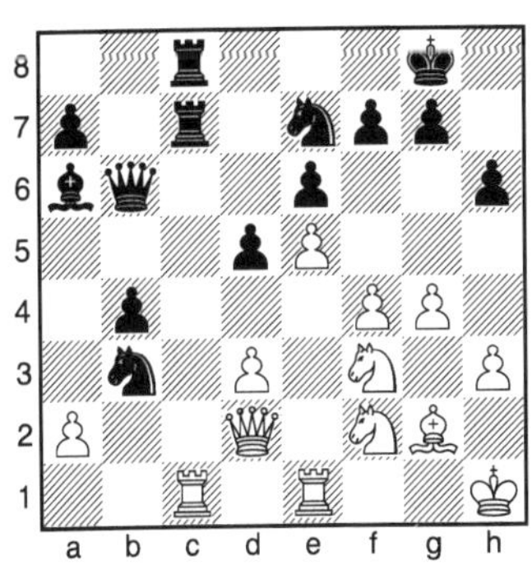

Jetzt ist dieses Scheinopfer noch stärker, da der König auf h7 ein Luftloch hat. Nach Abtausch der schweren Figuren dringt die Dame entscheidend auf f2 ein. Es verbleiben die Bauernschwächen d3 und f4, so dass der Verlust in wenigen Zügen eintritt.

23.axb3 Txc1 24.Txc1 Txc1+ 25.Dxc1 Dxf2 26.Dc7 Sg6 27.Db8+ Kh7 28.Dxb4 Lxd3

Damit ist das Schicksal endgültig besiegelt.

29.f5 exf5 30.gxf5 Lxf5 31.Dd4 Dg3

Weiß gab auf, ohne sich noch 32.Dxd5 Dxg2+ 33.Kxg2 Sf4+ zeigen zu lassen.

Partie Nr. 75

Santa Cruz – Uhlmann

Havanna 1964

1.e4 e6 2.b3

Aus psychologischer Sicht wollen viele Schachfreunde die Hauptvarianten meiden. Dieses Rezept hat aber den Nachteil, dass häufig eine zweifelhafte Figuren- oder Bauernaufstellung gewählt wird. Der geübte Spieler wird sich kaum von der geänderten Zugfolge beeindrucken lassen, sondern führt stellungstypische Züge aus.

2...d5 3.Lb2

Ein Bauernopferangebot auf e4, welches man natürlich annehmen kann. Aber gerade darauf spekuliert der laut Papierform schwächere Spieler, um taktische Verwicklungen anzustreben. Meine Erfahrung hat mich gelehrt, dass es häufig besser ist, eine ruhige Fortsetzung zu wählen und somit den Gegner in strategische Bahnen zu lenken.

3...Sf6 4.e5 Sfd7 5.f4 c5

Der schwarze Plan beinhaltet, den Läufer b2 zum Statisten zu degradieren. Das ist das Ziel der nächsten schwarzen Züge.

6.Sc3 Sc6 7.Sf3 Le7 8.h4 f6

Die Bekämpfung des Zentrums durch den Bauernzug f6 ist jetzt durchaus angebracht, da Weiß sich frühzeitig auf einen Angriff am Königsflügel einrichtet. Neben dem Textzug kam natürlich auch die Entwicklung b6 und Lb7 in Betracht.

9.De2 fxe5 10.fxe5 a6

Ein vorbereitender Zug, um Dc7 spielen zu können, ohne durch Sb5 gestört zu werden.

11.0-0-0 Dc7 12.Tde1

Weiß muss bereits Klimmzüge machen, um den Bauern e5 zu überdecken.

12...Sf8!

Ein weiterer Vorbereitungszug, um nach Ld7 ebenfalls die lange Rochade anzustreben.

13.h5 Ld7 14.Df2

Weiß hat bereits Probleme, einen guten Plan zu finden. Auf das geplante 14.h6 wäre 14...gxh6 15.Txh6 0-0-0 eine gute Antwort. Den weißen Figuren fehlt ein harmonisches Zusammenspiel.

14...0-0-0 15.Sa4?

Ein fragwürdiger Zug, da ja bekanntlich ein Springer am Rande Schande bringt. Hier in besonderem Maße, da nach der schwarzen Anzwort bereits Figurenverlust durch b5 droht.

15...d4 16.La1

Traurige Notwendigkeit, um dem Springer ein Fluchtfeld auf b2 zu schaffen.

16...Da5 17.Kb1 Sb4! 18.a3

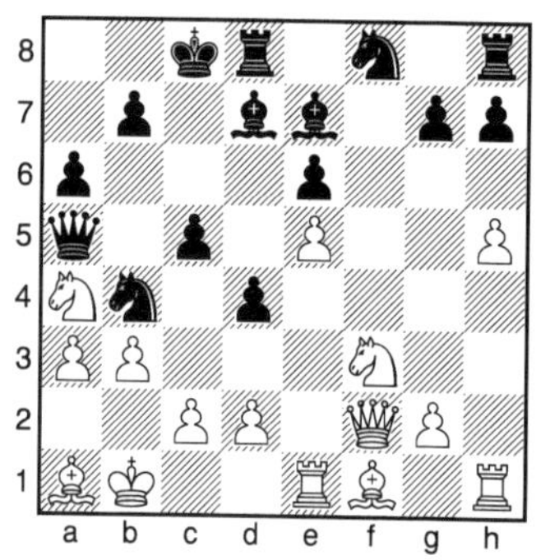

Außer dem Textzug kam nur noch 18.c3 ernsthaft in Betracht.

(Keine Zeit hat Weiß für das Springeropfer 18.Sxd4 wegen des Zwischenzuges 18...Lxa4 19.bxa4 cxd4 20.Lxd4 Dxa4 mit Gewinn.)

Nach 18...Lxa4 19.bxa4 (19.cxb4 Dxb4) setzt Schwarz am besten mit 19...dxc3 fort; z.B. 20.bxc3 (20.Lxc3 Dxa4 mit klarem Vorteil) 20...Sd5 (20...Sd3 ebenfalls mit Vorteil) 21.Dc2 Sd7 und gegen Sd7-b6 mit Bauerngewinn auf a4 gibt es keine Verteidigung.

18...Lxa4 19.bxa4 Sd5 20.Lc4 Dxa4

Damit hat Schwarz einen wichtigen Bauer gewonnen. Der Stellungsvorteil ist aber noch wichtiger. Man betrachte die jämmerliche Läuferposition auf a1.

21.Lxd5 Txd5 22.Lb2 Sd7

Nachdem auch noch der passive Springer f8 ins Spiel eingreifen kann, ist der Verlust nur noch eine Frage der Zeit.

23.Dg3 Tg8 24.Sg5 Lxg5 25.Dxg5 c4

Das Finale wird eingeläutet. Gegen den Schwenk des Turms zum Damenflügel und das Bauernpaar c4 und d4 gibt es keine Verteidigung.

26.Th3 Tb5 27.Dg4 d3! 28.cxd3

Oder 28.Txd3 Txb2+! 29.Kxb2 Db5+ 30.Ka2 cxd3 31.Dxe6 Tf8 und nach dem Figurengewinn ist der Rest Sache der Technik.

28...Txb2+

Weiß gab auf, da nach 29.Kxb2 c3+ nebst Dxg4 die Dame verlorengeht.

Partie Nr. 76
Eskandary – Uhlmann
Dresden 2002

1.e4 e6 2.Se2

Ein ungewöhnlicher Zug, der indirekt ein Tempoverlust ist, weil der Springer in der Eröffnungsphase gleich zweimal ziehen muss. Allerdings ist damit eine Eröffnungsüberraschung gelungen. Objektiv bleibt aber festzustellen, dass man durchaus das Anzugstempo vergeuden kann, ohne gleich in Nachteil zu geraten. Von der Nachahmung sollte man aber lieber abraten.

2...d5 3.exd5 exd5 4.Sg3

Das war also die Idee von Weiß. Statt dass der Springer auf f3 platziert wird, soll er auf g3 die Felder f5 und h5 kontrollieren.

4...Ld6 5.d4 Dh4

Ein interessanter Zug, der Initiative am Königsflügel anstrebt. Ungewöhnliche Eröffnungszüge erfordern ungewöhnliche Antworten.

6.Sc3 c6 7.Dd3

Damit kann Schwarz schon einen kleinen Erfolg verbuchen. Der normale Entwicklungszug 7.Ld3 scheitert an 7...Dxd4.

7...Sf6 8.Sf5

Damit hat Weiß von den ersten acht Zügen bereits dreimal den Springer bewegt. Im höheren Sinne muss das ein kleiner Nachteil sein. Falls aber der logische Zug 8.Le2 geschieht, so hat Schwarz nach 8...0-0 9.0-0 Se4! das bessere Spiel.

8...Lxf5 9.Dxf5 0-0

Natürlich nicht 9...Dxd4 wegen 10.Dc8+.

10.Le3 Te8

Wie immer ist die offene Linie ein wichtiges Kriterium. Als kleine Nebendrohung taucht 10...Dxd4 auf.

11.0-0-0 Dg4

Jetzt muss Schwarz reagieren, damit die Dame nicht in Bedrängnis kommt.

12.Ld3 Sbd7 13.h3 Dxf5 14.Lxf5 g6 15.Ld3

Weiß hat den Übergang von der Eröffnung zum Mittelspiel einiger-maßen gelöst. Schwarz verfügt nur über kleine positionelle Vorteile. So wird er die offene e-Linie zuerst besetzen können. Außerdem ist der Läufer auf d6 vorzüglich postiert und kann sowohl schnellstmöglich am Damenflügel als auch am Königsflügel zum Einsatz kommen. Auch sind die schwarzen Springer agiler. Diese Kleinigkeiten in Verbindung mit dem Plus, der stärkere Spieler zu sein, ergeben Spielchancen.

15...Te7 16.Lg5 Tae8 17.Kd2

Ein verständlicher Plan. Falls es Weiß gelingen sollte, die Türme auf der e-Linie zu tauschen, wäre der totale Ausgleich geschafft. Deswegen folgt die Suche nach einem Plan, um dieses Ansinnen zu verhindern.

17...Lb4!

Das ist das richtige Rezept. Jetzt wäre 18.Tae1 fragwürdig wegen 18...Se4+ 19.Lxe4 Txe4 20.Txe4 dxe4 und Schwarz hätte durch die Drohung 21...Sb6 nebst Sc4+ oder Sd5 das bessere Spiel.

18.f3 c5!

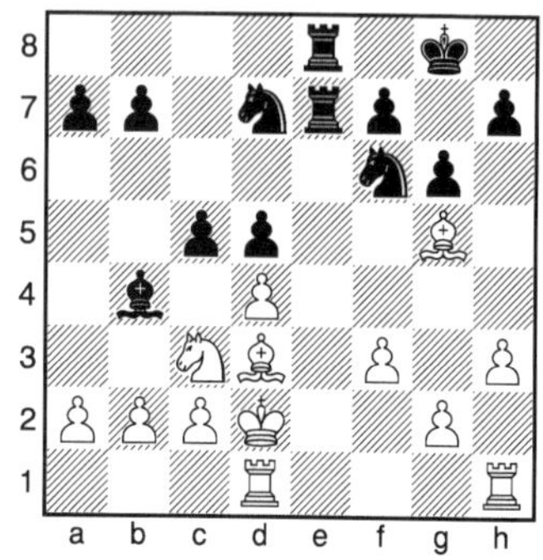

Aus heiterem Himmel tauchen plötzlich taktische Möglichkeiten auf. Es droht sowohl 19...cxd4 als auch 19...c4.Da sich 19.dxc5 wegen 19...d4 verbietet, muss sich Weiß wohl oder übel zum Rückzug des Königs entscheiden.

19.Kc1 c4

Damit wird wesentlicher Raumgewinn erzielt, und vor allem ist jetzt kein Abtausch der Türme in der e-Linie mehr möglich.

20.Lf1 Lxc3

Jetzt ist der richtige Zeitpunkt gekommen, mittels Tausch auf c3 die Bauernstruktur am Damenflügel zu schwächen. Es entsteht ein beeindruckender Kampf „Springerpaar gegen Läuferpaar". Der Vorteil liegt natürlich klar bei Schwarz, da er auch noch die e-Linie beherrscht.

21.bxc3 Te6!

Das ist in zweierlei Hinsicht positiv: Zum einen entfesselt sich der Turm auf der Diagonale h4-d8 und zum anderen wird er für den Schwenk zum Damenflügel vorbereitet.

22.g4 Ta6 23.Kb1 T8e6!

Damit wird auch der zweite Turm über die sechste Reihe zum Damenflügel dirigiert.

24.Lc1

Es ist bereits schwer, einen guten Plan zu finden. Relativ am besten war noch 24.Lg2, aber auch dann kann Schwarz seinen Angriff durch 24...Teb6+ 25.Ka1 Ta3 26.Tb1 Tba6 27.Tb2 Txc3 verstärken und Bauerngewinn erzielen.

24...Sb6 25.Th2 Sa4 26.d2 Se8!

Das Schlussmanöver wird mit dem zweiten Springerzug eingeleitet. Gegen die Drohung Sc7 und eventuell Sb5 gibt es keine Verteidigung mehr.

27.Ka1 Sc7 28.Tb1 Tab6

Jetzt darf man ruhig einen Turm tauschen, da die weißen Läufer keinerlei Aktivität entfalten können.

29.Txb6 Txb6 30.Te2

Jetzt kommt der Einsatz auf der offenen e-Linie zu spät.

30...Sb5! 31.Te3

Auch 31.Lh6 f6! lässt nur noch einige Racheschachs zu. Die Doppeldrohung Sxc3 und Sa3 ist tödlich.

31...Sa3!

Weiß gab auf. Eine inhaltsvolle Partie, in der mit minimaler Wirkung ein schönes Mattspiel eingeleitet wurde. Garanten für den Sieg waren die offene e-Linie, die Schwächung der weißen Bauernstellung und das aktive schwarze Springerpaar.

Spielerverzeichnis

(mit Seitenangabe)

Weitere Bücher aus unserem Verlag

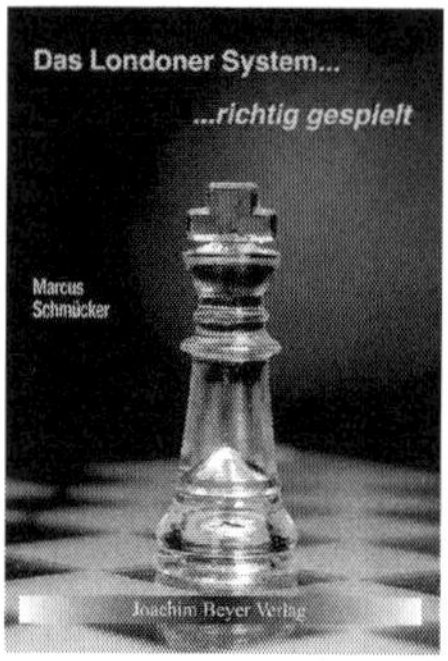

Markus Schmücker

Das Londoner System – richtig gespielt

186 Seiten, gebunden, Leseband

Kein Geringerer als Weltmeister Magnus Carlsen hat eine solche Vorliebe für das Londoner System entwickelt, dass er es auch in wichtigen Partien einsetzt und damit eine Reihe schöner Siege erzielen konnte.

Auch Kramnik, Grischuk und andere haben es in ihr Repertoire aufgenommen haben. Der Guru des Londoner Systems ist und bleibt jedoch GM Gata Kamsky. Er vertraut ihm und wendet es sozusagen seit seiner Kindheit an, und er sieht keinen Grund, daran etwas zu ändern.

Seine Vorteile sind: – leicht zu erlernen – äußerst solide – wird oft unterschätzt – führt zu interessanten Stellungen – lässt Raum für eigene Ideen

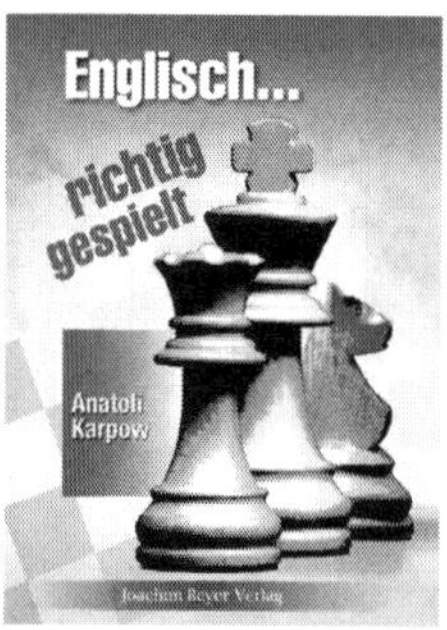

Anatoli Karpow

Englisch – richtig gespielt

176 Seiten, gebunden

Englisch kam und kommt in allen bedeutenden Turnieren vor; in vielen WM-Kämpfen spielte der Partieanfang 1. c4 eine entscheidende Rolle. Gründe genug, ein Buch über den heutigen Stand der Englischen Partie zu schreiben.

FIDE-Weltmeister Anatoli Karpow hat seine besten Englisch-Partien und die interessantesten Spiele führender Großmeister aus den letzten Jahren ausgewertet und kommentiert. 35 Beispielpartien spiegeln auf anschauliche Weise die wichtigsten strategischen Pläne in der Englischen Partie wider.

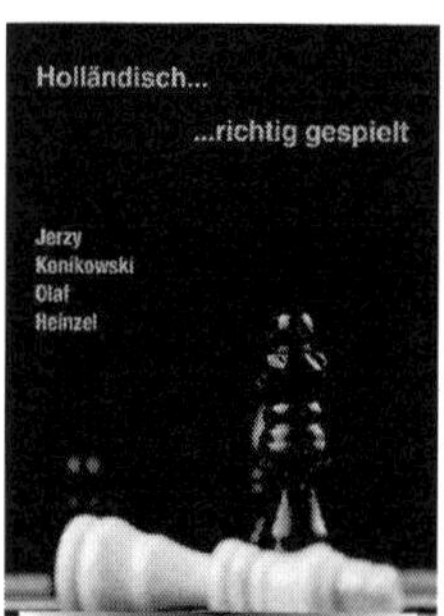

Jerzy Konikowski/Olaf Heinzel

Holländisch – richtig gespielt

152 Seiten, gebunden

Es waren wohl die Analysen des holländischen Meisters Elias Stein (1748-1812) zur Eröffnung 1.d4 f5 die zur Namensgebung der Holländischen Verteidigung geführt haben. Zwei erste Partien mit der Zugfolge 1.d4 f5 (2.c4 Sf6 3.Sc3 e6, Jaenisch – v.d. Lasa) sind uns aus dem Jahre 1842 überliefert.

Holländisch gilt gemeinhin als scharfe Eröffnung für den kämpferisch eingestellten Spieler, der nicht das positionelle Gleichgewicht wahren will, sondern mit 1... f5 auf die Beherrschung des Königsflügels abzielt und einen eigenen Weg sucht, die der Eröffnung innewohnenden Chancen zu seinen Gunsten zu nutzen.